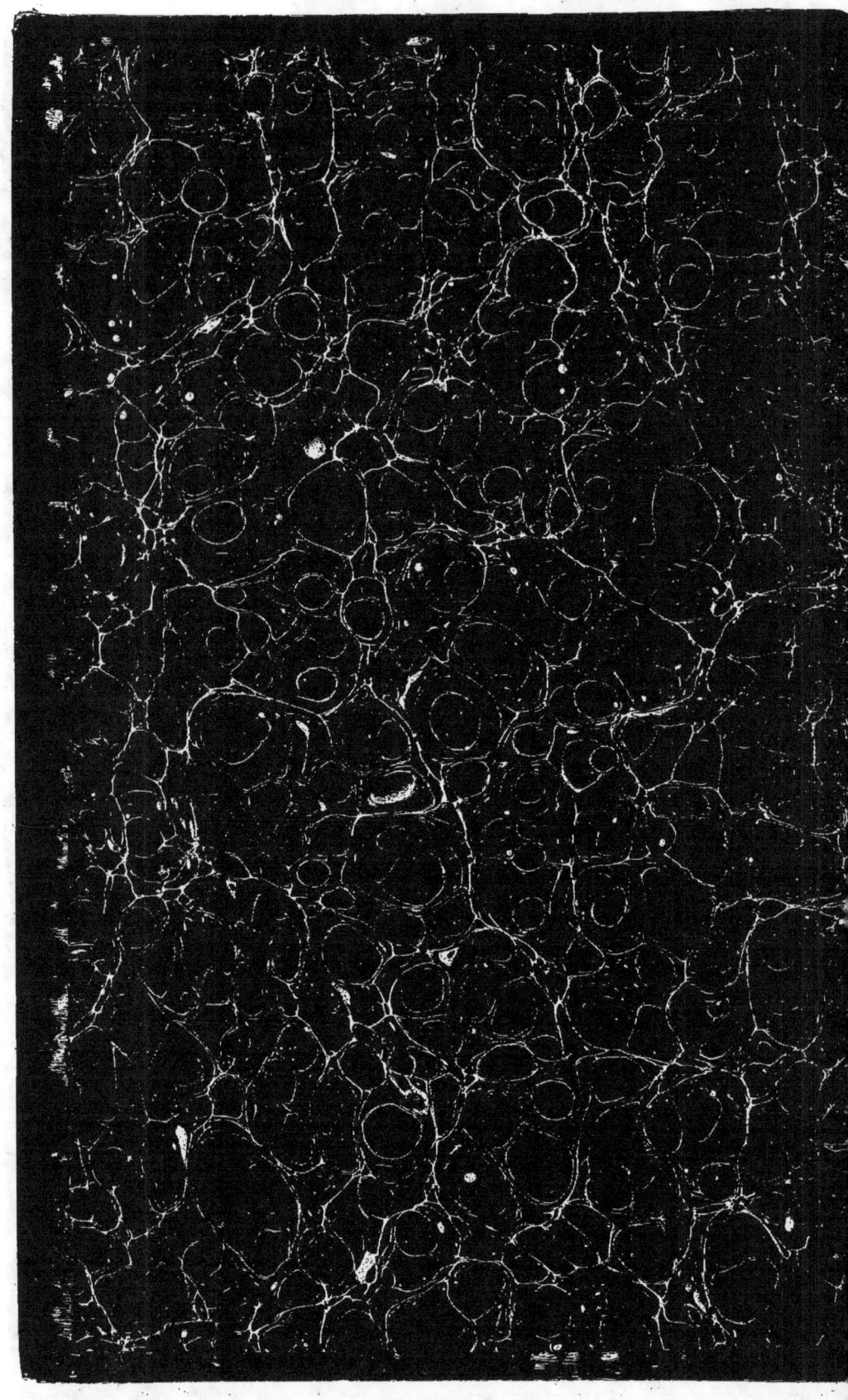

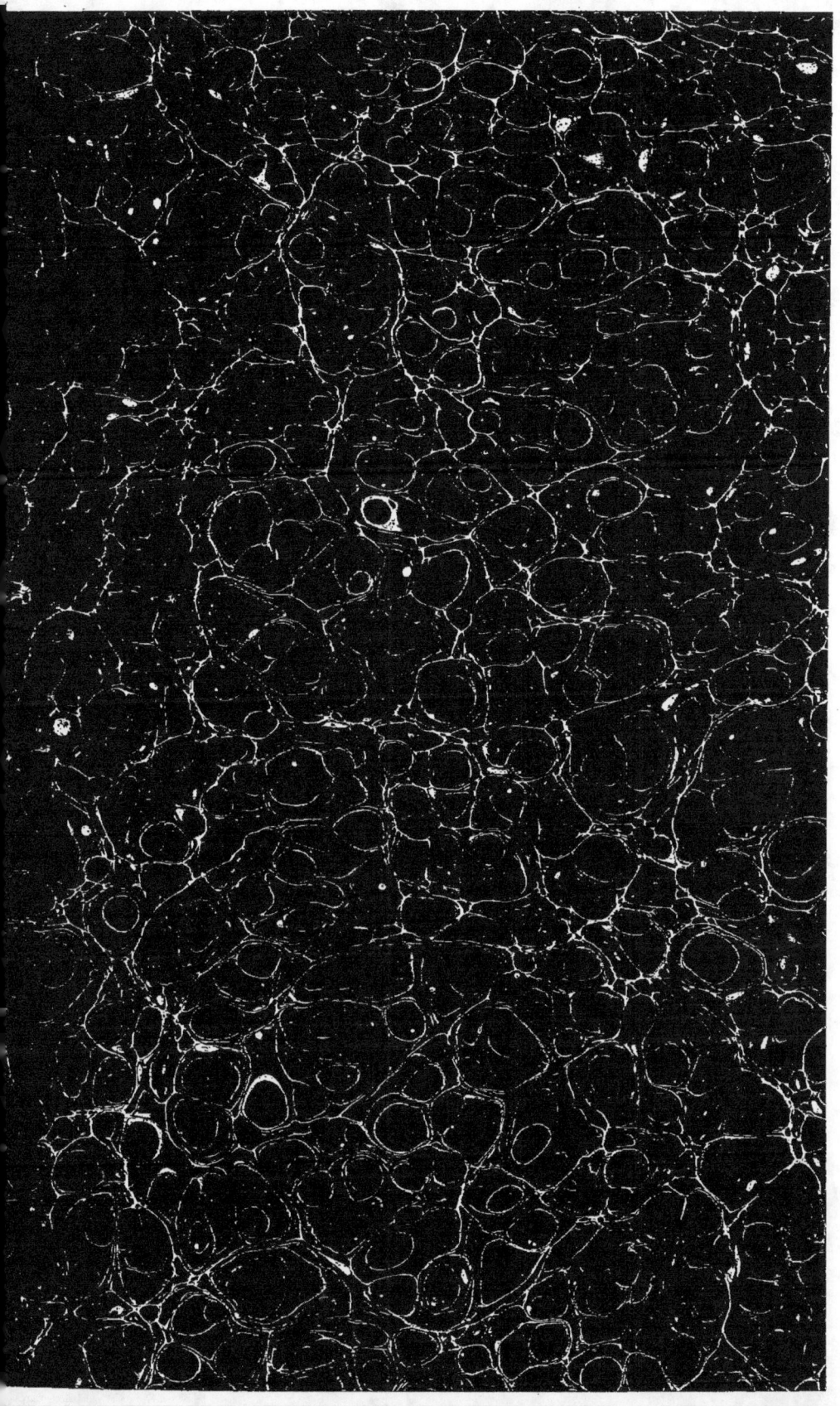

1648. ter.
H.

HISTOIRE
UNIVERSELLE.

II.

A. EVERAT,
IMPRIMEUR ET FONDEUR,
rue du Cadran, 16.

HISTOIRE
UNIVERSELLE

PAR

LE COMTE DE SÉGUR,
de l'Académie française;

CONTENANT

L'HISTOIRE ANCIENNE, ROMAINE ET DU BAS-EMPIRE.

CINQUIÈME ÉDITION,
ORNÉE DE GRAVURES.

TOME DEUXIÈME.

PARIS.

FURNE, LIBRAIRE, FRUGER ET BRUNET,
quai des Augustins, 39.   rue Mazarine, 30.

1836.

HISTOIRE ANCIENNE.

PARTAGE DE L'EMPIRE DES PERSES

ENTRE

LES SUCCESSEURS D'ALEXANDRE.

Prétentions d'Aridée au trône. — Son élection. — Partage de l'empire. — Guerre Lamiaque. — Mort de Démosthène. — Le corps d'Alexandre porté en Égypte. — Ambition de Perdiccas. — Sa mort. — Régence de Polysperchon. — Retour d'Olympias en Macédoine. — Sa mort. — Exploits de Séleucus et de Démétrius. — Séleucus Nicator. — La ville d'Antioche bâtie par lui. — Mort de Démétrius. — Amour d'Antiochus pour Stratonice sa belle-mère. — Mort de Séleucus. — Antiochus Soter. — Sa victoire sur les Gaulois. — Mort de Pyrrhus. — Mort d'Antiochus. — Antiochus Théos. — Époque du fameux Bérose. — Mort d'Antiochus. — Séleucus Callinicus. — Régence de Laodice. — Mort de Bérénice. — Mort de Laodice. — Défaites de Séleucus. — Sa mort. — Séleucus Céraunus. — Régence d'Achéus. — Mort de Séleucus. — Magnanimité d'Achéus — Antiochus-le-Grand. — Régence d'Hermias. — Ses perfidies. — Victoire d'Antiochus. — Mort d'Hermias. — Mort d'Achéus. — Conquêtes d'Antiochus. — Sa défaite. — Sa mort. — Séleuchus Philopator. — Punition d'Héliodore à Jérusalem. — Séleucus empoisonné par lui. — Antiochus Épiphane. — Régence de Cléopâtre. — Retour d'Antiochus. — Sa vie honteuse. — Ses conquêtes. — Prise de Jérusalem. — Soumission d'Antiochus. — Sa tyrannie. — Martyre des Machabées. — Mort d'Antiochus. — Antiochus Eupator. — Régence de Lysias. — Sa mort et celle de son pupille. — Démétrius Soter. — Conspiration d'Olopherne. — Bataille entre Alexandre Bala et Démétrius. — Mort de ce dernier. — Alexandre Bala. — Ses noces. — Crimes de son favori Ammonias. — Défaite et mort d'Alexandre. — Démétrius Nicator. — Son ingratitude. — Conspiration contre lui. — Sa défaite. — Antiochus Sidètes. — Ses exploits. — Sa mort. — Démétrius Nicator. — Sa bataille avec Zébina. — Sa défaite. — Sa mort. — Zébina, Cléopatre, Séleucus. — Mort de Séleucus. — Régence de Cléopâtre. — Mort de Zébina. — Antiochus Grypus. — Son règne peu connu. — Sa mort. — Séleucus. Sa mort. — Sélène et les cinq rois. — Siége et prise de la ville de Mosnestie. — Victoire d'Eusèbe. — Sa défaite. — Fin du règne des Séleucides. — Règne de Tigrane. — Antiochus-l'Asiatique. — Fin de l'ancien empire des Perses.

Lorsque Alexandre mourut, il ne laissa qu'un fils de Barsine, qui portait le nom d'Hercule. Une autre de ses femmes, Roxane, se trouvait enceinte; Statira, fille de Darius, espérait l'être; mais sa grossesse n'était pas déclarée. Il existait encore un frère naturel d'Alexandre, qu'on appelait Aridée, et qui prétendait au trône. Le conquérant de l'Asie n'avait désigné aucun héritier, et son vaste empire devint l'objet de l'ambition et la cause des discordes de tous les généraux macédoniens. Tous voulaient dominer; aucun ne voulait souffrir un maître. Les principaux chefs de l'armée se sentaient à peu près égaux en naissance, en valeur, en réputation, et nul ne se montrait assez supérieur à ses collègues en richesses et en pouvoir, pour exiger leur obéissance. La cavalerie demandait qu'on donnât le sceptre à Aridée, dont la raison était affaiblie par un breuvage que sa belle-mère Olympias lui avait fait donner dans son enfance.

L'infanterie s'opposait au choix d'un prince si faible. Ptolémée et d'autres généraux, qui aspiraient à l'indépendance et à la souveraineté, appuyaient cette opposition. Les peuples d'Orient, consternés de la mort d'Alexandre et effrayés du vide que laissait ce grand homme sur la terre, prévoyaient que leur pays allait devenir le théâtre des querelles sanglantes de leurs vainqueurs divisés. La Grèce, au contraire, se livrait aux transports d'une joie tumultueuse, et croyait recouvrer sans peine son antique liberté.

Au milieu de cette agitation et de ces incertitudes, tous s'occupant plus de l'avenir que du présent, personne ne gouvernait. On ne prenait aucune décision, et le corps d'Alexandre demeura cinq jours sans être enseveli. Enfin les Égyptiens et les Chaldéens l'embaumèrent, et un officier, qui portait, ainsi que le frère du roi, le nom d'Aridée, fut chargé de le transporter en Égypte.

Les généraux d'Alexandre se réunirent tous en conseil; et, après beaucoup de troubles et d'agitations, ils arrêtèrent d'un commun accord qu'Aridée serait roi. Son imbécillité, qui devait l'exclure du trône, l'y fit monter, parce qu'elle laissait à chacun l'espoir de régner sous son nom.

On convint encore que si Roxane accouchait d'un fils, il régnerait conjointement avec Aridée. Perdiccas obtint la tutelle des princes et le titre de régent. Mais le régent et le roi n'avaient que l'ombre du pouvoir; les généraux se partagèrent l'empire et administrèrent leurs provinces plus en monarques qu'en gouverneurs. On donna la Thrace et les régions voisines à Lysimaque; la Macédoine et l'Épire à Antipater; le reste de la Grèce à Cratère : Ptolémée, fils de Lagus, eut en partage l'Égypte; Antigone, la Lycie, la Pamphylie et la Phrygie; Cassandre gouverna la Carie; Ménandre, la Lydie; Léonat, la petite Phrygie; Néoptolème, l'Arménie.

La Cappadoce et la Paphlagonie résistaient encore aux Macédoniens sous le commandement d'Ariarathe : Eumène fut chargé de soumettre ces deux provinces et d'y commander. Laomédon reçut la Syrie et la Phénicie : on donna l'une des deux Médies à Atropate, l'autre à Perdiccas. Le gouvernement de la Perse échut à Peuceste; la Babylonie, à Archon; la Mésopotamie, à Arcésilas; la Parthie et l'Hyrcanie, à Phrataphernes; la Bactriane et la Sogdiane, à Philippe. Séleucus eut le commandement de toute la cavalerie; Cassandre, fils d'Antipater, celui de la garde royale. La Haute-Asie et les Indes restèrent sous le pouvoir des gouverneurs qu'Alexandre y avait établis.

Tel fut le premier partage que depuis changèrent les événements d'une guerre longue et sanglante. L'Europe, l'Asie et l'Afrique furent déchirées par les armes de ces nombreux rivaux qui se détrônaient tour à tour; et l'immense héritage du héros macédonien finit, comme on le verra bientôt, par se diviser en quatre monarchies principales, qui succombèrent successivement sous les armes des Romains, et devinrent des provinces de ce vaste empire. Rome à son tour, après avoir vaincu et dominé toutes les nations civilisées, s'affaiblit par l'abus de son pouvoir, se ruina par l'excès de ses richesses, et fut renversée par les Barbares du septentrion.

Parmi les généraux qui se disputaient les dépouilles de leur roi, Eumène seul montra plus de vertus que d'ambition. Il resta attaché au parti d'Aridée et d'Alexandre, fils de Roxane. Ce général, né en Thrace, d'une famille obcure, s'était fait remarquer dès sa jeunesse par ses rares qualités. Philippe se l'attacha; Alexandre lui montra la même estime et la même confiance. Il lui fit épouser la sœur de Barsine, la première personne qu'il avait aimée en Perse; mais toute la famille de ce grand homme était réservée au malheur par le sort. Sisygambis, sa belle-mère, fut si affligée de son trépas, qu'elle ne put y survivre. Ses deux petites-filles, Statira, veuve d'Alexandre, et Drypatis, veuve d'Éphestion, ne tardèrent pas à la suivre au tombeau.

Roxane craignait que Statira ne fût enceinte, et qu'un fils qui aurait hérité des droits de Darius et d'Alexandre ne détrônât le sien. Elle invita les deux sœurs à venir chez elle et les fit mourir secrètement par les conseils et les secours de Perdiccas. Le premier trouble qui s'éleva dans l'empire vint des colonies grecques qu'Alexandre avait établies dans l'Asie supérieure. Les vieux guerriers qui les composaient n'habitaient qu'à regret ce pays. Ils se révoltèrent, et, s'étant réunis au nombre de vingt mille hommes d'infanterie et de trois mille de cavalerie, sous le commandement de Philon, ils se préparèrent au départ. Perdiccas, prévoyant les suites d'une pareille entreprise, dans un moment où tant de gens aspiraient à l'indépendance, envoya Python avec un corps d'élite pour les combattre. Python essaya d'en gagner une partie afin d'augmenter ses forces et de se rendre lui-même indépendant; mais les troupes qu'il commandait, plus obéissantes que lui aux ordres de Perdiccas, combattirent les révoltés, les exterminèrent et égorgèrent même les trois mille hommes qui avaient capitulé avec Python.

A peu près en ce même temps, le peuple d'Athènes, dans l'ivresse de la joie que lui causait la mort d'Alexandre, secoua le joug des Macédoniens, invita toutes les villes grecques à briser leurs chaînes et entreprit contre Antipater, malgré les conseils de Phocion, une guerre appelée *guerre Lamiaque*. Tous les Grecs, excepté les Thébains, y prirent part; Léosthène les commandait. Alexandre, comme tous les conquérans, dépeupla ses États pour envahir les pays lointains. Antipater, menacé d'une attaque générale, ne put réunir et armer que quatorze mille hommes. Il avait écrit en Phrygie et en Cilicie à Léonat et à Cratère pour les inviter à venir à son secours; et, sans les attendre, il s'avança témérairement à la tête de sa petite armée pour combattre les Grecs, croyant sans doute qu'ils avaient perdu à la fois l'amour et l'habitude de la liberté, et que le nom seul des Macédoniens devait commander la victoire. Sa flotte, composée de cent dix galères, longeait les côtes de la mer. Les Thessaliens se déclarèrent d'abord pour lui, mais ensuite ils se joignirent aux Athéniens et leur donnèrent une forte cavalerie. L'armée des alliés était nombreuse et vaillante; Antipater ne put soutenir son choc; vaincu dans un premier combat, il n'osa en hasarder un autre, et, ne pouvant se retirer sans danger en Macédoine, il se renferma dans la petite ville de Lamia en Thessalie, pour attendre les secours qui devaient lui venir d'Asie. Les Athéniens l'assiégèrent; l'attaque fut vive, et la résistance opiniâtre. Léosthène, voyant ses assauts inutiles, bloqua la ville pour l'affamer. Les assiégés, privés de subsistances, furent bientôt réduits à la dernière extrémité. Cependant ils firent encore une vigoureuse sortie, dans laquelle Léosthène reçut une blessure mortelle. Antiphile prit le commandement des alliés. Sur ces entrefaites, Léonat accourut d'Asie pour soutenir les Macédoniens; mais les alliés empêchèrent sa jonction et lui livrèrent bataille. La cavalerie thessalienne, commandée par Menon, enfonça ses rangs; Léonat lui-même périt dans le combat. La phalange macédonienne se retira sur les hauteurs, et les Grecs vainqueurs élevèrent un trophée sur le champ de bataille.

Antipater, privé d'espoir par cet événement, capitula, évacua la ville de Lamia et se retira avec son armée et les débris de celle de Léonat. Mais bientôt la fortune lui devint plus favorable. La flotte de Macédoine battit celle d'Athènes. Cratère débarqua en Grèce. Antipater, fortifié par son secours, livra aux alliés une bataille près de la ville de Cranon et remporta une victoire complète. Les vaincus proposèrent la paix. Antipater voulut traiter séparément avec chaque ville. Par cette ruse il divisa les alliés qui se débandèrent et rentrèrent chacun dans son pays. Antipater, profitant de cette désunion, marcha sur Athènes. Son approche répandit le trouble dans la ville. Les Athéniens condamnèrent à mort Démosthène, qui les avait excités à la guerre. Phocion, chef de la république dans ces fatales circonstances, fut obligé de se rendre à discrétion, et de recevoir dans les villes de l'Attique des garnisons étrangères. Cent citoyens, qui s'étaient déclarés hautement pour la guerre et la liberté, furent exclus de tous les emplois. Démosthène fuyait pour éviter la mort; l'éloquence de ce célèbre banni inquiétait encore Antipater. Il le poursuivit vivement. Démosthène, n'espérant plus échapper à ses ennemis, s'empoisonna.

Après ces victoires, Antipater donna sa fille à Cratère. Ce mariage resserra les liens de leur amitié.

Les généraux d'Alexandre s'étaient disputé entre eux ses dépouilles mortelles, comme son empire. Mais enfin Ptolémée, arrivant lui-même en Syrie, obligea ses collègues à remplir les dernières volontés du roi. Son corps fut porté en Égypte sous la conduite du général Aridée. Le cortége était pompeux, et le char magnifique; les rayons des roues dorés; l'attelage composé de soixante-quatre mulets, qui portaient des couronnes d'or et des colliers de pierreries. Sur un chariot on voyait un pavillon de dix-huit pieds de largeur sur douze de hauteur, soutenu par des colonnes d'or incrustées de pierres précieuses. On admirait des bas-reliefs qui représentaient les principales actions d'Alexandre. Les quatre angles étaient remplis par des statues d'or; des lions, du même métal, semblaient défendre l'entrée du pavillon, au milieu duquel on avait élevé un trône composé des métaux les plus précieux. Au pied du trône se trouvait le cercueil qui renfermait le corps du roi. Il était d'or, travaillé au marteau, et rempli d'aromates et de parfums. Entre le trône et le cercueil on avait placé les armes dont le héros macédonien s'était si souvent et si glorieusement servi. Tout le pavillon, couvert de riches étoffes, montrait à son sommet une immense couronne d'or qui jetait le plus vif éclat.

Un oracle annonçait que la ville qui conserverait les restes d'Alexandre deviendrait la plus riche et la plus florissante de la terre. Cette prédiction excitait l'ambition de tous les gouverneurs des provinces de l'empire. Perdiccas soutint vivement et vainement les droits de la Macédoine. Ptolémée même, qui l'emporta, voulant conserver à la capitale de l'Égypte les avantages prédits par l'oracle, défendit de porter le corps d'Alexandre au temple de Jupiter Ammon. Il le fit conduire à Memphis et déposer ensuite dans Alexandrie, où l'on bâtit, pour le renfermer, un temple superbe qui subsistait encore du temps de Léon l'Africain. Ce fut dans cette ville, fondée par Alexandre, qu'on lui rendit les honneurs divins.

La division qui existait déjà sourdement entre les successeurs d'Alexandre ne tarda pas long-temps à éclater. Perdiccas, après avoir battu, pris et tué le roi Ariarathe, pour établir Eumène en Cappadoce, conçut le dessein d'épouser Cléopâtre, sœur d'Alexandre, qui habitait la ville de Sardes. On s'aperçut bientôt qu'il aspirait à la souveraineté de l'empire, dont la régence lui était confiée. Antigone, Antipater, Cratère et Ptolémée se liguèrent ensemble pour s'opposer à ses projets.

Perdiccas, uni avec Eumène, le chargea de garder l'Asie. Il ajouta à ses gouvernements la Carie, la Lycie, la Phrygie, et lui recommanda de surveiller Néoptolème, gouverneur d'Arménie, qui commandait la phalange, et dont il soupçonnait les intentions. Ces arrangements terminés, il prit avec lui les deux rois Aridée, qu'on appelait Philippe, et Alexandre, fils de Roxane; et il marcha en Égypte à la tête de son armée.

Après son départ, Eumène attaqua et battit Néoptolème qui se réfugia en Cilicie, où il trouva Antipater et Catère arrivés. Antipater marchait au secours de Ptolémée; il détacha Cratère et Néoptolème pour combattre Eumène. Ces deux généraux espéraient que les Macédoniens se rangeraient sous leurs drapeaux plutôt que de rester dans l'armée d'Eumène, dont la majeure partie n'était composée que d'Asiatiques. Eumène sentit le danger de cette position; il cacha à ses troupes les noms des généraux qu'il allait combattre, n'opposa aucun de ses Macédoniens à ceux de Cratère, et ne leur fit combattre que des troupes alliées thébaines ou athéniennes. La bataille fut rude; Cratère y périt, après avoir fait des prodiges de valeur. Néoptolème et Eumène se joignirent, se prirent corps à corps, tombèrent de cheval sans se quitter, et combattirent avec acharnement et sans repos, jusqu'au moment où Néoptolème reçut le coup mortel.

Eumène, vainqueur, rendit de grands honneurs aux deux chefs ennemis qu'il avait vaincus, et qui avaient été autrefois ses compagnons d'armes et ses amis.

Pendant ce temps Perdiccas était entré en Égypte; mais il éprouva une résistance qu'il n'attendait pas : sa sévérité, son orgueil irritaient les esprits. La douceur et les vertus de Ptolémée gagnaient tous les cœurs. Les Égyptiens prenaient les armes pour lui avec enthousiasme; les Grecs venaient en foule de toutes parts rejoindre ses drapeaux. Les soldats de Perdiccas commençaient à déserter. Malgré ces dispositions, il persista dans son dessein, et força ses troupes de traverser à la nage un bras du Nil. Les Égyptiens le battirent; il perdit au passage du fleuve deux mille hommes, dont la moitié se noya et l'autre fut mangée par les crocodiles.

Les Macédoniens irrités se révoltèrent et égorgèrent Perdiccas dans sa tente, avec tous les amis qui l'entouraient. Deux jours après on apprit la victoire d'Eumène sur Cratère et sur Néoptolème. Si cette nouvelle fût arrivée plus promptement, elle eût peut-être empêché cette révolte si funeste à Perdiccas et si favorable à ses ennemis.

Ptolémée, après un léger combat, entra dans le camp royal; l'armée se prononça en sa faveur. Il fit signer au roi mineur un décret qui déclarait ennemis publics Eumène et cinquante généraux de son parti. Ptolémée ne voulut point être régent; il regardait les deux rois comme des fantômes, et préférait la possession de l'Égypte à une régence illusoire.

On nomma régents les généraux Aridée et Python; mais ils ne le furent pas long-temps. Eurydice, femme du roi Philippe, intriguait contre eux, et ne leur laissait pas de pouvoir. Ils se démirent de leurs emplois, et Antipater fut déclaré seul régent de l'empire.

Celui-ci fit un nouveau partage des provinces, et en exclut tous les chefs qui avaient embrassé le parti de Perdiccas et d'Eumène.

Le commandement général de la cavalerie donnait à Séleucus un grand crédit dans l'armée. Il eut dans le nouveau partage le gouvernement de Babylone, et devint par la suite le plus puissant des successeurs d'Alexandre.

Python obtint la Médie; mais Atropate, qui en était gouverneur, en conserva une partie et se rendit indépendant. Antipater retourna en Macédoine et envoya Antigone contre Eumène; mais, comme il ne s'y fiait pas entièrement, il chargea son fils Cassandre de commander sa cavalerie et de le surveiller.

Ce fut dans ce temps que mourut Jaddus, grand-prêtre de Jérusalem : Onias lui succéda [1].

Antigone livra en Cappadoce une bataille à Eumène; celui-ci, trahi par Apollonide, fut battu et perdit huit mille hommes. Quelques jours après il s'empara du traître et le fit pendre.

Eumène, pressé vivement, se renferma dans le château de Nora, et y demeura bloqué. Pendant ce temps Ptolémée conquit la Phénicie, la Syrie et la Judée. Les Juifs de Jérusalem résistèrent : Ptolémée prit la ville d'assaut, et emmena deux cent mille habitants en Égypte.

Le régent Antipater étant tombé malade en Macédoine, les Athéniens mandèrent à Antigone qu'il devait se hâter et venir s'emparer de la Grèce, qui ne tenait plus qu'à *un vieux fil près de rompre*. L'Athénien Démade, qui avait écrit cette lettre, était ambassadeur en Macédoine. Cassandre s'y trouvait aussi; ce jeune prince, ayant intercepté la

---

[1] An du monde 3683. — Avant Jésus-Christ 321.

dépêche, poignarda Démade et son fils en présence d'Antipater, qui vit ses habits couverts de leur sang. Antipater mourut après avoir nommé Polysperchon régent de l'empire et gouverneur de Macédoine. Cassandre lui fut adjoint; mais comme il prétendait seul à ces deux emplois, il forma un parti contre Polysperchon, et s'allia avec Ptolémée et Antigone, dont le but était de détruire, non-seulement le régent, mais la régence et les rois, pour être indépendants et pour devenir souverains des portions de l'empire qu'ils gouvernaient.

Antigone paraissait alors le plus puissant de tous. Il possédait les riches provinces de l'Asie-Mineure, commandait une armée de soixante et dix mille hommes, et convoitait la succession d'Alexandre tout entière. Il ôta la petite Phrygie à Aridée et l'Hellespont à Clitus. Le régent Polysperchon, pour fortifier son crédit et son autorité, rappela en Macédoine Olympias, mère d'Alexandre, et lui proposa de partager le pouvoir suprême. Elle était retirée en Épire; Eumène lui conseillait d'y rester. Méprisant cet avis, elle vint en Macédoine, brûlant du désir de se venger et de régner. Polysperchon, qui désirait se concilier l'opinion et l'affection publique, rendit la liberté à Athènes et à toutes les villes de la Grèce. Les Athéniens, toujours ingrats, condamnèrent Phocion à la mort; mais ils ne jouirent pas long-temps d'une liberté dont ils usaient si mal. Cassandre s'empara de leur ville, et y établit Démétrius de Phalère pour les gouverner.

Eumène cependant avait obtenu par un traité la liberté de sortir de Nora. Il leva une nouvelle armée. Le régent Polysperchon lui envoya au nom des rois, une commission de généralissime pour combattre Antigone et ses collègues, révoltés contre l'autorité royale. Olympias ratifia cet acte; mais les officiers grecs refusaient d'obéir à Eumène, qu'un ancien décret déclarait ennemi public. Cet habile général, connaissant la superstition de son siècle, raconta qu'Alexandre lui était apparu pour lui recommander de protéger ses enfants, et avait promis que, bien qu'invisible, il présiderait toujours en personne le conseil qu'Eumène rassemblerait. Nul ne douta de la vérité de ce récit. On prépara dans la salle du conseil un trône destiné à l'ombre du roi, et tous les officiers obéirent sans résistance aux ordres donnés au nom d'Alexandre.

Eumène marcha promptement en Syrie; Antigone, qui commandait des troupes plus nombreuses, le força de se réfugier en Mésopotamie. Là il invoqua vainement l'assistance de Séleucus et de Python. Les gouverneurs n'avaient élu des rois faibles que pour devenir indépendants. Ainsi ils ne pouvaient seconder les projets du plus habile des capitaines d'Alexandre, qui seul voulait et pouvait affermir l'autorité royale. Tout ce qu'il obtint de Seulécus, ce fut la liberté de passer librement jusqu'à Suze. Là il trouva Peuceste qui avait battu Python; et, par son secours, il se vit en état de marcher de nouveau pour combattre Antigone.

Depuis qu'Olympias résidait en Macédoine, elle y jouissait d'une grande autorité dont elle fit un cruel usage. Aridée ou Philippe n'était que l'ombre d'un roi; mais cette ombre importunait encore une reine jalouse du pouvoir suprême. Elle le fit périr, envoya un poignard, une corde et une coupe de ciguë à la reine Eurydice, en lui laissant le choix de ces instruments de mort. Eurydice s'étrangla, après avoir accablé d'imprécations cette femme inhumaine.

Nicanor, frère de Cassandre, et cent de ses amis, furent punis de leur attachement au roi par des supplices. Le sort des tyrans est de craindre tous ceux qu'ils font trembler. La cruelle Olympias s'enferma dans la ville de Pydna avec le jeune roi Alexandre et Roxane sa mère, Déidamie, fille du roi d'Épire, et Thessalonice, sœur d'Alexandre-le-Grand.

Cassandre, informé de tous ces massacres, vint assiéger Pydna. Éacide accourait au secours d'Olympias; mais l'armée d'Épire, indignée de voir son roi soutenir une cause si odieuse, se révolta, se déclara pour Cassandre et détrôna son souverain. Le jeune Pyrrhus, fils d'Éacide, fut sauvé par des esclaves qui conservèrent ainsi à la Grèce un grand homme.

Cette révolution en Épire ne laissait plus à la reine de Macédoine d'autre appui que Polysperchon. Il arrivait pour la défendre; mais Cassandre envoya contre lui Callas qui gagna un partie de ses troupes et le contraignit à fuir en Asie.

Olympias, privée de tout appui, se vit obligée de se rendre. Les familles de ses nombreuses victimes l'accusèrent dans l'assemblée générale des Macédoniens : personne n'osa la défendre; elle fut condamnée à mort.

Cassandre lui proposa de s'embarquer secrètement sur une galère qui la conduirait à Athènes : il ne voulait pas la sauver; mais son projet était de la faire périr sur la mer en perçant son navire, afin qu'on attribuât sa mort au courroux des dieux. Olympias refusa sa proposition et dit qu'elle ne fuirait point lâchement, qu'elle plaiderait sa cause devant le peuple qui ne pouvait la condamner sans l'entendre. Cassandre, craignant cet éclat, chargea deux cents soldats de la tuer; mais, quand ils furent en sa présence, la fierté de ses regards, la majesté de son rang, le souvenir du héros auquel elle avait donné le jour, les frappèrent de respect et de crainte. Ils ne purent jamais lever leurs glaives sur la mère d'Alexandre, et se retirèrent sans avoir exécuté les ordres de leur chef.

Les parents de Nicanor et les autres victimes d'O-lympias, craignant de voir échapper leur vengeance, se précipitèrent dans l'appartement de la reine, et la poignardèrent.

L'ambitieux Cassandre ne croyait plus voir entre le trône et lui que le jeune Alexandre et sa mère Roxane; mais, avant de renverser cette faible barrière, il chercha les moyens de captiver l'opinion publique. Pour rappeler les crimes d'Olympias, il fit faire de solennelles et magnifiques obsèques à Philippe et à Eurydice. Ce respect hypocrite pour les rois ne tarda pas à se démentir. Il enferma le jeune Alexandre et sa mère dans le château d'Amphipolis : on les y traita non en princes, mais en captifs. Polysperchon, à la tête d'un corps de troupes en Éolie, continuait de se défendre. Il força même Cassandre à se réfugier en Macédoine : mais son fils, qu'on nommait Alexandre, abandonna son parti, se joignit à Cassandre, et fut bientôt puni de sa trahison; il périt dans un tumulte à Sicyone.

Le parti royal n'avait plus d'autre soutien que le fidèle Eumène, qui résistait en Asie aux efforts réunis d'Antigone, de Python et de Séleucus. Cette guerre fut long-temps mêlée, pour les deux partis, de revers et de succès; enfin on en vint à une bataille décisive. Eumène y déploya sa valeur accoutumée; mais Peuceste, dont on avait jusque-là vanté la bravoure, abandonna son ami et prit la fuite.

Les soldats d'Eumène se révoltèrent contre lui. Il leur demanda la mort, qu'il préférait à la captivité; il ne put l'obtenir, et ces lâches guerriers le livrèrent à Antigone. Celui-ci hésita long-temps sur le traitement qu'il ferait à cet illustre prisonnier : c'était un ancien ami, mais un redoutable rival.

Démétrius, fils d'Antigone, parlait vivement en faveur d'Eumène : l'ambition l'emporta sur la générosité; Eumène fut tué dans sa prison. Délivré d'un tel concurrent, Antigone se crut le maître de l'empire. Il cassa plusieurs gouverneurs, en fit mourir d'autres, et même Python, gouverneur de Médie.

Séleucus, à la tête des proscrits, se sauva en Égypte, et forma contre Antigone une ligue avec Ptolémée, Lysimaque et Cassandre. L'Orient et la Grèce devinrent depuis ce moment un théâtre de carnage. L'Asie-Mineure fut ravagée par Cassandre; le fameux Démétrius, fils d'Antigone, et qu'on nomma Poliorcète (preneur de villes), se formait alors par des revers. Les troupes de Cassandre, plus nombreuses que les siennes, l'obligeaient à de fréquentes retraites. Babylone et Suze étaient conquises et pillées par Antigone qui s'empara de Tyr, de Joppé et de Gaza. Ptolémée, après avoir conquis l'île de Chypre, tua le roi Nicoclès. La reine Axitia, les princesses ses filles et leurs maris mirent le feu à leur palais pour s'ensevelir sous ses débris.

Le roi d'Égypte livra une grande bataille à Démétrius, et remporta une victoire complète qui entraîna la conquête de la Palestine, de la Célésyrie et de la Phénicie. Démétrius répara bientôt sa défaite par un avantage signalé sur un lieutenant de Ptolémée. Cependant Séleucus eut l'audace de rentrer en Mésopotamie avec mille hommes. Cette entreprise hardie fut couronnée de succès; tous les peuples se déclarèrent pour lui. Il battit Nicanor, et entra dans Babylone. C'est de cette entrée que date la fameuse ère des Séleucides, que les Juifs appelaient l'ère des contrats, et les Arabes l'ère du *Bicornu*, parce que Séleucus était si fort qu'il arrêtait un taureau en le saisissant par les cornes[1].

Antigone, secondé par Démétrius, son fils, continua vivement la guerre contre les alliés. La fortune lui fut quelque temps si favorable qu'il fit perdre à Ptolémée toutes ses conquêtes, et le força de se retirer en Égypte. Ses armes pénétrèrent jusqu'au centre de l'Arabie-Pétrée. Démétrius marcha en vainqueur jusqu'à Babylone; il prit même un de ses forts; mais les excès que commirent ses troupes dans le pays redoublèrent l'attachement des habitants pour Séleucus.

[1] An du monde 3693. — Avant Jésus-Christ 311.

Ces scènes de carnage furent interrompues par une paix ou plutôt par une trève.

Ce traité donna la Macédoine à Cassandre jusqu'à la majorité du fils de Roxane, la Thrace à Lysimaque, l'Égypte à Ptolémée, l'Asie-Mineure et la Syrie à Antigone, la Perse et la Médie à Séleucus.

Les Macédoniens commençaient à se fatiguer de ces guerres continuelles, de l'ambition des gouverneurs des provinces et de leurs discordes interminables. Ils éclataient de toutes parts en murmures et ne dissimulaient pas le projet qu'ils avaient formé de tirer de prison leur jeune roi, âgé alors de quatorze ans.

Cassandre, redoutant une révolution dont l'objet était de lui donner un maître, fit tuer secrètement, dans le château d'Amphipolis, le jeune Alexandre et sa mère Roxane.

Polysperchon, qui commandait dans le Péloponèse, prit les armes pour venger son roi. Il fit venir de Pergame dans son camp le jeune Hercule, âgé de dix-sept ans, fils d'Alexandre et de Barsine, veuve de Memnon. Lorsqu'il fut arrivé sur les frontières de la Macédoine, Cassandre lui demanda une entrevue. Il lui représenta que son entreprise, si elle réussissait, perdrait tous les généraux et lui tout le premier; que le nouveau roi ne supporterait pas des sujets si puissants, et qu'il les punirait d'avoir si long-temps usurpé l'autorité royale. La vertu de Polysperchon n'était pas assez forte pour résister à la crainte et à l'ambition : il céda aux conseils de Cassandre, et fit mourir Hercule et sa mère.

Il ne restait plus de prince de la famille d'Alexandre. Les gouverneurs, indépendants, reprirent les armes avec plus d'ardeur que jamais pour se disputer l'empire.

Ptolémée, voulant donner plus de force à ses prétentions, engagea Cléopâtre, sœur d'Alexandre et veuve du roi d'Épire, à l'épouser. Cette princesse résidait à Sardes. Comme elle en partait pour aller en Égypte, le gouverneur de Sardes l'arrêta et la fit assassiner par les ordres d'Antigone, qui envoya ensuite au supplice les agents de son crime.

Séleucus et Ptolémée donnaient une base solide à leur autorité; ils se faisaient chérir par leur douceur et par leurs vertus. Antigone ne fondait son pouvoir que sur la force. On admirait sa valeur et ses talents; mais on détestait sa tyrannie : sa politique était perfide, et personne ne croyait à ses promesses ni à ses serments.

Ce fut lui qui le premier osa prendre le titre de roi, au moment où son fils venait de s'emparer de Salamine, de Chypre, et de battre complétement Ptolémée.

Comme il voulait se concilier dans ce premier instant l'amitié des Grecs, il chassa d'Athènes Démétrius de Phalère, et rendit aux Athéniens une liberté illusoire.

Tous les autres gouverneurs de provinces, profitant de l'exemple d'Antigone, prirent le sceptre. Séleucus combattit et tua Nicanor. Il s'affermit en Médie, en Assyrie, et soumit totalement la Perse, la Bactriane et l'Hyrcanie. Il voulait aussi s'assurer des conquêtes d'Alexandre dans les Indes; mais un roi indien nommé Sandrocotte, à la tête de six cent mille hommes, le força de renoncer à ses prétentions et de se contenter d'un tribut de cinq cents éléphants. Ce fut le seul fruit qui resta aux Grecs de l'expédition sanglante des Macédoniens dans les Indes.

Cassandre et Démétrius combattirent dans l'Attique avec des succès divers. Ptoléméc perdit Sicyone et Corinthe, qui s'étaient mises sous sa protection.

L'orgueil d'Antigone révolta bientôt tous ses collègues. Délivré de la famille d'Alexandre, il se croyait seul digne de l'empire, et méprisait ouvertement tous ses rivaux. Il disait, ainsi que son fils Démétrius, que Ptolémée n'était qu'un capitaine de vaisseaux marchands, Séleucus un commandant d'éléphants, et Lysimaque un trésorier.

La vanité fait plus d'ennemis que la puissance. Ptolémée, Cassandre, Séleucus et Lysimaque s'allièrent contre Antigone et Démétrius. La plaine d'Ipsus, en Phrygie, fut le champ de bataille où se décida cette grande querelle.

Démétrius commença l'action : son impétuosité

mit en fuite un corps de troupes commandé par Antiochus, fils de Séleucus. Mais, trop ardent à la poursuite, il perdit, en s'éloignant, le reste de son armée, qu'il laissa à découvert. Séleucus, profitant de cette faute, entoura l'infanterie de Démétrius, qui, loin de combattre, se rangea sous ses drapeaux. Antigone, abandonné par la fortune, trahi par ses soldats, combattit long-temps avec fureur, et tomba percé de coups. Il avait quatre-vingts ans.

Démétrius se sauva à Éphèse avec neuf mille hommes. Il dut son salut au courage d'un ami : le jeune Pyrrhus, si fameux depuis par ses guerres contre les Romains, renversant tout ce qu'il combattait, lui ouvrit un passage au travers des rangs ennemis.

Après la bataille d'Ipsus, les confédérés se partagèrent les États d'Antigone. Par ce traité, l'empire d'Alexandre se trouva définitivement divisé en quatre royaumes. Ptolémée eut l'Égypte, la Libye, l'Arabie, la Célésyrie et la Palestine; Cassandre, la Macédoine et la Grèce; Lysimaque, la Thrace, la Bithynie et quelques autres provinces au-delà du Bosphore et de l'Hellespont. Séleucus posséda tout le reste de l'Asie jusqu'aux frontières des Indes. Son royaume prit le nom de royaume de Syrie, parce qu'il bâtit dans cette province la ville d'Antioche, qui devint sa résidence et celle de ses successeurs; sa race s'appela Séleucide, et gouverna long-temps l'empire des Perses.

SÉLEUCUS NICATOR.

(An du monde 3700. — Avant Jésus-Christ 304.)

Séleucus, jouissant du repos que lui donnait la paix, agrandit et embellit la ville qu'il avait bâtie sur l'Oronte, et qu'il nomma Antioche, par tendresse pour son père Antiochus et pour son fils qui portait le même nom. Elle devint la capitale de l'Orient. Il bâtit encore d'autres villes, savoir : Séleucie, dans le voisinage de Babylone, dont elle hâta la ruine; Apamée, du nom de sa femme, fille d'Artabaze, satrape de Perse; et Laodice, en mémoire de sa mère. Il accorda dans toutes ces villes beaucoup de priviléges aux Juifs, qui lui avaient donné de grands secours. Aussi modéré dans la prospérité que ferme dans le malheur, il eut la générosité de relever la fortune de Démétrius, qui, après avoir pris tant de villes, ne trouvait d'asile dans aucune. Athènes même, qui lui devait sa liberté, venait de lui fermer honteusement ses portes. Séleucus épousa Stratonice, fille de Démétrius, et se ligua avec lui contre Lysimaque pour donner quelque apanage à son beau-père.

Démétrius, loin de payer ce bienfait par une juste reconnaissance, abandonna bientôt son gendre. Ayant perdu sa femme Phila, sœur de Cassandre, il se raccommoda avec Ptolémée, et épousa sa fille Ptolémaïde.

Le roi d'Égypte lui céda, en faveur de cette alliance, Chypre, Tyr, Sidon et même la Cilicie; cette dernière province appartenait de droit à Séleucus, qui devint son ennemi.

Cassandre, le plus barbare des successeurs d'Alexandre, mourut alors d'hydropisie. Il laissait trois fils qu'il avait eus d'une sœur d'Alexandre, nommée Thessalonice.

L'aîné, Philippe, ne survécut pas long-temps à son père. Antipater, le second, voulait lui succéder; mais Thessalonice favorisait, à son préjudice, le troisième de ses fils, nommé Alexandre. Antipater, furieux de cette intrigue, assassina sa mère. Alexandre, voulant la venger, implora le secours de Pyrrhus, roi d'Épire, et de Démétrius, qui, après avoir perdu ses nouveaux états en Asie, était descendu dans la Grèce, avait pris Athènes et vaincu les Lacédémoniens.

Antipater perdit une bataille, et s'enfuit en Thrace, où il mourut. L'ingrat Alexandre, craignant ses protecteurs, voulut renvoyer Pyrrhus en Épire et se défaire de Démétrius; celui-ci le prévint et le tua.

Ainsi toute la famille du conquérant de l'Asie périt de mort violente. Les Macédoniens placèrent Démétrius sur le trône; mais, peu satisfait de ce patrimoine d'Alexandre, il ne dissimula pas son projet de conquérir la Grèce et l'Orient. Il fut attaqué par Lysimaque et par Pyrrhus, qui le vainquirent si complétement, qu'il se vit obligé de se déguiser en soldat et d'échapper à la mort par la fuite.

On déclara Pyrrhus roi de Macédoine; il céda une partie de ce royaume à Lysimaque.

Démétrius, rentré en Asie, leva des troupes et fit quelques conquêtes. Séleucus le battit et s'empara de sa personne. Lysimaque exigeait sa mort; Séleucus lui conserva la vie. Mais, forcé de languir dans la captivité et de renoncer à toute ambition, il s'abandonna aux vices, et mourut dans la débauche à cinquante-quatre ans. La veille de sa chute, il se berçait encore des songes de la gloire : dépouillé de ses états et réduit à commander une poignée de soldats, il surveillait la confection d'un manteau magnifique où l'on avait brodé la carte de l'empire d'Alexandre, dont il méditait la conquête.

Son fils Antigone, plus heureux que lui, rassembla ses amis, leva des troupes, conquit la Macédoine, et y établit sa race, qui posséda ce royaume jusqu'au règne de Persée, que les Romains vainquirent et réduisirent en servitude.

Le bonheur dont jouissait Séleucus, et qu'il devait plus encore à ses vertus qu'à ses exploits, fut quelques temps troublé par un violent chagrin. Antiochus, son fils, plongé dans une mélancolie profonde, s'acheminait lentement au tombeau. Personne ne pouvait expliquer le genre et la cause du mal qui le consumait. Le médecin Érasistrate, remarquant l'agitation qu'éprouvait le jeune prince lorsque la reine Stratonice, sa belle-mère, s'offrait à ses yeux, découvrit le secret de son cœur et de sa maladie; mais, aussi prudent que pénétrant, il usa d'une sage précaution pour communiquer sa découverte au roi, et lui dit que la femme de son médecin était l'objet de la passion d'Antiochus, et serait probablement la cause de sa mort. Séleucus, brûlant du désir de sauver son fils, offrit tous ses trésors à Érasistrate pour l'engager à répudier sa femme et à la céder au prince.

Le médecin, après avoir résisté quelque temps, découvrit par degrés au roi la vérité tout entière, en l'invitant à prendre pour lui-même le conseil qu'il lui avait donné.

Le roi, réduit à la nécessité de renoncer à sa femme ou de perdre son fils, sacrifia l'amour conjugal à l'amour paternel, rompit ses liens avec Stratonice, et lui permit d'épouser son fils.

Depuis la mort d'Alexandre, une amitié constante unissait Séleucus à Lysimaque. A l'âge de quatre-vingts ans, ils se brouillèrent et se déclarèrent la guerre. Séleucus reprit la ville de Sardes, dont Lysimaque s'était emparé, et lui livra ensuite bataille en Phrygie. Lysimaque fut vaincu et tué. Séleucus se rendit maître de ses états. Il restait ainsi le seul des capitaines d'Alexandre, et, comme il le disait lui-même, le vainqueur des vainqueurs. Il prit alors le titre de *Nicator* (victorieux). Six mois après, s'étant mis en route pour conquérir la Macédoine, il périt assassiné par Ptolémée Céraunus.

Seleucus régna vingt ans depuis la bataille d'Ipsus, et trente et un, si l'on date son règne de l'ère des Séleucides. On le regretta dans l'Orient qu'il avait conquis et pacifié. Los Athéniens lui payèrent un juste tribut d'éloges. Loin de contribuer, comme ses collègues, à leur oppression, il leur avait renvoyé généreusement la bibliothèque dont Xercès s'était emparé.

ANTIOCHUS SOTER.

(An du monde 3720. — Avant Jésus-Christ 284.)

Lorsque Lisymaque périt en Phrygie, dans le combat que lui avait livré Séleucus, il laissa le trône de Thrace à ses fils et la régence à Arsinoé sa femme. Ptolémée Céraunus, chassé de son pays par les Égyptiens, était le frère d'Arsinoé. Il se réfugia en Thrace, où, conformément aux mœurs de l'Asie et de l'Afrique, il engagea sa sœur à l'épouser, promettant d'être le tuteur et l'appui de ses enfants; mais, après le mariage, il assassina les jeunes princes Lisymaque et Philippe, exila la reine en Samothrace, monta sur le trône, et, ainsi que nous l'avons rapporté, fit périr avec perfidie Séleucus, qui était entré en Thrace comme conquérant.

Tous ces crimes lui attirèrent bientôt un châtiment aussi imprévu que mérité.

La Gaule, trop peuplée, envoyait alors dans toute l'Europe des colonies guerrières qui cherchaient dans les pays les plus éloignés de nouvelles richesses, une nouvelle gloire et une nouvelle patrie. Les Gaulois entrèrent en Thrace. Céraunus voulut en vain les repousser; ils le battirent, le tuèrent, pillèrent le pays, passèrent l'Hellespont, entrèrent en Asie, où ils exercèrent beaucoup de brigandages, et contractèrent une alliance avec Nicomède, roi de Bithynie. Par ce traité, ils obtinrent la possession de cette partie de l'Asie-Mineure qu'on appela depuis Galatie.

Antiochus, en montant sur le trône de son père, se trouva forcé de soutenir la guerre en Thrace et en Asie contre les Gaulois, et en Macédoine contre Antigone, fils de Démétrius. Les Gaulois avaient fait une invasion dans ce royaume; mais Sosthène les en chassa. Après quelques combats dont le succès resta indécis, Antiochus fit la paix, laissa la Macédoine à Antigone et lui fit épouser une fille qu'il avait eue de Stratonice, nommée Philœ. Débarrassé de cette guerre, le roi de Syrie marcha contre les Gaulois qui dévastaient l'Asie. Il leur livra bataille, remporta sur eux une victoire complète, et en délivra le pays. Cette action glorieuse lui mérita le surnom de *Soter* ou *Sauveur*.

Dans ce temps Pyrrhus entreprit la conquête de l'Italie. Il s'acquit d'abord une grande renommée par plusieurs victoires, mais il fut obligé de céder à la fortune des Romains. Il avait épouvanté l'Italie, tyrannisé la Sicile; et, semblable à la plupart des conquérants, qui ne savent point borner leur ambition, il perdit tout le fruit de ses exploits, et se vit obligé de rentrer en Épire. Un tel royaume était trop petit pour un si grand nom. Il attaqua Antigone, le battit, et lui enleva presque toute la Macédoine.

Les Lacédémoniens s'étant déclarés contre lui, il entra dans leur pays et fit le siége de Sparte; mais il y fut blessé, et ne put forcer les murailles d'une ville que défendaient de braves guerriers et de sages lois. Il s'en éloigna et marcha contre Argos. Cette expédition termina sa vie. En sortant de cette ville, ses troupes se trouvèrent pêle-mêle avec les Argiens dans une rue étroite; Pyrrhus s'étant attaché à combattre un jeune et vaillant Grec qui osait arrêter ses pas, la mère de ce jeune soldat, qui voyait avec désespoir le danger de son fils près de périr sous ses yeux, jeta, de la fenêtre où elle était, une forte tuile sur la tête du roi et le tua.

Ainsi, par un jeu du sort, la main d'une pauvre femme abattit ce héros, dont le nom, retentissant dans l'Asie et dans l'Europe, avait porté l'épouvante à Babylone, à Sparte et à Rome.

Antiochus Soter vit son règne troublé par les séditions. Un de ses généraux, nommé Philitère, se révolta en Lydie, et résista avec succès à son souverain. Son fils aîné forma une conjuration contre lui; le roi l'envoya au supplice. Il mourut lui-même peu de temps après, et laissa le sceptre à un autre fils qu'il avait eu de Stratonice, et qui se nommait comme lui Antiochus.

ANTIOCHUS THÉOS.

(An du monde 3754. — Avant Jésus-Christ 250.)

Le nouveau roi, appelé au secours des habitants de Milet, les délivra de l'oppression de Timarque, qu'il vainquit et qu'il tua. On peut juger du malheur des Milésiens par leur reconnaissance. Ils regardèrent comme un dieu le vainqueur du tyran, et le surnommèrent *Théos*.

Le fameux Bérose, historien de Babylone et célèbre astrologue, vécut sous le règne de ce prince.

Son éloquence lui valut un singulier hommage; les Athéniens lui élevèrent une statue avec une langue d'or.

Ptolémée, roi d'Égypte, ayant accordé sa protection aux Lydiens révoltés, chassa de Sardes Apamée, sœur d'Antiochus. Le roi de Syrie prit les armes pour venger cette injure. Cette guerre occupant toutes ses forces, les provinces d'Orient, qui n'étaient plus contenues par des troupes, se soulevèrent. Agathoclès, gouverneur de la Parthie, avait outragé un jeune homme nommé Tiridate. Arsace, son frère, rassembla quelques amis, tua le gouverneur, arma le peuple, chassa les Macédoniens, et cette révolte amena une révolution générale. Arsace fonda le royaume des Parthes, et devint la tige de la célèbre dynastie des Arsacides [1], qui domina l'Asie, et, seule dans l'univers, posa des bornes à la puissance romaine.

Théodote, imitant l'exemple d'Arsace, souleva la Bactriane, de sorte qu'en peu de mois, le roi de Syrie perdit toutes les provinces de l'Orient au-delà du Tigre. Ces événements se passèrent la quatorzième année de la première guerre des Romains contre les Carthaginois.

La guerre d'Égypte n'avait été marquée par aucune action importante. Antiochus était pressé de

---

[1] An du monde 3755. — Avant Jésus-Christ 249.

la terminer pour s'occuper plus librement des affaires intérieures de son empire. Ptolémée lui accorda la paix, en le forçant à épouser Bérénice, sa fille, à répudier Laodice, à déshériter ses enfants du premier lit, et à désigner pour ses successeurs les enfants qui naîtraient de ce nouveau mariage. Tout roi qui ne maintient pas son autorité dans ses états est nécessairement l'esclave ou la proie de l'étranger.

Ptolémée amena lui-même sa fille à Séleucie. Il l'aimait si tendrement que, tant qu'il vécut, il lui envoya en Syrie de l'eau du Nil pour sa boisson. Heureux et fier de son triomphe, il croyait avoir assuré la gloire et le bonheur de sa fille; mais il oubliait que les traités arrachés par la force sont rarement solides. Ptolémée mourut deux ans après cette alliance. Aussitôt Antiochus répudia, exila l'Égyptienne, et reprit Laodice, qui revint à Séleucie avec ses enfants, Séleucus et Antiochus Hiérax.

Cette reine, vindicative et cruelle, n'oubliant pas son injure, quoiqu'elle eût été réparée, connaissant la faiblesse du roi et redoutant un nouvel affront, l'empoisonna. Elle fit mettre dans son lit, après sa mort, Artimon, qui ressemblait parfaitement au roi du visage et de la voix. Ce faux Antiochus appela près de lui les grands de la Syrie et de la Perse, leur recommanda d'une voix mourante Laodice et ses enfants, et dicta une proclamation qui donnait le trône à son fils aîné Séleucus. Lorsque cette atroce comédie fut jouée, on déclara la mort du roi.

SÉLEUCUS CALLINICUS.

(An du monde 3758. — Avant Jésus-Christ 246.)

Laodice régnait sous le nom de ses fils : cette femme implacable ne se crut pas encore assez vengée par la mort de son mari, et voulut faire périr Bérénice, qui s'était réfugiée dans la ville de Daphné. La malheureuse reine assiégée n'avait d'espoir que dans les secours que lui promettait son frère Ptolémée Évergète, qui accourait avec une armée pour la protéger. Mais la garnison de Daphné ouvrit ses portes, et livra Bérénice. Sa féroce ennemie la fit mourir avec tous les Égyptiens de sa suite. Ptolémée, arrivant trop tard pour sauver sa sœur, sut au moins la venger. Les crimes dont la cour de Syrie venait d'être le théâtre excitaient une juste haine contre Laodice, et un profond mépris pour Séleucus.

Les troupes d'Asie se joignirent à celles d'Égypte : Laodice, abandonnée, expia ses forfaits dans les supplices. Ptolémée s'empara rapidement de la Cilicie et de la Syrie. Il approchait de Babylone, et il aurait conquis tout l'Orient, si une sédition ne l'eût forcé de retourner en Égypte. Il y rapporta toutes les richesses qu'en avait enlevées Cambyse ; ce qui lui mérita le surnom d'*Évergète* (bienfaiteur).

On donna par dérision à Séleucus celui de *Callinicus* (habile, astucieux).

Ce prince, profitant du départ de Ptolémée, partit avec une flotte pour soumettre les villes maritimes d'Asie qui s'étaient révoltées. Cette flotte, battue par une tempête, périt sur les côtes, et le roi se sauva presque seul. Tant de malheurs firent succéder dans le cœur de ses sujets la pitié à la haine. Les villes rebelles se soumirent, et conclurent avec lui un traité qu'on inscrivit sur une colonne de marbre. Ce monument existe encore, et le comte d'Arundel l'a porté en Angleterre.

Séleucus, ayant rassemblé une armée, combattit en Phénicie les Égyptiens ; mais il fut vaincu par Ptolémée et poursuivi jusqu'à Antioche. Son frère Antiochus, surnommé *Hiérax* (épervier), parce qu'il était ambitieux et cruel, gouvernait alors l'Asie-Mineure. Il vint avec des troupes au secours du roi. L'union des deux frères décida Ptolémée à faire une trêve de dix ans.

Séleucus avait promis à Antiochus d'ériger son gouvernement en royaume ; après la trêve, il ne voulut plus tenir sa parole. Les deux frères se déclarèrent la guerre, et se livrèrent bataille à Ancyre, en Galatie. Séleucus fut vaincu ; mais Antiochus ne put profiter de ce succès. Les Gaulois qui servaient dans son armée conspirèrent contre lui, et il se vit obligé de leur distribuer ses trésors pour racheter sa vie.

D'un autre côté, Eumène, gouverneur de Pergame, se révolta, battit Antiochus et les Gaulois, maintint son indépendance pendant vingt années, et légua ses états à son cousin Attale, qui prit le titre de roi.

La discorde des princes de Syrie favorisait les révolutions et le démembrement de l'empire d'Orient. Antiochus livra encore plusieurs combats; complétement vaincu, il se réfugia en Égypte. Ptolémée l'y retint long-temps en prison. Il trouva enfin, par les intrigues d'une courtisane, le moyen de s'évader; mais il fut attaqué et assassiné par des voleurs sur la frontière d'Égypte.

Séleucus, délivré de cet ennemi, tourna ses armes contre Arsace, roi des Parthes, qui consolidait de jour en jour sa puissance et l'étendait par des conquêtes. Après plusieurs efforts infructueux et des trèves aussitôt violées que conclues, il combattit en bataille rangée Arsace, qui mit son armée en déroute et le fit prisonnier.

Au bout de six ans de captivité, il mourut chez les Parthes d'une chute de cheval. Séleucus régna vingt ans. Sa femme Laodice, sœur d'un de ses généraux nommé Andromaque, lui avait donné deux fils et une fille. Il maria cette fille à Mithridate, roi de Pont, et lui céda la Phrygie en faveur de cette alliance. Ses fils s'appelaient Séleucus et Antiochus.

Séleucus régna : les Syriens, moqueurs, le surnommèrent *Céraunus* (le foudre), parce qu'il était faible d'esprit et de corps.

A cette époque la république des Achéens se rendait célèbre sous la conduite d'Aratus, et les Romains commençaient à se mêler des affaires de la Grèce.

SÉLEUCUS CÉRAUNUS.

(An du monde 3778. — Avant Jésus-Christ 226.)

Les crimes de Laodice, les défaites et la captivité de son fils, la guerre civile des deux frères, la révolte d'Eumène, l'accroissement de la puissance des rois de Bithynie, de Pont et des Parthes, enfin le mépris des Syriens pour leurs princes, semblaient présager la chute du trône des Séleucides. Séleucus Céraunus aurait infailliblement perdu sa couronne, sans la fermeté de son cousin Achéus, fils d'Andromaque, qui prit les rênes du gouvernement et rétablit l'ordre dans l'état et la discipline dans l'armée. Guidé par ses conseils, Séleucus, ayant laissé la régence à Hermias, marcha en Phrygie contre Attale qui voulait s'emparer de toute l'Asie-Mineure.

Cette entreprise fut couronnée de succès; mais deux officiers du palais, ne pouvant supporter d'être gouvernés par l'imbécile Céraunus, l'empoisonnèrent et décidèrent l'armée à reconnaître Achéus pour roi. Le généreux et fidèle Achéus vengea son prince, punit ses assassins, refusa la couronne, et l'assura au prince Antiochus, frère du feu roi, qui était alors à Babylone, d'où il partit pour se faire couronner à Antioche.

ANTIOCHUS-LE-GRAND.

(An du monde 3782. — Avant Jésus-Christ 222.)

Le nouveau roi, trop jeune encore pour gouverner par lui-même, se livra aux conseils du régent de Syrie, Hermias, et le nomma premier ministre. On donna le gouvernement de Médie à Molon, la Perse à Alexandre, l'Asie-Mineure à Achéus; Épigène fut chargé du commandement général des troupes.

L'esprit d'indépendance était répandu dans l'empire. Molon et Alexandre, jaloux d'Hermias, et méprisant la jeunesse du roi, se révoltèrent; ils se déclarèrent souverains de Médie et de Perse.

Épigène voulait qu'on marchât promptement contre eux pour étouffer cette rébellion dès sa naissance. Hermias, n'adoptant point ce sage avis, perdit beaucoup de temps pour faire célébrer à Séleucie les noces d'Antiochus avec Laodice, fille de Mithridate, roi de Pont. Il fit de grands préparatifs pour attaquer Ptolémée, et se contenta d'envoyer des généraux contre les rebelles. Ces officiers, mal choisis et malhabiles, furent battus. Épigène représenta de nouveau la nécessité de soumettre les révoltés et de les intimider par la présence du roi. L'opiniâtre Hermias s'y opposa; il confia l'armée à Xénétas, Achéen, brave guerrier, mais qui n'avait jamais commandé. Ce général inexpérimenté, n'écoutant que son ardeur, tomba dans une embuscade; il se fit vaincre et tuer par les rebelles qui s'emparèrent de Babylone et de la Mésopotamie.

On ne fut guère plus heureux du côté de l'Égypte : les défilés du Liban étaient si bien gardés par Théodote qui commandait les Égyptiens, que l'armée de Syrie ne put les franchir.

Antiochus, éclairé par tous ces revers, se décida à marcher lui-même contre les révoltés. Hermias fut obligé de céder à sa volonté; mais, par un reste de son fatal ascendant, il rendit Épigène suspect et le fit exiler. Ne bornant pas là sa vengeance, il fit glisser dans les papiers du banni une lettre qui contenait un projet de conspiration. Ayant ensuite ordonné une visite chez lui, on découvrit cette lettre et l'on condamna à mort cet illustre général.

Antiochus, à la tête de son armée, passa le Tigre; et, déployant cette valeur qui lui valut le surnom de Grand, qu'on ne devrait accorder qu'à l'héroïsme guidé par la vertu, il remporta une victoire complète sur Molon qui se tua de désespoir.

Lorsque son frère Alexandre apprit cette nouvelle en Perse, il égorgea toute sa famille et se donna la mort.

Le roi soumit tout l'Orient, et força même Artabazane, roi de Géorgie, à reconnaître son autorité et à lui payer un tribut. Peu de temps après, la reine Laodice accoucha d'un fils. L'ambitieux Hermias, qui perdait son empire sur Antiochus, conçut le projet de l'assassiner, dans l'espoir de régner sous le nom de son fils. Plusieurs personnes étaient instruites du complot; mais aucune n'osait en parler, tant était grande la crainte qu'inspirait le premier ministre.

Le médecin Apollophane, plus fidèle et plus courageux, apprit tout au roi qui dissimula son ressentiment, s'éloigna de l'armée, mena Hermias avec lui dans une maison de plaisance, et le fit assassiner au fond d'un bois.

La mort de ce ministre perfide répandit une joie universelle dans l'empire. Pour la première fois depuis vingt ans, on y concevait l'espérance de voir cesser la faiblesse, les désordres et les dissensions qui déchiraient la monarchie. Antiochus rétablit la justice dans les lois et la vigueur dans l'administration.

Il soutint glorieusement la guerre contre le roi d'Égypte, prit d'assaut Séleucie, s'empara de Damas, et conquit la Phénicie et la Célésyrie. Après avoir conclu une trêve de quatre mois, il donna ses conquêtes à garder à Théodate, qui avait quitté le service d'Égypte pour passer au sien. La guerre recommença sur mer. Les succès furent balancés; mais, en Palestine, le roi battit complétement les Égyptiens que commandait un Grec nommé Nicolas, et se rendit maître de toute la Judée.

L'année suivante ses armes furent moins heureuses; il perdit une bataille à Raphia, près de Gaza. Cette défaite, qui lui coûta quatorze mille hommes, l'obligea de se retirer à Antioche, et de signer un traité de paix par lequel il cédait au roi d'Égypte la Palestine, la Phénicie et cette partie de la Syrie située entre le haut et le bas Liban, et qu'on nommait Célésyrie. Pendant cette malheureuse guerre, Achéus, oubliant son antique fidélité et se trouvant trop mal payé de ses services, s'était révolté dans la Lydie. Antiochus marcha contre lui et le contraignit de se renfermer dans Sardes, où il se défendit un an.

Sa résistance durait encore, lorsque deux officiers crétois, soutenant la mauvaise renommée de leur nation, trahirent Achéus et le livrèrent au roi. Ptolémée, qui le protégeait, avait donné beaucoup d'argent à un autre Crétois, nommé Bolis, pour le faire évader. Le traître Bolis révéla le complot à Antiochus, qui fit trancher la tête à Achéus. Il était sans doute coupable; mais le roi pouvait-il oublier qu'il lui devait la couronne!

Après cette expédition, Antiochus porta ses armes dans l'Orient, et reprit la Médie sur les Parthes. Il rentra dans ce superbe palais d'Ecbatane, qui avait cinq cents toises de circuit, et dont les poutres, les colonnes, les lambris étaient ornés de riches métaux et de pierres précieuses, les tuiles et les briques d'or et d'argent.

Le roi y trouva douze millions, conclut la paix avec Arsace, et lui confirma la possession de la Parthie et de l'Hyrcanie.

Il marcha ensuite dans l'Inde, d'où il tira de riches tributs, et revint à Antioche après cinq ans de succès et de triomphes. Il y apprit la mort de Ptolémée Philopator, qui laissait le sceptre d'Égypte dans les faibles mains de son fils Ptolémée Épiphane, âgé de cinq ans.

Antiochus et Philippe, roi de Macédoine, se liguèrent pour envahir et partager les états du jeune Ptolémée. Philippe devait posséder la Libye et l'Égypte, et Antiochus la Palestine et la Célésyrie. La marche de Philippe fut retardée par la guerre que lui firent les Rhodiens et Attale, roi de

Pergame. La flotte de Rhodes battit celle de Macédoine. Les Romains déclarèrent à Philippe qu'ils défendraient Ptolémée, dont ils avaient accepté la tutelle. Paul-Émile vint en Égypte, et donna la garde du roi à Aristomène. Cet habile régent força Antiochus d'évacuer la Palestine et la Célésyrie, dont ses troupes venaient de s'emparer. Pendant ce temps, Antiochus attaquait lui-même Attale; mais la protection des Romains sauva le roi de Pergame. Antiochus traita avec lui, retourna en Célésyrie et en Judée, d'où il chassa les Égyptiens. On le reçut en triomphe à Jérusalem. Après cette victoire il conclut la paix avec le roi d'Égypte, en lui donnant sa fille. Par ce traité il promettait de rendre à Ptolémée la Célésyrie et la Palestine lorsqu'il serait majeur, et quand il aurait célébré son mariage.

Les Romains, vainqueurs de Carthage, venaient de chasser Annibal d'Afrique. Délivrés de ce redoutable adversaire, ils tournèrent toutes leurs forces du côté de l'Orient.

Flaminius remporta une grande victoire sur le roi de Macédoine, et répandit une joie universelle parmi les Grecs en déclarant que Rome leur rendait leur antique liberté. Ils étendirent la faveur de cette déclaration aux villes grecques d'Asie, dont le roi de Syrie voulait s'emparer. Antiochus avait passé l'Hellespont et conquis la Thrace, voulant donner ce royaume à son second fils Séleucus.

Il reçut en Thrace une ambassade romaine. La république exigeait qu'il rendît sur-le-champ à Ptolémée ses conquêtes, qu'il laissât la liberté aux villes grecques, et qu'il évacuât la Thrace. Il répondit que Ptolémée serait satisfait à la conclusion de son mariage; que les villes grecques devaient vivre, comme par le passé, sous sa protection et non sous celle des Romains; qu'il garderait Lampsaque et Smyrne par droit de conquête; que la Thrace, enlevée autrefois à Lysimaque par Séleucus Nicator, était son héritage légitime; qu'enfin il priait les Romains de ne point se mêler des affaires de l'Asie, puisqu'il ne s'occupait pas de celles de l'Italie.

Pendant la durée de ces négociations on répandit le bruit de la mort de Ptolémée. Antiochus s'embarqua promptement pour prendre possession de l'Égypte; mais, en arrivant à Péluse, il apprit que la nouvelle était fausse, et qu'une conspiration, tramée par Scopas contre la vie du roi d'Égypte, avait échoué. Déconcerté par cet événement, il tourna ses armes contre l'île de Chypre; une tempête dispersa sa flotte et l'obligea de revenir à Antioche.

Son esprit, révolté de l'orgueil des Romains, mais effrayé de leur fortune et de leur puissance, hésitait. Balancé par la crainte et par la colère, il flottait encore dans cette incertitude, lorsque le célèbre Annibal vint chercher un asile dans ses états. L'arrivée de cet implacable ennemi de Rome décida la guerre. Les Étoliens et les Lacédémoniens étaient les seuls Grecs qui résistassent encore aux Romains. Nabis, tyran de Sparte, fut vaincu et tué. Les Étoliens appelèrent Antiochus qui vint témérairement à leur secours, n'amenant avec lui que dix mille hommes et cinq cents chevaux. Il s'empara promptement de Chalcis et d'Eubée, contre l'avis d'Annibal. Ce grand homme disait au roi qu'avant d'entrer en campagne il aurait dû envoyer des troupes sur la frontière de Macédoine, pour contraindre Philippe à embrasser son parti; qu'il fallait tirer de nombreuses forces d'Asie, faire marcher une flotte pour ravager les côtes d'Italie, et forcer les Romains à se tenir chez eux sur la défensive. Il ajoutait qu'on devait d'autant plus croire à ses lumières, qu'elles étaient le produit de ses fautes et de son expérience.

Antiochus, aveuglé par sa fortune passée, poussa ses conquêtes en Thessalie, dissipa un temps précieux dans les bras des courtisanes de la Grèce; et son armée, imitant son exemple, perdit dans les débauches sa force et sa discipline.

Le consul Acilius marchait contre lui. Les vents contraires avaient retardé l'arrivée des troupes d'Asie. Antiochus, réduit à la défensive, se retrancha dans le passage étroit des Thermopyles. Caton, lieutenant d'Acilius, tourna sa position par le même sentier qui avait autrefois favorisé la marche de Xercès et de Brennus. Les Romains forcèrent les retranchemens et mirent l'armée en déroute. Le roi, blessé d'un coup de pierre, prit la fuite et revint presque seul en Asie.

L'amiral de sa flotte, Polixénide, fut battu par Livius, et les Rhodiens défirent une autre flotte que commandait Annibal.

Scipion, qu'on nomma depuis l'Asiatique, choisi par le sénat romain pour terminer cette guerre, prit la route de l'Asie par la Thessalie, la Macédoine et la Thrace. Son frère, Scipion l'Africain, servait sous lui. Antiochus espérait vainement l'alliance et les secours de Prusias, roi de Bithynie. Ce faible monarque, intimidé par Livius, se rangea du côté des Romains. Polixénide se battit encore contre la flotte romaine; mais Émilius lui prit ou brûla quarante vaisseaux.

Le roi de Syrie, affaibli par ses revers, ne montra plus ni courage ni prudence; il retira les garnisons des forteresses qui pouvaient arrêter les Romains. Ceux-ci, profitant de cette faute, traversèrent l'Hellespont sans crainte, et arrivèrent en Asie sans obstacles.

Lorsqu'ils entrèrent dans Ilium, leur antique berceau, ils y célébrèrent des jeux en l'honneur des héros troyens : il leur semblait voir les ombres d'Hector et de Priam applaudir à la rentrée triomphante des Troyens dans leur patrie.

Scipion y reçut une ambassade d'Antiochus, qui demandait la paix. Le consul exigea qu'il se retirât de toute la partie de l'Asie qui se trouvait en deçà du mont Taurus. Le roi de Syrie avait autrefois connu Scipion l'Africain; profitant de leur ancienne liaison, il chercha à obtenir par lui des conditions plus favorables. Scipion, alors malade, lui fit répondre qu'il ne pouvait lui donner qu'un témoignage d'amitié; c'était de l'inviter à mettre bas les armes, ou du moins à ne rien entreprendre avant que sa santé lui permît de se rendre au camp de son frère.

Antiochus, révolté de l'arrogance romaine, n'écouta que son ressentiment, et livra bataille aux Romains près de la ville de Magnésie. L'armée d'Antiochus se composait de quatre-vingt-deux mille hommes et de cinquante-quatre éléphants. Celle des Romains ne comptait que trente mille guerriers et seize éléphants. Le roi fondait ses espérances sur un grand nombre de chariots, armés de faux, qui précédaient ses colonnes. Mais, loin de lui donner la victoire, ils causèrent sa défaite. Les archers romains épouvantèrent les chevaux qui traînaient les chars; ils retournèrent sur l'armée des Syriens, et y portèrent le désordre. La cavalerie romaine en profita, et enfonça l'aile gauche, le centre et la phalange du roi.

Pendant ce temps, Antiochus battit l'aile gauche des Romains : mais Émilius, arrivant avec une réserve, rétablit l'ordre et mit le roi en fuite. Son camp fut pillé. Les Romains tuèrent dans cette journée cinquante mille hommes d'infanterie et quatre mille de cavalerie. Antiochus courut à Sardes et de là en Syrie. Il avait pris, pendant la bataille, le fils de Scipion l'Africain, et le lui renvoya en le priant de s'intéresser à lui pour obtenir une paix supportable. On consentit à traiter, à condition qu'il évacuerait l'Asie en deçà du mont Taurus, qu'il donnerait vingt otages aux Romains, qu'il livrerait Annibal et Thoas l'Étolien, enfin qu'il paierait les frais de la guerre, et qu'il rendrait au roi de Pergame tout ce qu'il lui devait. Antiochus se soumit à tout, et, pour trouver l'argent qu'on lui demandait, il parcourut l'empire, laissant la régence à son fils Séleucus qu'il déclara son héritier.

Comme il arrivait dans la province d'Élymaïde, il pilla le temple de Jupiter Bélus, dans lequel il comptait trouver un riche trésor. Le peuple, indigné de cette impiété, se souleva et le massacra.

Ce prince, malgré ses fautes et ses revers, fut généralement regretté. Il s'était montré, pendant la plus grande partie de son règne, humain, clément et libéral. Il avait rendu un décret par lequel il permettait à ses sujets de ne point obéir à ses ordonnances lorsqu'elles se trouveraient contraires à la loi. Jusqu'à l'âge de cinquante ans il fit admirer son génie; mais depuis, cédant à la double ivresse de la gloire et des voluptés, il finit avec honte un règne commencé avec tant d'éclat.

SÉLEUCUS PHILOPATOR.

(An du monde 3817. — Avant Jésus-Christ 187.)

Le fils d'Antiochus-le-Grand hérita d'un trône avili, d'un empire démembré, du gouvernement d'une nation humiliée par ses défaites et forcée de payer un tribut de mille talents aux Romains. Cette honte paraissait d'autant plus douloureuse à supporter, qu'elle avait succédé à un grand éclat et à une grande prépondérance. Séleucus n'avait pas un caractère propre à relever son pays d'un tel abaissement; il n'était connu que par son amour pour son père, qui lui mérita le surnom de *Philopator*. La difficulté de trouver l'argent exigé par les étrangers décida Séleucus à s'emparer du trésor qu'on disait renfermé dans le temple de Jérusalem. Son ministre Héliodore, chargé de cette expédition, voulut exécuter cette entreprise, malgré les remontrances du grand-prêtre et les supplications des Juifs : mais l'Écriture rapporte qu'au moment où il voulait entrer dans le temple, deux anges le renversèrent de cheval, le frappèrent de verges et le forcèrent d'abandonner son projet sacrilége.

Le roi envoya à Rome son fils, âgé de douze ans : son frère Antiochus, s'y trouvait déjà comme otage : ils furent chargés tous deux d'offrir au sénat un certain nombre de vaisseaux. La fierté romaine ne daigna pas accepter ce présent et cette preuve de la lâcheté du roi de Syrie; mais on fit avec lui, comme il le désirait, un traité d'alliance ou plutôt de protection. Héliodore, revenu en Syrie, crut que l'absence du frère et du fils du roi offrait une circonstance favorable à son ambition pour monter sur le trône : il empoisonna Séleucus.

ANTIOCHUS ÉPIPHANE.

(An du monde 3829. — Avant Jésus-Christ 175.)

Cléopâtre, reine d'Égypte, et fille d'Antiochus-le-Grand, venait de perdre Ptolémée Épiphane, son mari. Elle régnait sous le nom de son fils Ptolémée Philomètor, qui était né depuis peu de temps. Cette reine ambitieuse prétendait ajouter à la couronne de son fils celle de Syrie et de Perse, que lui disputait Héliodore, soutenu par un parti formidable. Antiochus, revenu de Rome, apprit à Athènes ces tristes nouvelles : mais Eumène, roi de Pergame, lui donna des troupes; avec ce secours il battit les rebelles, mit Héliodore en fuite, et prévint par la promptitude de ce succès, l'exécution des projets de Cléopâtre. Il prit, dans cette circonstance, le surnom d'*Illustre* ou d'*Épiphane*. Ses sujets lui donnèrent plus justement celui d'*Épimane* (insensé, furieux).

Abandonné aux vices les plus grossiers, il ne respectait ni son rang ni les convenances ; au mépris des coutumes et des mœurs nationales, il se mêlait avec la populace, et buvait, dans les tavernes, avec les matelots étrangers. Presque toujours vêtu de la toge romaine, il offensait les Perses et les Syriens en imitant à Séleucie et à Antioche les usages de Rome. Souvent il briguait sur la place publique un emploi d'édile ou de tribun, et en remplissait les fonctions. Quelquefois, couronné de pampre et de roses, il se promenait dans les rues, cachant sous sa robe des pierres qu'il jetait à ceux qu'il rencontrait. Il déposa le respectable grand-prêtre Onias, et mit à sa place l'intrigant Jason : ce fut la première et méprisable cause des malheurs de la Judée.

Cléopâtre, reine d'Égypte, venait de mourir. Les Égyptiens exigeaient qu'on cédât à leur roi la Syrie et la Palestine. Antiochus envoya des ambassadeurs à Alexandrie, sous le prétexte de féliciter son neveu Philométor sur sa majorité, et dans l'intention réelle de prendre d'exactes informations relativement aux forces et aux projets de la cour d'Égypte. Profitant promptement des lumières qu'il en tira, il marcha contre les Égyptiens, et les battit assez complétement, près de Péluse, pour leur ôter la possibilité de rien entreprendre contre la Syrie et la Palestine.

Lorsqu'il se trouvait en Judée, les députés de Jérusalem accusèrent et convainquirent, en sa présence, Ménélas, successeur de Jason, d'une foule de crimes, d'exactions et d'actes de tyrannie; mais les ministres du roi, qui étaient gagnés, renvoyèrent Ménélas absous, et firent mourir ses accusateurs. L'année suivante Antiochus remporta une nouvelle victoire sur Ptolémée Philométor, son neveu : il le fit prisonnier, s'avança jusqu'à Memphis, et se rendit maître de toute l'Égypte, excepté de la ville d'Alexandrie.

Il traita d'abord avec douceur le jeune roi captif, dont il se disait le tuteur, et, par sa feinte modération, il se concilia l'affection des Égyptiens. Mais, lorsqu'il se fut emparé de tout le pays, il le pilla et le ravagea sans pitié.

Tandis qu'il s'occupait de cette conquête, on répandait en Palestine le bruit de sa mort. Cette nouvelle causa tant de joie dans Jérusalem que le peuple célébra cet événement par des fêtes. Jason, réfugié en Arabie, revint s'emparer du temple et en chassa Ménélas. Antiochus, furieux de cette révolte, accourut en Palestine, prit Jérusalem d'assaut, la livra au pillage, tua quatre-vingt mille hommes, vendit quarante mille habitants, profana le sanctuaire, emporta les trésors du temple, et revint à Antioche, chargé des dépouilles d'Égypte et de Judée.

Les habitants d'Alexandrie, voyant Philométor prisonnier, donnèrent le trône à son frère cadet, qu'on nommait Ptolémée Physcon. Antiochus saisit ce prétexte pour rentrer une troisième fois dans l'Égypte : il battit l'armée de Physcon près de Péluse, et marcha contre Alexandrie pour en faire le siége. Les députés des différents états de la Grèce employèrent en vain leur entremise; il continua sa marche en faisant des réponses évasives à leurs propositions de paix. Les Rhodiens l'ayant pressé plus vivement d'expliquer ses desseins, il déclara qu'on n'obtiendrait la paix qu'en rendant le trône à Philométor. Sa fausseté était évidente; car il retenait toujours ce prince dans les fers, et ne songeait qu'à s'emparer de sa couronne. Ptolémée Physcon et Cléopâtre sa sœur avaient imploré la protection des Romains. Philométor, las de son esclavage, et parfaitement éclairé sur les projets de son oncle, trouva moyen de s'échapper et de venir à Alexandrie. Cléopâtre le réconcilia avec son frère Physcon, et ils convinrent tous deux de régner ensemble. Leur réconciliation enlevait à Antiochus tout prétexte de guerre : il la continua cependant; et, cessant de masquer son ambition, il répondit aux ambassadeurs des deux Ptolémées et des états de la Grèce, qu'on n'obtiendrait la paix qu'en lui cédant l'île de Chypre, Péluse et toutes les terres qui sont le long du Nil.

Sur ces entrefaites, Rome, qui ne voulait pas que le roi de Syrie accrût sa puissance par de si importantes conquêtes, envoya des ambassadeurs en Égypte. Popilius, ancien ami d'Antiochus, était à la tête de cette ambassade. Le roi, dès qu'il le vit, lui présenta la main : Popilius, refusant d'y joindre la sienne, lut le décret du sénat qui lui ordonnait de faire la paix, de se retirer et d'abandonner ses prétentions sur l'Égypte. Antiochus demanda quelque temps pour délibérer : le fier Romain, traçant alors avec sa baguette un cercle autour du roi, lui défendit d'en sortir avant d'avoir donné une réponse décisive. Le faible Antiochus obéit et souscrivit à tout. Il eut ensuite la bassesse de mander au sénat qu'il était plus glorieux de son obéissance que de toutes ses victoires. On lui répondit qu'il agissait sagement et qu'on lui en saurait gré.

Les hommes les plus lâches sont toujours les plus cruels. Antiochus, contraint de sortir de l'Égypte, se vengea avec fureur sur les faibles Juifs des sacrifices que lui arrachait la force romaine. Tyrannisant les esprits et les consciences, il voulut contraindre tous les habitants de son empire à ne professer que la religion des Grecs. Il proscrivit le culte du dieu d'Israël, et fit massacrer tous ceux qui célébraient le sabbat. Pour consolider sa tyrannie, on construisit une forteresse au mileu de Jérusalem. Le temple de Salomon profané fut consacré à Hercule, et celui de Samarie à Jupiter.

Toute la Judée tremblante obéissait avec effroi. Une famille courageuse donna l'exemple de la résistance à l'oppression : les Machabées, préférant le martyre au parjure, se laissèrent courageusement mutiler et torturer. Ils rendirent en expirant un noble hommage au Dieu du ciel et de la terre, sous les yeux d'Antiochus qu'ils firent trembler sur son trône en lui annonçant la vengeance divine.

Bientôt un autre Juif, nommé Matathias, accompagné de ses vaillants fils, se retire sur les frontières d'Arabie, rassemble et fait révolter tous les Hébreux en état de porter les armes. Les premières victoires de Judas Machabée raniment le courage de ses concitoyens, et rendent l'espérance à sa patrie : il bat les généraux d'Antiochus, met en fuite plusieurs de ses armées, brise les idoles, retablit le culte de l'Éternel, et rentre triomphant dans Jérusalem.

Antiochus, furieux de tous ces revers, rassemblait de nouvelles troupes; mais il manquait d'argent, parce qu'il avait épuisé tous ses trésors pour imiter fastueusement à Daphné les jeux olympiques de la Grèce.

Dans ce même temps, Artésias, roi d'Arménie, s'affranchissait de son joug. La Perse lui refusait des subsides; tout était bouleversé dans l'empire, et les peuples indignés bravaient la puissance d'un monarque qui méprisait leurs mœurs, violait leurs lois et outrageait leur religion. Il chargea Lysias de la régence du royaume, envoya en Palestine Macron et Nicanor, et marcha lui-même en Arménie. Ses armes furent heureuses contre Artésias; il le vainquit et le fit prisonnier. Mais, enorgueilli par ce succès, il entra en Perse et voulut piller Élymaïde: les habitants le repoussèrent et le forcèrent de se retirer à Ecbatane. Là il apprit la nouvelle défaite de ses généraux en Judée. Sa fureur alors ne connut plus de bornes; il jura d'exterminer tous les Juifs, et partit pour exécuter lui-même ses projets de destruction. Mais tout à coup il se vit attaqué par un mal violent qui déchirait ses entrailles. Son chariot, dont il précipitait la course, se brisa; sa chute aggrava sa maladie; son corps tomba en putréfaction, et il mourut en reconnaissant l'étendue de ses crimes et la justice des vengeances du ciel. Il chargea Philippe, son frère, de la régence pendant la minorité de son fils, âgé de neuf ans, et lui donna sur l'art de régner des instructions aussi sages que sa conduite avait été insensée.

ANTIOCHUS EUPATOR.

(An du monde 3840. — Avant Jésus-Christ 164.)

Les intentions du feu roi ne furent pas suivies. Lysias tenait les rênes du gouvernement et refusa de les céder à Philippe.

Démétrius, fils de Séleucus Philopator, demeurait toujours à Rome en otage. Il avait vingt-trois ans quand il apprit la mort d'Antiochus Épiphane, son oncle. Comme il était fils du frère aîné de ce roi, il prétendit au trône; mais on n'écouta pas ses réclamations, et l'ambition du sénat romain, qui voulait dominer l'Asie, préféra un roi mineur à un prince en âge de régner.

La république reconnut donc Antiochus Eupator, et lui envoya des ambassadeurs, dont le chef se nommait Octavius. L'objet de cette ambassade était moins d'honorer le roi que d'affaiblir graduellement sa puissance, sous prétexte de surveiller l'exécution des traités. Les discordes civiles ne sont que les maladies des empires; mais l'intervention des étrangers cause leur mort et leur déshonneur. Lysias, toujours battu par les Juifs, conclut avec eux une paix qu'ils rompirent bientôt. Judas remporta une nouvelle victoire contre Timothée, et lui tua trente mille hommes. Le régent, conduisant avec lui le jeune roi, entra en

Palestine, et fit le siége de Jérusalem qui était près de succomber, lorsqu'on apprit que Philippe venait de s'emparer d'Antioche, dans le dessein d'enlever la régence à Lysias. Le régent accorda la paix aux Juifs, et revint en Syrie avec Antiochus. Philippe fut vaincu et tué.

Cependant les ambassadeurs romains, arrivés en Syrie, trouvèrent qu'Antiochus avait plus de vaisseaux et d'éléphants que le traité ne le portait. Loin de se borner à des plaintes, ils firent insolemment brûler les vaisseaux et tuer les éléphants qui dépassaient le nombre permis. Le peuple indigné se souleva, massacra l'ambassadeur Octavius, et les Romains soupçonnèrent Lysias d'avoir ordonné cet assassinat. On fit d'humbles excuses à Rome: le sénat n'y répondit pas; il érigea une statue à Octavius. Son silence et ce monument glacèrent de crainte la cour de Syrie.

Démétrius crut alors pouvoir renouveler ses sollicitations; elles ne furent pas accueillies. L'historien Polybe, ami du jeune prince, lui conseilla de soutenir ses droits avec son épée. Il suivit son conseil, partit de Rome, sous le prétexte d'une partie de chasse, s'embarqua à Ostie et arriva sans obstacles à Tripoli de Syrie. Le sénat ne lui montra ni courroux, ni faveur; mais il envoya Gracchus et Lentulus en Syrie pour observer les suites de cette expédition. Les Syriens, voyant arriver

Démétrius et le croyant appuyé par Rome, se révoltèrent, arrêtèrent Lysias et Antiochus, et les livrèrent à ce prince qui les fit égorger. Démétrius ordonna aussi la mort de Timarque et d'Héraclide, deux anciens favoris d'Épiphane, qui gouvernaient et opprimaient Babylone. Les Babyloniens, délivrés de leur tyrannie, donnèrent au nouveau roi le titre de *Soter* (sauveur).

DÉMÉTRIUS SOTER.

(An du monde 3842. — Avant Jésus-Christ 162.)

La guerre contre les Juifs continuait toujours : Judas venait nouvellement de vaincre et de tuer Nicanor; mais ce héros de la Palestine périt dans un autre combat. Ses frères héritèrent de sa puissance, de sa gloire et de sa fortune.

Les Romains les protégèrent. Démétrius, craignant leur ressentiment, rappela son général Bacchide, et laissa forcément quelque repos à la Judée.

Quelque temps après, il rétablit sur le trône de Cappadoce Holopherne, qui en avait été chassé par Ariarathe. L'ingrat Holopherne forma une conjuration contre son protecteur. Démétrius la découvrit, mais ne put en punir l'auteur; il se trouvait appuyé par Ariarathe, par le roi d'Égypte, par Attale, et par Héraclide et Timarque, qui, échappés à la mort, s'étaient retirés à Alexandrie.

Les princes, ligués avec les rebelles, opposèrent à Démétrius un jeune aventurier nommé Bala, qu'ils firent passer pour un fils d'Antiochus Épiphane : ils l'envoyèrent à Rome, et obtinrent en sa faveur un décret du sénat.

L'imposteur arriva en Palestine, y trouva des troupes, et prit le nom d'Alexandre avec le titre de roi. Démétrius rechercha l'alliance de Jonathas, prince des Juifs, et lui offrit le commandement de son armée. Alexandre, de son côté, ayant envoyé à Jonathas de riches présents et une couronne, obtint la préférence. Les deux rois se battirent. Alexandre, vaincu dans un premier combat, se releva par les secours des Romains et des Juifs, et se vit bientôt en état de livrer une nouvelle bataille. Démétrius, vainqueur à l'aile qu'il commandait, poursuivit trop vivement l'ennemi; le reste de son armée prit la fuite. Forcé lui-même de se retirer, il tomba dans une fondrière, où on le perça à coups de flèches. Son règne n'avait duré que douze ans.

ALEXANDRE BALA.

(An du monde 3854. — Avant Jésus-Christ 150.)

Alexandre, maître du royaume, épousa, dans la ville de Ptolémaïde, Cléopâtre, fille de Ptolémée, roi d'Égypte. Jonathas assistait à ses noces, et reçut des deux rois les plus grands honneurs. Le nouveau chef des Syriens, indigne du trône par son caractère comme par sa naissance, se livrait à la débauche et à l'oisiveté. Son favori, nommé Ammonias, cruel comme tous les hommes privés de courage et de vertus, fit périr Laodice, sœur du feu roi, et veuve de Persée. Il livra au supplice tout ce qu'il put trouver de la famille de Démétrius. Ces excès attirèrent au roi la haine des peuples.

Deux fils de Démétrius s'étaient réfugiés à Gnide : l'aîné, qui portait le même nom que son père, débarqua en Cilicie avec des troupes crétoises que grossit bientôt un grand nombre de mécontents. Alexandre invoqua les secours de Ptolémée son beau-père, qui les lui accorda. Jonathas lui prêta aussi son assistance. Comme ces princes étaient à Joppé, on découvrit un complot d'Apollonius, gouverneur de Phénicie, contre la vie de Ptolémée. Alexandre refusa de lui livrer ce perfide. Le roi d'Égypte furieux de ce refus, et croyant qu'Alexandre favorisait les projets d'Apollonius, enleva sa fille Cléopâtre à l'imposteur, et la donna en mariage à Démétrius.

Les habitants d'Antioche, soulevés, tuèrent le ministre Ammonias, et ouvrirent leurs portes au roi d'Égypte; ils lui offrirent même le sceptre : mais il le refusa et le laissa à Démétrius.

Alexandre, qui s'était retiré en Cilicie, rassembla des troupes, marcha en diligence sur Antioche, mit tout à feu et à sang autour de cette ville, et livra bataille à son compétiteur; il la perdit complétement, et s'enfuit, avec cinq cents chevaux, chez Abdial, prince d'Arabie, auquel il avait confié ses enfants. Le perfide Arabe lui trancha la tête et l'envoya à Ptolémée.

Le roi d'Égypte ne put jouir long-temps de ce funeste présent; il mourut peu de jours après d'une blessure reçue dans la dernière bataille. Démétrius, roi sans rival, monta sur le trône, et prit le surnom de *Nicator* (vainqueur).

DÉMÉTRIUS NICATOR.

(An du monde 3859.—Avant Jésus-Christ 145.)

Ptolémée Physcon succéda seul à son frère, et se maria avec sa sœur Cléopâtre. Démétrius ne profita pas des leçons que les malheurs récents d'Alexandre Bala venaient de lui donner; il imita sa mollesse et son ingratitude, ne s'occupa que de ses plaisirs, et laissa régner sous son nom Lasthène, son favori. Il était remonté sur le trône par le secours des Égyptiens, qui avaient placé quelques troupes en garnison dans ses principales villes : craignant qu'elles ne s'y établissent, au lieu de réclamer leur sortie, il fit égorger ces garnisons par les Syriens. L'armée d'Égypte l'abandonna et retourna dans son pays.

Il ne marqua pas plus de reconnaissance à Jonathas, prince des Juifs, qui se rendit indépendant, s'empara de la citadelle de Jérusalem, et en chassa tous les étrangers. Démétrius, oubliant que, si les victoires terminent les révolutions, la clémence seule peut les empêcher de se renouveler, et qu'on n'en détruit le souvenir qu'en les oubliant soi-même, proscrivit ou bannit tous les partisans d'Alexandre. Ces rigueurs aigrirent et soulevèrent les esprits. Triphon, qui commandait à Antioche, fit une conspiration contre Zabdiel, pour placer sur le trône un fils d'Alexandre nommé Antiochus. Tout à coup le palais du roi est assiégé par cent vingt mille insurgés : mais un corps de troupes juives qui se trouvait à Antioche vient au secours du monarque, brûle une partie de la ville, et passe cent mille habitants au fil de l'épée. Cette vengeance devait suffire; l'insensé Démétrius, n'écoutant que sa haine, refusa toute amnistie, poussa au désespoir les conjurés qui demandaient leur pardon. Triphon trouva le moyen de gagner l'armée : elle reconnut Antiochus pour roi, et força Démétrius de se retirer à Séleucie.

Antiochus prit le surnom de *Théos*. Jonathas et Simon se déclarèrent en sa faveur. Cette alliance donnait trop de force à Antiochus, et ne remplissait pas les vues secrètes de Triphon, qui aspirait lui-même au trône. Cet ambitieux rebelle attira dans une conférence Jonathas, et l'assassina. Ayant fait ensuite empoisonner Antiochus, il s'efforça de persuader que ce prince était mort de la pierre, et prit audacieusement le titre de roi de Syrie.

Triphon, dans l'espoir de se faire reconnaître par les Romains, leur envoya une ambassade et une statue d'or de la Victoire, du poids de dix mille pièces. Le sénat accepta la statue; mais il ordonna d'inscrire sur son piédestal le nom d'Antiochus.

Tous ces troubles n'avaient pu jusque-là réveiller Démétrius, qui restait à Séleucie et à Laodice, plongé dans les voluptés. Il sortit enfin de sa léthargie, opposa les Juifs à Triphon, et marcha contre les Parthes, croyant qu'après avoir vaincu l'Orient il combattrait Triphon avec plus d'avantage : ses premiers efforts furent heureux; il battit plusieurs fois les Parthes. Mais enfin Mithridate, leur roi, l'ayant attiré dans une embuscade, le fit prisonnier, et tailla son armée en pièces. Cette victoire accrut la gloire et la puissance des Parthes. Mithridate conquit la Médie, la Perse, la Bactriane, la Babylonie, la Mésopotamie, et poussa ses conquêtes jusqu'au Gange.

Pendant ce temps la reine Cléopâtre, qui avait épousé successivement Alexandre Bala et Démétrius, s'était enfermée dans Séleucie. Elle attira bientôt dans son parti le plus grand nombre des soldats de Triphon. Cléopâtre ne pouvait conduire elle-même la guerre, et ses enfants se trouvaient trop jeunes pour soutenir le poids d'une couronne.

Dans ces circonstances elle apprit que son mari Démétrius venait d'épouser une princesse parthe, nommée Rodogune : n'écoutant que son ressentiment, elle proposa sa main et son trône à Antiochus Sidètes, son beau-frère. Ce prince accepta ses offres, leva des troupes étrangères, fit une descente en Syrie, épousa Cléopâtre et marcha contre Triphon. Ce rebelle se vit abandonné par tous ses soldats qui se déclarèrent pour Antiochus, et se sauva à Apamée, sa patrie, où il fut pris et tué.

ANTIOCHUS SIDÈTES.

(An du monde 3873. — Avant Jésus-Christ 131.)

Le nouveau roi de Syrie, bravant le pouvoir des Romains, envoya une armée contre les Juifs, dont le sénat protégeait l'indépendance. Cette armée, commandée par Cendebée, fut d'abord vaincue; mais Jean, fils de Simon, ayant été tué par trahison, le roi de Syrie voulut profiter de ce mouvement pour réunir la Judée à ses états.

Après un long siége il força Jérusalem à capituler et à lui payer un tribut. Antiochus, rappelé dans la Haute-Asie par les projets de Phraate, roi des Parthes, tourna toutes ses forces contre lui; il gagna trois grandes batailles, et reconquit toutes les provinces d'Orient. Mais ces triomphes lui inspirèrent trop de sécurité; il dispersa ses troupes dans des quartiers d'hiver trop éloignés : ces soldats, accoutumés à la licence de la guerre, maltraitèrent les habitants, qui se révoltèrent et égorgèrent le même jour toutes ses troupes. Antiochus périt dans ce massacre.

Les peuples de Syrie regrettèrent sa douceur, son courage et son activité. Le roi des Parthes venait de mettre en liberté Démétrius, pour l'opposer à son frère; dès qu'il apprit la mort d'Antiochus, il envoya un corps de cavalerie pour reprendre son prisonnier : mais Demétrius avait déjà franchi l'Euphrate; il arriva en Syrie et remonta sur son trône.

DÉMÉTRIUS NICATOR.

(An du monde 3874. — Avant Jésus-Christ 130.)

Le roi des Parthes faisait de grands préparatifs pour attaquer la Syrie; une diversion des Scythes l'empêcha d'exécuter son projet : il fut battu et tué par eux. Peu de jours après, Artaban, son successeur, éprouva le même sort; et Mithridate, roi de Pont, monta sur le trône des Parthes.

Dans ce même temps, la reine d'Égypte implora le secours de Démétrius, son gendre, contre Physcon, son frère, son époux et son tyran. Démétrius accueillit sa demande et vint assiéger Péluse; mais la nouvelle d'une révolte en Syrie l'obligea d'y retourner : il emmena avec lui sa belle-mère.

Physcon ne tarda pas à se venger de l'appui que Démétrius prêtait à la reine d'Égypte. Un aventurier, nommé Alexandre Zébina, fils d'un fripier d'Alexandrie, se disait fils d'Alexandre Bala, et prétendait à la couronne de Syrie : Physcon reconnut ses droits et lui donna une armée. Une foule de Syriens mécontents se joignirent à lui. Les deux rivaux se livrèrent bataille en Célésyrie. Démétrius, vaincu par Zébina, s'enfuit à Ptolémaïde.

Cléopâtre sa femme n'oubliait point qu'elle avait été abandonnée par lui pour Rodogune; elle l'avait elle-même trahi pour Antiochus son frère, et craignait son ressentiment : elle lui ferma sans pitié les portes de la ville. Démétrius, obligé de se retirer à Tyr, y fut massacré.

Le royaume se trouva partagé entre Cléopâtre et Zébina.

ZÉBINA, CLÉOPATRE, SÉLEUCUS.

(An du monde 3878. — Avant Jésus-Christ 126.)

Cléopâtre avait deux enfants de Démétrius Nicator. Séleucus, l'aîné, monta sur le trône; mais la reine, craignant qu'il ne vengeât son père et ne s'emparât de l'autorité, le laissa vivre à peine un an, et lui enfonça elle-même un poignard dans le sein. Cette femme barbare savait que les Syriens voulaient un roi et non une reine. Elle fit venir d'Athènes son second fils, appelé Antiochus Grypus, gouverna l'empire sous son nom et ne lui laissa aucune autorité. Son oncle Physcon, roi d'Égypte, était digne de s'allier avec cette femme impie. Il lui envoya une armée et donna en mariage sa fille Triphène à Grypus.

Ce prince, fortifié par ce secours, battit Zébina et le força de se retirer à Antioche. L'imposteur, manquant d'argent pour payer ses troupes, pilla le temple de Jupiter. Les habitants le tuèrent, et Grypus resta seul roi de Syrie. Revenu vainqueur dans sa capitale, il ne dissimula pas le désir de secouer le joug de sa mère. Cléopâtre, accoutumée aux crimes, résolut de se défaire de lui et de donner le trône à un autre fils qu'elle avait eu d'Antiochus Sidètes : elle lui présenta une coupe empoisonnée; il la refusa en lui témoignant ses soupçons. Cléopâtre furieuse avala le poison qui délivra la Syrie de ce monstre.

ANTIOCHUS GRYPUS.

(An du monde 3907. — Avant Jésus-Christ 97.)

Antiochus régna vingt-sept ans. On doit croire que son règne fut heureux et pacifique puisque l'histoire en parle peu; on sait seulement qu'un des grands de son royaume, nommé Héracléon, l'assassina. Antiochus laissa cinq fils : Séleucus qui lui succéda; Antiochus et Philippe, jumeaux; Démétrius Euchère et Antiochus Denys.

Après la mort de Grypus, Antiochus de Cyzyque, son frère, s'empara de la ville d'Antioche, et voulut enlever le reste du royaume à son neveu : mais Séleucus se maintint contre lui, lui livra bataille, le fit prisonnier et lui ôta la vie. Il entra ensuite dans Antioche, et se fit couronner roi de Syrie.

SÉLEUCUS.

Sa tranquillité fut bientôt troublée par un autre agresseur; Antiochus Eusèbe, fils du Cyzycénien, voulut venger son père et s'emparer du trône. La Phénicie se déclara pour lui; il y prit le titre de roi, marcha contre Séleucus et le défit. Séleucus, obligé de se renfermer dans Mosnestie, leva sur les habitants de trop lourds impôts : ils se soulevèrent, investirent sa maison, y mirent le feu et l'y brûlèrent avec toute sa cour.

ANTIOCHUS, PHILIPPE, EUSÈBE, SÉLÈNE, ANTIOCHUS DENYS ET DÉMÉTRIUS EUCHÈRE.

Les princes jumeaux Antiochus et Philippe, apprenant la mort funeste de leur frère, assiégèrent la ville de Mosnestie, la prirent, la rasèrent et en massacrèrent tous les habitants. Ils tournèrent après leurs armes contre Eusèbe, qui remporta une victoire complète sur les bords de l'Oronte. Antiochus se noya dans ce fleuve. Philippe fit habilement sa retraite, et disputa l'empire à Eusèbe. La reine Sélène, veuve d'Antiochus Grypus, avait rassemblé des troupes, et gouvernait quelques provinces du royaume. Elle épousa Eusèbe et donna beaucoup de force à son parti. Cette complication d'intérêts fut encore augmentée par Ptolémée Lathyre, roi d'Égypte. Ce prince, irrité du mariage de Sélène, fit venir de Gnide Démétrius Euchère, le quatrième fils de Grypus, le conduisit à Damas et le proclama roi de Syrie. Quelque temps après, Philippe livra à Eusèbe une grande bataille, le défit et le força à se réfugier chez les Parthes que gouvernait Mithridate-le-Grand. Ainsi l'empire demeura partagé entre Philippe et Démétrius Euchère. Mais, deux ans après, Eusèbe, secouru par les Parthes, marcha de nouveau contre Philippe, qui se vit aussi attaqué par son propre frère Antiochus Denys, le cinquième des fils de Grypus.

Eusèbe possédait les provinces d'Orient; Philippe une partie de la Syrie; Démétrius Euchère régnait à Damas et en Phénicie; et Antiochus Denys s'établit en Célésyrie, où il se maintint vingt-trois ans.

Les Égyptiens avaient chassé de leur pays Ptolémée Lathyre. Son successeur, Alexandre, voulut faire mourir sa mère Cléopâtre : elle le prévint, l'assassina et rappela Lathyre.

L'empire était déchiré par la guerre continuelle des princes de la famille de Grypus. Leurs débauches, leurs exactions et leurs crimes excitèrent enfin l'indignation générale; de tous côtés les peuples se revoltèrent, chassèrent les Séleucides et donnèrent le trône à Tigrane, roi d'Arménie.

TIGRANE.

(An du monde 3919. — Avant Jésus-Christ 85.)

Le nouveau roi gouverna dix-huit ans la Syrie, dont il confia l'administration à un vice-roi nommé Mégadate. Eusèbe passa le reste de ses jours dans l'obscurité; Philippe périt; Sélène conserva comme apanage Ptolémaïde et une partie de la Phénicie. L'histoire ne parle plus de Démétrius Euchère ni d'Antiochus Denys.

Ce fut à cette époque que Nicomède, roi de Bithynie, mourut et légua ses états au peuple romain.

La faiblesse des princes de l'Orient et le malheur de leurs sujets expliquent l'empressement des peuples à se soumettre au joug des Romains, qui, seuls alors dans l'univers, maintenaient la civilisation, l'ordre public et le règne des lois.

La reine Sélène, mère de deux fils, Antiochus nommé depuis l'Asiatique, et Séleucus Cybiorat, les avait envoyés à Rome pour engager le sénat à les protéger et à soutenir leurs prétentions aux couronnes d'Égypte et de Syrie. Leurs démarches furent inutiles, et ils se décidèrent à retourner dans leur patrie.

Antiochus étant descendu en Sicile, Verrès, qui en était préteur, le reçut d'abord honorablement.

Le roi l'ayant invité à un festin dans lequel il étala à ses yeux une riche vaisselle d'or, un grand vase fait d'une seule pierre précieuse, et un lustre magnifique destiné au Capitole, Verrès enleva toutes ces richesses, s'en empara malgré les protestations du prince, l'accabla d'outrages, l'effraya par ses menaces et le chassa de Sicile. Antiochus arriva dans la petite partie de l'Asie qu'occupait sa mère. Peu de temps après il lui succéda et régna quatre ans.

ANTIOCHUS L'ASIATIQUE.

(An du monde 3937. — Avant Jésus-Christ 67.)

Bientôt le grand Pompée, étendant la gloire et les limites de la république romaine, triompha de Mithridate, vainquit Tigrane et s'empara de toute la Syrie. En vain Antiochus voulut défendre son sceptre héréditaire, Pompée soutint que Rome héritait des droits de Tigrane. La victoire et la force avaient jugé ce procès, et la Syrie fut réduite en province romaine [1].

Telle fut la fin de ce vaste empire fondé par Cyrus, perdu par Darius, conquis et relevé par Alexandre, et dont les débris restèrent partagés entre les Romains et les Parthes.

[1] An du monde 3941. — Avant Jésus-Christ 63.

SECOND EMPIRE DES PERSES.

Artaxare. — Sa naissance. — Son élévation au trône. — Ses ambassadeurs outragés à Rome. — Sa défaite par Sévère. — Sa mort. — Sapor. — Sa conduite envers Valérien. — Ses cruautés. — Règnes successifs de plusieurs princes. — Cavade. — Révolte contre lui. — Son emprisonnement. — Dévouement de sa femme. — Fuite de Cavade. — Son retour. — Sa vengeance. — Son nouveau gouvernement. — Son successeur. — Cosroès. — Sa politique astucieuse. — Sa défaite et sa fuite. — Sa mort. — Hormisdas III. — Son règne honteux. — Révolte contre lui excitée par Varran. — Son emprisonnement. — Sa mort. — Cosroès II. — Sa défaite et sa fuite. — Usurpation de Varran. — Sa défaite. — Sa fuite et sa mort. — Conquêtes de Cosroès. — Révolte contre lui excitée par Sarbate. — Parricide de Siroès. — Son règne méprisé. — Isdigertes II, dernier roi. — Fin de l'empire des Perses conquis par les Sarrasins.

Deux cent trente ans après Jésus-Christ, les Perses reprirent leur indépendance, et formèrent un nouveau royaume. Ils vivaient depuis cinq cents ans sous la domination des Parthes, qui avaient enlevé la Médie, la Bactriane et la Perse aux Séleucides. Mais, les Romains ayant remporté une grande victoire sur Artabane, ce roi périt; son armée se dispersa, et les Parthes s'incorporèrent aux

Perses, qui jusque-là leur avaient été assujettis.

Un cordonier, nommé Babec, Cadusien, qui s'occupait d'astrologie, reçut chez lui un officier persan, nommé Sasan. Son art, dit-on, lui fit connaître que le fils qui naîtrait de cet étranger deviendrait l'un des hommes les plus riches et les plus puissants de l'Asie. Comme il n'avait point de fille à lui donner en mariage, il lui céda sa femme. Elle devint enceinte et accoucha d'un fils, nommé Artaxare, qui prit le parti des armes, et s'acquit une grande renommée par ses exploits. Après la mort d'Artabane, les Parthes et les Perses réunis l'élurent pour chef. Il prit le titre de roi des Perses.

ARTAXARE.

(230 ans après Jésus-Christ.)

Artaxare, à peine établi sur le trône, envoya des ambassadeurs à l'empereur Sévère pour lui déclarer que le grand roi ordonnait aux Romains d'évacuer la Syrie, l'Asie-Mineure, et de rendre aux Perses toutes les provinces qui avaient fait partie de l'empire d'Alexandre. Sévère, irrité de cette audace, condamna les ambassadeurs à l'esclavage, et leur fit labourer ses domaines en Phrygie. Il marcha ensuite avec une armée contre le roi de Perse, le battit, et, dans son triomphe à Rome, il prit le surnom de *Parthique* et de *Persique*. Sa victoire cependant n'était pas complète : Artaxare vaincu n'était pas subjugué; fuyant à la manière des Parthes, on le vit revenir avec rapidité et reprendre toutes les provinces conquises par Sévère. Il mourut après un règne de douze ans, universellement respecté, regretté, et laissa le trône à son fils.

SAPOR.

(242 ans après Jésus-Christ.)

Sapor fut continuellement en guerre contre les Romains. Gordien lui enleva une partie de ses états; il s'y rétablit sous le règne de l'empereur Philippe. L'empereur Valérien l'attaqua de nouveau : le roi de Perse lui livra une grande bataille, le vainquit et le fit prisonnier. Sans respect pour la dignité impériale, il le faisait marcher à pied à la tête de son armée; il lui posait le pied sur le cou pour monter à cheval. Ce roi barbare mit le comble à son inhumanité en le faisant écorcher vif. Il était si cruel qu'il couchait et entassait ses prisonniers dans les creux des chemins pour égaliser le terrain et pour faciliter le passage de ses chariots.

Aurélien, successeur de Valérien, combattit Sapor, et on doit croire qu'il remporta sur lui quelques avantages, puisqu'il parut à Rome, dans son triomphe, monté sur le char de Sapor.

Cependant cette guerre se termina par un traité

de paix et d'alliance, et Sapor épousa la fille d'Aurélien. Ce fut sous son règne que vécut Manès, fondateur de la fameuse secte des manichéens.

HORMISDAS.

(273 ans après Jésus-Christ.)

Le fils de Sapor n'hérita ni de sa vaillance ni de ses vices. Roi faible, il acheta la paix par des sacrifices, et n'osa pas soutenir contre les Romains son alliée, la malheureuse et célèbre Zénobie, reine de Palmyre.

VARANNE Ier.

Ce prince, pacifique comme son prédécesseur, ne régna qu'un an.

VARANNE II.

L'empereur Probus recommença la guerre, et prétendit recouvrer tout l'empire des Séleucides; mais, après avoir fait quelques conquêtes, il se retira et les abandonna.

VARANNE III.

Aucun événement marquant ne signala son règne.

NARSÈS.

Le roi défit l'empereur Galère qui le défit à son tour; mais ces différents combats n'eurent aucun résultat important.

HORMISDAS II.

Hormisdas ne se signala par aucun exploit. Il mourut en laissant sa femme enceinte d'un fils qui porta le nom de Sapor.

SAPOR II.

(310 ans après Jésus-Christ.)

Ce prince, élevé dans la religion chrétienne, l'abjura, et soutint contre l'empereur Julien, apostat comme lui, cette guerre fameuse qui accéléra la décadence de l'empire romain, et accrut la puissance de celui des Perses. Julien avait été vainqueur dans les premiers combats; mais, trompé par des conseils perfides, il s'avança, comme Antoine, sans précautions : au lieu de se faire suivre sur le Tigre par sa flotte qui était chargée de vivres, il la brûla témérairement et continua sa marche. Bientôt il se trouva, comme Crassus, dans des plaines brûlantes, sans subsistances et entouré d'ennemis.

Les Perses battirent facilement une armée exténuée par la disette et par la fatigue. Julien périt dans le combat. Jovien, son successeur, se vit obligé de signer une paix honteuse et de payer un tribut pour obtenir la liberté de se retirer.

Le règne de Sapor fut glorieux et paisible; cependant il ne jouit pas dans sa famille du repos qu'il donnait à ses sujets : son fils aîné le mécontentait par ses vices; le second l'abandonna pour se retirer chez les Romains. Il avait donné au troisième une tente de peaux de chameaux, brodée en or; et, lui ayant demandé comment il la trouvait, le prince lui répondit : « Fort belle; mais, » quand je serai roi, je veux en avoir une de peaux » d'hommes. » Sapor, effrayé de l'atrocité de ce caractère, laissa le trône à son quatrième fils.

SAPOR III.

Ce prince remplit les vœux de son père, maintint la paix et rendit son peuple heureux.

VARANNE IV.

Ce règne fut aussi pacifique que le précédent.

ISDIGERTES.

Ce roi était si intimement lié avec l'empereur Arcadius, qui admirait également son habileté et ses vertus, qu'il le nomma en mourant tuteur de son fils Théodose II et protecteur de l'empire.

VARANNE V.

Le fils d'Isdigertes se brouilla avec les Romains, et, pour les combattre, s'allia aux Sarrasins, dont le nom se fit connaître pour la première fois à cette époque.

PÉROSE.

Le roi Pérose, attaqué par les Huns qui habitaient au nord de la Perse, se laissa envelopper par eux, et fut obligé de capituler. On avait exigé qu'il se prosternât devant le roi des Huns : les mages lui conseillèrent d'exécuter cet ordre au lever du soleil, pour qu'il parût faire un acte de religion et non de bassesse. Pérose, irrité de ces humiliations, prit de nouveau les armes : il espérait surprendre les Barbares; mais ils le battirent et le tuèrent.

VALEUS.

Le fils de Pérose fit de vains efforts pour venger son père, et, ne pouvant affranchir son pays du tribut imposé par les Huns, il mourut de chagrin.

CAVADE.

La fortune se montra d'abord plus favorable à ce

monarque qu'à ses prédécesseurs ; mais l'orgueil que lui inspirèrent ses victoires, et sa passion désordonnée pour les voluptés, le perdirent. Il publia un édit insensé, qui, violant les lois de la justice et de la pudeur, soumettait à ses caprices toutes les femmes de ses sujets. Les grands, indignés, se révoltèrent, l'enfermèrent dans une prison, et donnèrent le diadème à un de ses parens, nommé Zambade. Ils s'assemblèrent ensuite pour délibérer sur le sort de leur captif: les avis étaient partagés; les uns demandaient la mort du roi ; les autres voulaient le sauver. L'un des plus emportés, montrant un canif, dit que si ce petit instrument servait à frapper le tyran, il serait plus utile à la Perse que les cimeterres de vingt mille soldats. Malgré cette violente sortie, l'avis le plus humain l'emporta dans le conseil; on décida que le roi serait enfermé pour sa vie dans une prison.

La reine, restée libre, portait souvent des provisions à son époux; mais il lui était défendu de le voir. L'officier chargé de sa garde s'enflamma pour la reine, lui permit d'écrire à son mari, et lui fit même la promesse de la laisser entrer dans la prison si elle voulait ceder à son amour. Le roi, informé de cette proposition criminelle, ordonna à sa femme de consentir à tout. La reine obtint l'entrevue qu'elle désirait, et en profita promptement pour revêtir le roi de ses habits. Sous ce déguisement, Cavade s'échappa de sa prison et se réfugia chez le roi des Huns, qui lui fit épouser sa fille et lui donna une armée. Avec ces troupes il rentra en Perse et promit des gouvernements à tous ceux qui embrasseraient les premiers sa cause : ces charges étaient héréditaires; l'espoir de les obtenir ramena au roi presque tous les grands. Sa marche fut rapide; il défit les rebelles, rentra dans sa capitale, fit crever les yeux à Zambade, envoya au supplice le conseiller qui avait opiné si hautement pour sa mort, et prit pour premier ministre Sésore, compagnon de sa fuite.

Cavade profita des leçons du malheur : maître du pouvoir, il n'en abusa pas, dompta ses passions, gouverna avec sagesse, et rendit à la Perse son ancien éclat.

Il pria l'empereur Anastase de lui prêter l'argent nécessaire pour payer les secours qu'il avait reçus du roi des Huns.

Le refus de l'empereur aigrit le roi; la guerre se ralluma. Cavade s'empara d'Amide et conquit plusieurs provinces. Après ces victoires il voulait que l'empereur d'Orient adoptât un de ses fils pour le placer sur le trône de Constantinople. L'effroi qu'inspiraient les armes du roi de Perse avait décidé la cour impériale à consentir à cette proposition : on était près de conclure le traité; mais la signature en fut retardée par des difficultés de forme. Les circonstances changèrent, et Cavade, modérant ses prétentions, accorda la paix à l'empereur, qu'il contraignit seulement à lui payer un tribut.

Le roi de Perse, sentant sa fin s'approcher, désigna pour son successeur Cosroès, qui n'était pas l'aîné de ses fils. La confiance que lui inspiraient les talents et les grandes qualités de ce jeune prince, décidèrent son choix. La nation assemblée le confirma.

COSROÈS.

(531 ans après Jésus-Christ.)

L'ambition active de Cosroès fut long-temps avantageuse à la Perse, et désastreuse pour les Romains. Lorsqu'il les voyait attaqués par leurs voisins, il les menaçait et leur faisait acheter sa neutralité. Dès qu'il les voyait sans ennemis, il se tenait sur la défensive, et encourageait, par ses conseils et ses promesses, les Huns, les Goths et les Sarrasins à renouveler leurs irruptions dans l'empire.

Par cette politique astucieuse, il trouva le moyen de remplir en peu de temps ses trésors. Lorsque Justinien eut conquis l'Afrique, il exigea de ce prince un tribut, prétendant qu'on lui devait une part des fruits de cette conquête, qu'on n'aurait jamais pu faire, malgré le génie de Bélisaire, si la

Perse n'était point restée neutre. Il fatigua, durant un long règne, ses ennemis par les querelles qu'il leur suscitait, et ses sujets par des levées d'hommes et des marches continuelles.

A la fin de sa vie, la fortune l'abandonna. Il perdit une bataille contre les Romains, ne dut son salut qu'à la fuite, et vit ses ennemis s'établir en quartier d'hiver dans ses états : l'habitude des succès ne l'avait point préparé aux revers; il ne put supporter sa défaite, et mourut de chagrin, après avoir recommandé à son fils de ne jamais exposer sa personne dans une action contre les Romains.

HORMISDAS III.

(580 ans après Jésus-Christ.)

Le fils de Cosroès, faible, superstitieux et livré à tous les vices, croyait qu'il pouvait sans danger suivre le torrent de ses passions, parce que les mages lui avaient assuré qu'il réussirait dans toutes ses entreprises, et que ses projets, quels qu'ils fussent, seraient constamment protégés par le ciel. Ses débauches et ses caprices excitaient un mécontentement universel. Varran, un de ses plus braves généraux, reçut, en combattant contre les Romains, un léger échec. Le roi lui écrivit une lettre insultante et lui envoya des habits de femme.

On pardonne les rigueurs et non les affronts : le général se révolta et fit partager son ressentiment à l'armée qui se souleva. On pilla les palais et les domaines du monarque ; on ouvrit les prisons. Un prince du sang, nommé Bindoès, que le roi avait chargé de fers, brisa ses chaînes, se mit à la tête des rebelles, força les portes de Ctésiphon, capitale du royaume, et pénétra dans le palais. Le roi était sur son trône ; à la vue des révoltés, il donna ordre d'arrêter le prince rebelle ; mais la garde immobile n'obéit point à ce commandement.

Bindoès arracha lui-même la tiare du roi, et le fit jeter en prison. L'infortuné monarque réclama un jugement de la nation, et plaida sa cause devant une assemblée générale, avec une chaleur qui commençait à émouvoir en sa faveur les esprits ; mais Bindoès, après avoir retracé le tableau des injustices, des débauches, des excès et des exécutions arbitraires qui excitaient l'indignation du peuple contre Hormisdas, fit sentir avec force aux grands combien il serait imprudent à eux de rétablir sur le trône un monarque injurié, qui aurait tant de motifs de vengeance contre ses sujets. Cette crainte entraîna les opinions ; le roi fut condamné à une prison perpétuelle, et on lui passa un fer rouge devant les yeux, pour le mettre hors d'état de régner.

Hormisdas demanda pour dernière grace à l'assemblée de ne point donner le trône à son fils Cosroès, qui devait, selon lui, faire le malheur de son peuple. Il pria les grands de mettre à sa place un autre de ses enfants, qu'on appelait Hormisdas, dont le caractère était doux et humain. Loin d'écouter les vœux du roi captif, les grands couronnèrent Cosroès et firent mourir le jeune Hormisdas et sa mère. Le vieux roi, désespéré, ne pouvait contenir ses murmures et sa douleur; le barbare Cosroès le fit assassiner.

COSROÈS II.

(590 ans après Jésus-Christ.)

Le général Varran, au lieu de se soumettre au roi, persista dans sa rébellion, et jura de punir un prince parricide, que ses crimes rendaient indigne de régner sur les Perses. Cosroès le combattit, fut vaincu et obligé de se réfugier chez l'empereur d'Orient. Varran victorieux s'empara de Ctésiphon; mais, lorsqu'il se vit maître de la capitale, se dépouillant de tout masque de vertu et de modération, il fit mettre en prison le prince Bindoès, se revêtit des ornements royaux, et voulut se placer sur le trône. Les grands, irrités de cette audace, formèrent une conjuration contre lui, délivrèrent Bindoès et attaquèrent l'usurpateur dans son palais. Mais il repoussa vaillamment leurs efforts, les dispersa et en fit périr une partie par les armes et l'autre par les supplices. Bindoès évita la mort et se sauva en Médie, où il leva des troupes. Cosroès vint le joindre à la tête d'une armée que l'empereur Maurice lui avait donnée. Après cette jonction, le roi livra une bataille à Varran, le battit et remonta sur le trône. Varran, obligé de fuir, termina sa vie chez les Huns qui l'assassinèrent.

Jusqu'à ce moment, voulant se concilier l'amitié de l'empereur d'Orient, Cosroès s'habillait à la romaine, et montrait beaucoup de tolérance et même de bienveillance pour les chrétiens; mais il changea de conduite dès qu'il se vit maître de l'empire.

Narsès, général de l'empereur Maurice, avait puissamment contribué à son rétablissement. En se séparant de lui, il crut pouvoir lui recommander, d'un ton qui rappelait l'antique fierté romaine, de prouver toute sa vie la reconnaissance qu'il devait aux Romains, maîtres du monde. Le roi de Perse, pour rabattre son orgueil, lui traça la tableau réel de la situation de cet empire, miné par la corruption, déchiré par les discordes intestines et de tous côtés envahi par des Barbares. Il mesura les progrès de cette décadence, et prédit l'époque précise de sa chute avec tant de justesse, qu'il passa par la suite aux yeux des Grecs pour un grand astrologue.

La paix dura quelque temps entre les deux

royaumes; mais, dès que Cosroès apprit l'assassinat et la mort de l'empereur Maurice, il déclara la guerre aux Romains. Cette fameuse guerre commença la seizième année de son règne.

La fortune favorisa constamment ses armes: ses victoires furent nombreuses et rapides. En neuf ans il conquit la Mésopotamie, la Syrie, la Palestine, la Cappadoce, l'Arménie et la Paphlagonie. Après avoir pris Antioche, il s'empara de Jérusalem, envoya en Perse le patriarche, profana le saint sépulcre, emporta la vraie croix, et vendit quatre-vingt-dix mille chrétiens aux Juifs de ses états, qui les égorgèrent tous. Il soumit ensuite l'Égypte, et revint en Perse pour combattre l'empereur d'Orient, Héraclius. Ce prince, aussi sage que vaillant, proposa d'abord la paix au roi de Perse. Mais Cosroès répondit insolemment qu'il ne ferait aucun traité tant que l'empereur et ses sujets n'auraient pas abjuré le culte du dieu crucifié, et embrassé la religion des mages.

Héraclius punit cette brutale arrogance par une victoire, et proposa de nouveau la paix. Cosroès, enivré de sa fortune passée, et ne pouvant croire qu'elle l'eût abandonné sans retour, rompit toute négociation, et livra une seconde bataille, dans laquelle il fut défait et perdit cinquante mille hommes. Après ce revers, comme il soupçonnait un de ses généraux, nommé Sarbate, de l'avoir trahi, il écrivit à un autre chef de l'arrêter et de le faire mourir. Les Romains, ayant intercepté la lettre, la donnèrent à Sarbate qui joignit à son nom, dans l'ordre du roi, les noms de quatre cents officiers de marque. Il communiqua ensuite cette pièce à l'armée. Tous les officiers désignés se crurent proscrits, se révoltèrent et entraînèrent dans leur rébellion une grande partie des troupes.

Dans ce même temps, Cosroès avait voulu désigner pour son successeur le plus jeune de ses fils, nommé Merdazas. Siroès, l'aîné de ses enfants, irrité de cette préférence, se joignit aux révoltés, et l'empereur Héraclius donna promptement la plus grande force à leur parti, en rendant la liberté aux Perses prisonniers, à condition qu'ils se joindraient aux rebelles.

L'insurrection devint générale. Cosroès, affaibli par l'âge, se laissa prendre et fut déposé. Siroès, digne d'un tel père, le fit enchaîner dans un cachot, où il était exposé aux regards du public. On l'y garda cinq jours, ne le nourrissant que de pain et d'eau. On tua ensuite devant lui son fils Merdazas. Enfin Siroès donna l'ordre de le faire mourir à coups de flèches.

Telle fut la fin de Cosroès : parricide, il périt par un parricide; son règne, qui avait duré trente ans, offre aux hommes la preuve que les grands crimes, malgré l'éclat dont peut les couvrir quelque temps la fortune, attirent toujours la vengeance du ciel, qui, pour être tardive, n'en est que plus terrible.

SIROÈS.

(628 ans après Jésus-Christ.)

Ce monstre, objet du mépris et de la haine de ses sujets, ne survécut pas un an à son père. Ardézer son fils voulait lui succéder; mais Sébarazas, général de l'armée, se révolta contre lui, le tua et s'empara du sceptre. Les grands, qui n'avaient pas consenti à son élévation, l'assassinèrent dans son palais, et proclamèrent roi Isdigertes, fils d'un frère de Siroès.

ISDIGERTES II.

Lorsque ce prince monta sur le trône, l'armée, démoralisée par les conquêtes de Cosroès et par ses défaites, avait perdu sa force et sa discipline. Les généraux étaient divisés, les grands corrompus, les mages avilis. On ne respectait plus ni la religion ni l'autorité royale; et il ne pouvait exister aucun amour de la patrie chez un peuple si opprimé, et dans une cour qui venait d'être le théâtre de tant de crimes.

Ce fut à cette époque que les Sarrasins envahirent la Perse. Isdigertes se défendit avec courage; mais il périt dans une bataille, et son armée se dispersa.

Les Barbares, après avoir ravagé la Perse, s'y établirent en maîtres. Elle devint le centre de leur empire, et la religion de Mahomet y remplaça celle des mages.

Cette grande révolution arriva l'an 640 de notre ère, et fit asseoir les successeurs de Mahomet sur les ruines du trône de Cyrus.

HISTOIRE DE LA GRÈCE.

Sa description. — Sa position. — Son histoire divisée en quatre âges. — Incertitude sur l'origine des Grecs.

La Grèce, pays classique, aussi célèbre dans la fable que dans l'histoire, était la patrie des héros et le temple des dieux de l'ancien monde. Aucune contrée n'a produit de plus braves guerriers, de plus grands philosophes, de plus habiles législateurs et des esprits plus ingénieux. Le nom seul la Grèce parle à l'imagination, et rappelle à la mémoire l'amour de la gloire, de la sagesse, de la liberté. Cette nation poétique animait, divinisait tout. Elle plaçait ses passions comme ses vertus dans le ciel. Sa religion était l'histoire embellie par des figures, et la nature représentée par des images célestes. Ses jeux, ses fêtes, ses lois, ses combats, ses arts sont toujours gravés dans notre souvenir. Nos guerriers, nos orateurs, nos poètes, nos philosophes prennent encore aujourd'hui les Grecs pour maîtres et pour modèles; notre enfance est formée par leurs leçons. La Grèce, détruite, barbare et dépeuplée, revit dans notre pensée; elle conserve sur les esprits l'influence et la domination qu'elle a perdues sur la terre.

Ce pays, destiné à une si longue renommée, fut long-temps obscur et habité par des sauvages, tandis que l'Égypte et la Phénicie jouissaient de tous les avantages de la civilisation. Il était difficile de prévoir alors qu'une contrée dont le territoire était inculte, couvert de forêts, peuplé de bêtes féroces et de Barbares, et qui n'avait pas le quart de l'étendue de la France, dût répandre, peu d'années après, tant de lumières en Europe et en Asie, et remplir le monde de sa gloire et de sa puissance. Quelques colonies, parties de Saïs, de Memphis et de Tyr, changèrent la face de la Grèce. Les Égyptiens lui donnèrent des lois et un culte. Elle reçut des Phéniciens la science du commerce et de la navigation. Les Chaldéens lui apprirent l'astronomie et l'astrologie. Bientôt elle surpassa ses maîtres, et l'on vit les petits états qui la partageaient, remplis de héros, peuplés de talents, résister aux plus grands empires, les combattre et les subjuguer.

L'union des différents peuples grecs les fit triompher du grand roi Xercès : mais, enivrés de gloire, ils se divisèrent; la discorde, détruisant leurs forces, les soumit au pouvoir d'Alexandre et de ses successeurs, les assujettit à la puissance romaine, enfin les fit tomber dans l'esclavage et dans les chaînes des mahométans.

La Grèce fait aujourd'hui partie de la Turquie d'Europe. Elle était bornée à l'Orient par la mer Égée (l'Archipel); au midi, par la mer de Crète ou Candie; au couchant, par la mer d'Ionie; au nord, par l'Illyrie et la Thrace. Elle était divisée en plusieurs contrées : l'Épire, le Péloponèse (aujourd'hui la Morée), la Grèce proprement dite, la Thessalie, la Macédoine et plusieurs îles.

Les peuples de l'Épire étaient les Molosses, les Chaoniens, les Thespotiens, les Acarnaniens; on y remarquait les villes de Dodone, célèbre par une forêt qui rendait des oracles; de Dorique, Buthrotie, Ambracie, Nicopolis, et Actium, qui devint fameuse par la bataille que s'y livrèrent Auguste et Antoine. Les rivières de l'Épire étaient le Cocyte et l'Achéron, que la fable place dans les enfers.

Le Péloponèse est une presqu'île qui ne tient à la Grèce que par l'isthme de Corinthe. Ses divisions étaient : l'Achaïe, où l'on trouvait Sicyone, la plus ancienne ville du pays; Corinthe, célèbre par sa magnificence; Patras, Olympie, Pise; c'était là aussi qu'on se rendait de toutes parts pour disputer le prix aux jeux publics de la Grèce.

La Messénie, qui contenait la ville de Mycène et celle de Pyle, patrie de Nestor.

L'Arcadie célébrée par tous les poètes qui ont chanté la vie pastorale de ses habitants; ses villes étaient Cyllène, Tégée, Stymphale, Gallopolis, Mantinée qu'illustra une victoire des Thébains.

La Laconie, immortalisée par Sparte ou Lacédémone sa capitale, par Lycurgue son législateur, par ses rois Agis, Agésilas, et par une foule de héros.

L'Argolide fut la première contrée de la Grèce civilisée par Inachus. Elle était la patrie d'Hercule et d'Agamemnon. On y admirait les villes d'Argos, de Némée, de Mycène, de Nauplie, d'Épidaure, patrie d'Esculape. L'Eurotas arrosait cette contrée que dominait le mont Taygète.

La Grèce proprement dite comprenait l'Étolie et les villes de Chalcis et de Calydon; la Locride, ou le pays des Locres-Éoliens, dont la capitale était Naupacte, aujourd'hui Lépante; la Phocide, où l'on venait de toutes parts consulter l'oracle d'Apollon dans la ville de Delphes; Anticyre était aussi une de ses villes; la Béotie, dont la cité principale était la fameuse Thèbes, qu'illustrèrent OEdipe dans les temps fabuleux, le sage et vaillant Épaminondas à la fin des beaux jours de la Grèce. De grandes victoires immortalisèrent aussi les villes de Chéronée, de Platée et de Leuctres. On y trouvait encore Orchomène et Thespis.

L'Aulide: l'embarquement des Grecs et le sacrifice d'Iphigénie ont signalé son nom.

L'Attique : les arts, la gloire, la liberté consacrèrent le nom d'Athènes. Les autres villes de l'Attique étaient Mégare, Marathon, qui vit fuir les Perses; Éleusis, dont les mystères furent toujours impénétrables. Les poètes célébraient encore Décélie. Athènes avait trois ports fameux, le Pirée, Munychie et Phalère.

Les montagnes de la Grèce étaient le Parnasse, l'Hélicon et le Cythéron.

La Thessalie, connue par ses vallons, par sa magie, contenait les villes de Magnésie, Méthone, Gompfie, Thèbes de Thessalie, Larisse, patrie d'Achille, Démétriade, Pharsale, qui vit fuir Pompée. Ses montagnes sont l'Olympe, résidence des dieux; Pélion et Ossa que les Titans, selon la fable, voulurent entasser l'une sur l'autre pour s'élever jusqu'au ciel. Le fleuve Pénée rafraîchissait par ses eaux limpides le charmant vallon de Tempé. Ses montagnes formaient le fameux défilé des Thermopyles, où trois cents Spartiates bravèrent le plus grand monarque de l'Orient, et éternisèrent la gloire de leur nom et de leur pays par une mort héroïque.

La Macédoine était un royaume séparé de la Grèce, et qui la subjugua. Les villes qui décoraient cette contrée étaient : Dyrrachium, aujourd'hui Durazzo, Apollonie, Égée, Édesse, Pallène, Olynthe, Thessalonique, Philippes (Brutus et la liberté romaine y périrent), Stagyre, Scotus, Pella, qui donna naissance au plus illustre des conquérants, Alexandre-le-Grand. Le mont Athos s'élevait au-dessus de toutes les autres montagnes de la Macédoine. Sa rivière principale était le Strymon.

Les îles grecques étaient : dans la mer Ionienne, Corcyre (aujourd'hui Corfou), Céphallène; Ithaque, patrie d'Ulysse; Cythère, consacrée à Vénus : dans le golfe de Salone, Égine; entre le Péloponèse et l'Attique, Salamine; entre la mer de Crète et la mer Égée, les Cyclades, parmi lesquelles on remarquait Andros, Délos et Paros; et au-dessous des Cyclades, les Sporades.

En remontant dans la mer Égée, du côté de la Béotie, est l'Eubée, séparée de la terre par un bras de mer appelé l'Euripe, sur les rives duquel on voyait la ville de Chalcis; et, toujours en remontant vers le nord, Scyros, Lemnos, fameuse par les forges de Vulcain, et Samothrace.

En descendant et du côté de l'Asie-Mineure, Lesbos, dont la capitale était Mitylène, ensuite Chio, Samos.

Au sud de l'Archipel, Crète ou Candie, célèbre par ses lois, par son roi Minos, que la fable établit comme juge dans les enfers. Ses principales villes étaient Gortyne et Sydon; ses montagnes, Dictée, et Ida, où l'on plaçait le berceau de Jupiter.

Les Grecs avaient fondé de grandes colonies dans l'Asie-Mineure, qui fait aujourd'hui partie de la

Turquie d'Asie. C'était l'Éolie, où l'on voyait Cumes, Phocée, Élée; l'Ionie, dont les villes les plus remarquables étaient Smyrne, puissante encore aujourd'hui par son commerce, Clazomène, Théos, Colophon, Éphèse, célèbre par le temple de Diane; enfin la Doride, qui comptait parmi ses villes celles d'Halicarnasse, où naquit Hérodote, et de Gnide, consacrée à Vénus. Les Grecs avaient encore des colonies en Sicile et en Calabre; on leur donna le nom de Grande-Grèce. Notre riche cité de Marseille était une colonie de Phocéens.

On divise ordinairement l'histoire des Grecs en quatre âges qui renferment deux mille cent cinquante-quatre années. Le premier date de la fondation des petits royaumes, qui commencent par celui de Sicyone, jusqu'au siége de Troie. Cet âge comprend mille ans, depuis l'an du monde 1820 jusqu'en 2820.

Le second âge s'étend depuis la prise de Troie jusqu'au règne de Darius, fils d'Hystaspe, époque à laquelle l'histoire des Grecs se mêle à celle des Perses. Cet âge renferme six cent soixante-trois années, depuis l'an du monde 2820 jusqu'en 3483.

Le troisième âge, qui fut la belle époque de la Grèce, commence au règne de Darius, fils d'Hystaspe, et se termine à la mort d'Alexandre-le-Grand. Il comprend cent quatre-vingt-dix-huit ans, de l'an du monde 3483 à l'an 3681.

DE LA GRÈCE.

Le quatrième et dernier âge, celui de la décadence, depuis la mort d'Alexandre-le-Grand en 3681, offre pour principales époques la destruction de Corinthe par le consul Lucius Memmius en 3858; l'extinction des Séleucides détrônés par Pompée en 3939, et la fin du règne de la race des Lagides, détrônés par Auguste en 3974. Ces événements sont renfermés dans l'espace de deux cent quatre-vingt-treize ans.

Il est impossible de connaître avec quelque certitude les premiers habitants qui peuplèrent la Grèce. Ces hommes sauvages, qui broutaient comme les animaux, ne purent laisser ni monuments ni traditions. Ce que l'on peut penser de plus probable, c'est que le nord de la Grèce fut d'abord habité par des hommes venus de différentes contrées de l'Europe, tandis que le midi se peupla par les incursions de quelques pirates sortis des ports de l'Asie et des îles de l'Archipel.

On croit généralement que ses premiers habitants portaient le nom de *Pélages*, que leur avait donné Pélagus ou Phaleg, l'un de leurs rois. Les Hébreux, les Chaldéens, les Arabes appelaient les Grecs Ioniens : selon eux, Jon ou Javan, fils de Japhet et petit-fils de Noé, était le père des peuples connus sous le nom de Grecs.

Javan eut, dit-on, quatre enfants : Élisa, Tharsis, Cetthius, Dodanim, qui furent chefs de différentes tribus. On prétend que le nom d'Hellènes ou Helléniens venait d'Élisa, qu'on nommait aussi Élos. Cetthus passait, selon cette version, pour être le père des Macédoniens. Le livre des *Machabées* appelle Alexandre roi de Cetthius; il nomme Philippe et Persée rois des Cetthéens. Les mêmes auteurs croient qu'en Thessalie le nom de la ville et du temple de Dodone venait de Dodanim.

Dans les ouvrages d'Homère, les Grecs sont toujours appelés Helléniens, Danaéens, Argiens et Achéens. Virgile n'emploie presque jamais la dénomination de *Græcus*. Il est singulier qu'on ne puisse savoir l'origine véritable du nom sous lequel ces peuples sont maintenant le plus universellement connus. Pline rapporte qu'ils le reçurent d'un roi nommé Græcus, dont l'histoire ne nous a conservé aucun souvenir. Ce qui paraît constant, c'est que ces peuples ignoraient à tel point les premiers éléments de la civilisation, qu'ils décernèrent les honneurs divins à leur roi Phaleg ou Pélagus, parce qu'il leur avait appris à se nourrir de glands.

Ces peuplades se réunirent d'abord probablement pour se défendre contre les bêtes féroces. Elles s'exercèrent à les chasser et conservèrent par leur destruction les troupeaux qui servaient à les nourrir et à les vêtir. Ces troupeaux devenant bientôt un objet d'envie, toutes ces hordes errantes combattaient et s'entretuaient continuellement pour les enlever.

Les peuplades qui s'étaient retirées dans les îles pour éviter plus facilement l'attaque des animaux sauvages, ne connaissant point l'art de cultiver la terre, creusaient des arbres, et, s'embarquant sur ces frêles canots, se formaient à la piraterie en faisant des incursions fréquentes sur les côtes de la Grèce pour les piller.

Cette simple navigation, dont la découverte a été célébrée comme un prodige, devait être facile et paraître peu dangereuse à des hommes habitant un climat chaud, accoutumés à nager et à jouer sur les arbres que les vents déracinaient et faisaient tomber dans les fleuves.

Il paraît que la peuplade qui habitait l'Attique, dont le terrain plus sec tentait moins l'avidité de ses voisins, conserva son territoire, tandis que toutes les autres changeaient continuellement d'habitation.

Quelques auteurs disent que Deucalion, vivant dans le temps d'un déluge qui bouleversa la face de la Grèce, avait un fils nommé Hellénus qui se rendit maître du Péloponèse, et nomma ses sujets Helléniens. Les Achéens et les Ioniens, habitants de Lacédémone, attribuaient leur origine à Jon et à Achéus; petit-fils d'Hellénus. Éolus et Dorus, autres descendants d'Hellénus, furent chefs des

Éoliens et des Doriens. Pélops, fils de Tantale, vint ensuite dans le Péloponèse, et lui donna son nom; enfin les Héraclides, descendants d'Hercule, en chassèrent les Achéens et les Ioniens, qui se retirèrent dans l'Asie Mineure.

PREMIER AGE DE LA GRÈCE.

Destruction des Pélages. — Temps héroïques et fabuleux.

Le premier âge de la Grèce nous montre cette contrée divisée en plusieurs petits royaumes qui furent tous fondés par des colonies d'Égypte et de Phénicie. Les habitants sauvages de la Grèce s'étaient soumis, les uns volontairement et les autres par nécessité, aux rois de Sicyone, d'Athènes, d'Argos, de Sparte et de Corinthe. Ces princes commencèrent à polir et à civiliser les peuples en leur procurant les premiers avantages de la réunion sociale, et en leur faisant goûter la sécurité que leur donnaient les murs de leurs villes naissantes contre les attaques des animaux féroces et les invasions des brigands.

Une grande partie des Pélages, attachés aux habitudes et à l'oisiveté de la vie sauvage, repoussèrent long-temps les lumières qu'on leur présentait, et résistèrent au joug qu'on voulait leur imposer. Ces hordes errantes, guidées par des chefs braves et cruels, répandaient partout l'effroi, massacraient les voyageurs, enlevaient les troupeaux, et dévastaient comme un torrent tous les lieux qu'elles traversaient. Cet obstacle, exposé aux progrès de la civilisation, excitait l'indignation des fondateurs des nouvelles colonies. Le but de leurs efforts et l'objet de leur gloire furent long-temps la destruction de ces brigands, et les premiers héros que l'histoire immortalisa et que la reconnaissance divinisa, se signalèrent par des victoires remportées sur les monstres des forêts et sur les chefs des hordes sauvages. La fortune, la puissance et la célébrité, fruits de ces premiers exploits, entretinrent l'esprit militaire chez les Grecs.

Lorsqu'ils n'eurent plus de monstres à terrasser ni de sauvages à soumettre, ils combattirent entre eux, et firent des incursions dans les îles adjacentes et sur les côtes voisines pour accroître leur renommée, pour étendre leur puissance, et pour augmenter leurs richesses, qu'ils ne pouvaient devoir qu'au pillage, en attendant que le commerce vînt leur donner des moyens plus doux d'en acquérir.

C'est dans ces temps qu'on nomme *héroïques*, que l'histoire place le voyage des Argonautes, les crimes des Danaïdes, les aventures de Thésée, les travaux d'Hercule, les malheurs d'Œdipe, le siège de Thèbes et celui de Troie. On y trouve tellement mêlées la mythologie et l'histoire, la vie des hommes et celle des dieux, les métamorphoses et les révolutions, qu'on peut appeler ces temps *fabuleux* aussi bien qu'*héroïques*.

Les premiers rois des Grecs commandaient à des hommes braves et même féroces; leur autorité n'avait quelque étendue que pendant la guerre, elle était très-bornée pendant la paix. Ils adoucirent leurs mœurs par leurs lumières, sans pouvoir amollir assez les courages pour établir solidement leur domination. Toute autorité, contestée et mécontente de ses limites, cherche à obtenir par la crainte ce qu'elle ne peut obtenir par la loi; aussi vit-on bientôt tous ces princes abuser de leurs victoires sur leurs ennemis et du dévouement de leurs soldats pour opprimer leurs concitoyens; mais les Grecs, uniquement occupés de guerre et d'agriculture, étaient exempts des vices qu'entraîne la mollesse. Ils brisèrent les chaînes de la tyrannie, et presque partout le gouvernement républicain s'établit. Les Grecs avaient conservé entre tous les citoyens une parfaite égalité qui maintint la liberté durant les deux premiers âges; le troisième y introduisit la richesse, l'ambition, l'inégalité, la corruption; et le quatrième, la servitude.

SICYONE.

Sicyone est une des plus anciennes villes.

Plusieurs historiens parlent de Sicyone comme d'une des plus anciennes villes du monde. Ils font remonter sa fondation jusqu'à l'an 1915. Égialée fut, dit-on, le premier de ses rois. On ne s'accorde pas sur le nombre de ses successeurs; le souvenir de leurs actions ne s'est pas conservé. Les historiens prétendent que ce royaume dura mille ans.

CRÈTE.

Son gouvernement.

La plupart des anciens auteurs s'accordent à dire que le premier peuple grec civilisé fut celui d'Argos, que fonda l'Égyptien Inachus [1]. Cependant d'autres assurent que l'île de Crète, éclairée et po-

---

[1] An du monde 2148. — Avant Jésus-Christ 1856.

licée par Minos, avait reçu ses sages lois qui furent admirées par les philosophes, et qu'elle avait un gouvernement régulier dans le temps où toute la Grèce était encore sauvage. Ce qui est difficile à concevoir, c'est l'ignorance où l'histoire nous a laissés sur les noms et les actions des rois de cette île célèbre, dont tant de sages avaient étudié la législation. On ne sait pas même avec certitude si Minos était indigène ou étranger ; l'opinion la plus générale est qu'il était venu d'Égypte. Au reste, sa justice et sa sévérité lui attirèrent tant de renom que la fable le plaça dans les enfers, et le chargea du soin de juger les ombres. On croit que Rhadamante, qui partagea cette triste gloire, était son frère.

ARGOS.

Ses *rois*. — Origine du nom d'*Argos*. — Histoire de Danaé. — Naissance d'Hercule. — Ses exploits.

Les rois les plus connus qui gouvernèrent cette contrée furent Inachus, Phoronée, Apis, Argus, Criasus, Phorbas, Triopas, Crotopus, Sthénélus, Gélanor, Danaüs, Lyncée, Abas, Prætus et Acrisius; de celui-ci provinrent Persée, Eurysthée, Hercule.

Inachus, victime d'une révolution en Égypte, fonda la première colonie en Grèce. Le règne de Phoronée, son successeur, marque l'époque la plus ancienne de la civilisation grecque. Ce prince établit dans la nouvelle ville d'Argos le culte des dieux et les lois égyptiennes. Il s'empara de toute la presqu'île du Péloponèse. Apis donna son nom à la partie de cette presqu'île qui se nomma long-temps *Apie*. Argus fut le premier qui attela des bœufs à la charrue. La ville d'Argos, embellie par ses soins, prit et conserva son nom. Criasus y éleva un temple à Junon. Inachus fut le père de la fameuse Io. Un prince du pays, nommé Jupiter, enleva cette princesse, et la conduisit en Égypte, où elle fut, dit-on, adorée sous le nom d'Isis. Les poètes, ornant cette aventure des couleurs de la fable, dirent que le maître des dieux, étant devenu amoureux d'Io, la transforma en génisse pour la soustraire au courroux de Junon.

Lorsque le roi Gélanor gouvernait l'Argolide, Égyptus régnait en Égypte. Égyptus avait cinquante fils; il voulait les unir aux cinquante filles de son frère Danaüs. Celui-ci rejeta cette union, et s'enfuit en Grèce. Ayant rassemblé ses amis et quelques aventuriers, il se mit à la tête des Argiens, mécontents de leur roi, et s'empara du trône de Gélanor.

Le roi d'Égypte, opiniâtre dans ses desseins, troubla bientôt son frère dans son nouveau royaume. Il envoya en Grèce une armée sous les ordres de ses cinquante fils, fit le siége d'Argos, et força Danaüs à consentir au mariage projeté : mais le cruel roi d'Argos, dont la haine s'était accrue par cette violence, fit assassiner ses neveux par leurs femmes, la nuit de leurs noces. Hypermnestre seule sauva son mari Lyncée, qui s'échappa ainsi des embuches du tyran, vengea ses frères et régna.

Acrisius et Prætus, fils jumeaux de Lyncée, se disputèrent le trône. Acrisius l'emporta et donna la ville de Tirynthe en apanage à Prætus.

Acrisius fut père de Danaé. Un oracle l'avertit que l'enfant qui naîtrait d'elle le tuerait. Pour éviter ce malheur, il enferma sa fille dans une tour : mais un prince voisin, nommé Jupiter, séduisit les gardes, entra dans la prison, enleva Danaé et l'épousa; elle donna naissance à Persée. Ce héros combattit les monstres des forêts, tua une reine d'Afrique, nommée Méduse, dont l'aspect, dit la fable, pétrifiait ceux qui la regardaient. La princesse Andromède fut délivrée par lui d'un ravisseur, dont les poètes ont fait un monstre marin. Enfin Persée, disputant le prix aux jeux funèbres de Thessalie, accomplit involontairement l'oracle, et tua son grand-père Acrisius d'un coup de palet.

Dans le même temps, Pélops, fils de Tantale, roi

de Lydie, vint en Grèce pour éviter la vengeance de Tros, roi des Troyens, qui lui faisait la guerre parce que Tantale avait enlevé un de ses enfants, nommé Ganymède. Pélops, ayant remporté le prix des chars aux jeux de Pise ou d'Olympie, épousa Hippodamie, fille d'OEnomaüs, roi de cette contrée. Il succéda à son beau-père, se rendit maître d'une partie du Péloponèse, qui prit son nom, et fut le chef de la race des Pélopides.

Persée, ne pouvant plus supporter le séjour d'Argos depuis qu'il avait tué son grand-père, transporta le siége de ses états à Mycène, et régna cinquante-huit ans[1]. Ses enfants se partagèrent son royaume: Anaxogoras, l'un d'eux, s'établit à Argos, et eut des successeurs.

Sthénélus, qui avait épousé une fille de Pélops, resta à Mycène, et laissa son sceptre à son fils Eurysthée, dont les enfants furent tués par ceux d'Hercule. Persée avait eu deux autres enfants: Alcée, père d'Amphitryon, et Électryon, père d'Alcmène. Le mariage d'Alcmène et d'Amphitryon devint la source des grandes querelles qui éclatèrent par la suite entre les Pélopides et les Héraclides.

Alcmène, que les poètes font aussi mère d'Eurysthée, cédant à l'amour d'un prince voisin, nommé Jupiter, donna naissance au fameux Hercule. Ce

---

[1] An du monde 2992. — Avant Jésus-Christ 1012.

héros, doué du plus grand courage et d'une force merveilleuse, signala sa jeunesse par des victoires remportées sur des monstres et des brigands. Le roi Eurysthée, jaloux de sa renommée, le chargea de plusieurs entreprises périlleuses, espérant qu'il y trouverait la mort.

Hercule, poursuivi par le courroux de Junon et par la haine d'Eurysthée, remplit la terre du bruit de son nom. On croit généralement qu'il a existé dans différentes contrées plusieurs Hercules; on trouve dans presque tous les pays des traces de leurs exploits, qu'on attribua dans la suite au seul Hercule, fils d'Alcmène et d'Amphitryon. Hercule, le premier des demi-dieux, extermina, dit-on, le lion de Némée, le taureau de Crète, le sanglier d'Érymanthe et l'hydre de Lerne. Il tua Busiris, roi d'Égypte, qui faisait massacrer les étrangers, et terrassa le roi de Lybie, Antée, dont la vengeance s'exerçait sur ceux qu'il avait vaincus à la lutte. Sa massue écrasa les géants de Sicile et les centaures de Thessalie. Après avoir purgé la terre de brigands, il en fixa les limites à Cadix, qu'on appela les *colonnes d'Hercule*. La fable dit qu'il ouvrit les montagnes pour rapprocher les nations, qu'il creusa des détroits pour confondre les mers, et que les dieux durent à son secours leurs triomphes sur les géants appelés Titans. Son histoire est un tissu de fables. Les poètes lui ont attribué toutes les grandes actions dont on ignorait les auteurs; mais il a existé certainement un véritable Hercule, célèbre par sa force et sa valeur, puisque sa race a subsisté et régné long-temps dans la Grèce.

EXPÉDITION DES ARGONAUTES.

(An du monde 2785. — Avant Jésus-Christ 1219.)

But de cette expédition. — La Toison-d'Or. — Mort d'Hercule.

Les courses et les travaux de ces illustres aventuriers n'avaient pas toujours pour objet la sûreté du pays, la destruction des monstres, la protection de l'innocence et la punition des brigands. Le but de cette espèce de chevalerie errante, que n'éclairait point une religion pure et vraie, était souvent l'enlèvement de quelques belles princesses ou le pillage de quelques riches cités.

La Colchide passait pour un pays très-opulent : sa capitale renfermait, dit-on, un trésor que la fable transforma en toison d'or, gardée par des dragons. Le bruit des richesses de la Colchide excita la cupidité des héros grecs.

Jason était un prince de Thessalie : son oncle Pélias, qui s'était emparé du trône, détermina ce jeune guerrier à tenter cette expédition contre Colchos, espérant qu'il y périrait. Les hommes les plus vaillants de la Grèce, Hercule, Oilée, Télamon, Castor, Pollux, Thésée, Philoctète, Argus et plusieurs autres furent ses compagnons. Argus se chargea de la construction du navire qui devait les porter. Leur navigation fut heureuse. Médée, fille d'Ætas, roi de Colchide, seconda leurs efforts. Séduite par Jason, elle lui livra les trésors de son père et s'enfuit avec lui. Au retour de cette expédition, Hercule continua long-temps ses brillants exploits; mais ce superbe vainqueur lui-même, vaincu par l'amour, fila pour la reine Omphale, et conçut une grande passion pour Déjanire, qu'il épousa. Cette princesse, dans un accès de jalousie, lui donna un breuvage qui le rendit furieux. Ne pouvant supporter ni calmer ses violentes douleurs, il fit dresser un bûcher au sommet du mont OEta, se précipita au milieu des flammes et y périt. La fable dit que ses entrailles étaient brûlées par une robe empoisonnée que Déjanire avait reçue de son rival Nessus, prince de Thessalie, et qu'on appelait *centaure*, parce que les Thessaliens furent les premiers Grecs qui dressèrent et montèrent des chevaux.

La mort d'Hercule n'éteignit point la haine d'Eurysthée : il chassa du Péloponèse les enfants de ce héros; mais ils y revinrent bientôt, le défirent dans un combat et le tuèrent. Trois ans après, Hellène, leur aîné, fut vaincu par un roi de Tégée et périt. Ses frères se dispersèrent dans la Grèce où ils furent connus sous le nom d'*Héraclides*.

Eurysthée étant mort, Atrée, son oncle maternel et fils de Pélops, prit possession du Péloponèse, et fonda la dynastie des Pélopides, dont les passions, les crimes et les malheurs remplissent encore le monde d'affreux souvenirs. Atrée, fameux par ses cruautés, conçut la plus violente haine contre Thyeste son frère, qui avait séduit sa femme Europe; il le chassa de Mycène : l'ayant ensuite rappelé dans sa patrie, et dissimulant son courroux pour mieux assurer sa vengeance, il feignit de se réconcilier avec lui, assassina secrètement son fils Pélops, et servit à ce malheureux père, dans un festin, les membres de son fils.

Plisthène, fils et successeur d'Atrée, fut le père du célèbre Agamemnon. Ce monarque acquit une grande puissance, et tous les Grecs l'élurent pour leur chef lorsqu'ils entreprirent la guerre de Troie. On verra dans la suite de cette histoire la mort funeste d'Agamemnon, qui périt sous le poignard de sa femme, fut vengé par son fils Oreste, et laissa son palais rempli de crimes, et son royaume de troubles. Tisamène et Penthile, fils d'Oreste, vaincus par les Héraclides, se virent chassés de leur patrie, où la race des Pélopides cessa de régner.

ROYAUME D'ATHÈNES.

Cécrops. — Son règne heureux. — Ses successeurs. — Conseil des Amphictyons. — Les Pallantides. — Naissance de Thésée. — Son épée cachée sous un rocher. — Ses exploits. — Conspiration des Pallantides. — Leur mort. — Nouveaux exploits de Thésée. — Son avénement. — Son gouvernement. — Ses nouvelles entreprises. — Révolte à Athènes. — Abdication de Thésée. — Sa mort. — Règne de Ménesthée. — Règne de Codrus. — Son dévouement et sa mort.

CÉCROPS.

(An du monde 2448. — Avant Jésus-Christ 1556.)

Cécrops, né dans la ville de Saïs, en Égypte, quitta les bords du Nil pour échapper au joug d'un vainqueur inexorable. Après de longues courses sur la mer, il débarqua avec ses compagnons sur les côtes de l'Attique, pays habité de temps immémorial par un peuple sauvage que les hordes errantes de la Grèce n'avaient jamais été tentées de subjuguer. Sa pauvreté fut sa première égide. Cette contrée stérile et peu peuplée n'excitait ni crainte ni avidité. Les Athéniens, plus grossiers que barbares, accueillirent sans défiance les étrangers malheureux qui venaient leur apprendre à connaître les jouissances de la vie sociale. Bientôt les Athéniens et la colonie égyptienne ne formèrent qu'un seul peuple; mais la supériorité des lumières assura la domination des Africains, et Cécrops, choisi pour roi par les deux nations réunies, justifia leur choix par le bonheur dont il fit jouir ses sujets. Les anciens habitants ne se nourrissaient que de glands; Cécrops leur apprit à se nourrir de grains. La charrue força la terre à devenir féconde; l'olivier vint se naturaliser dans l'Attique; une foule d'arbres fruitiers, jusque-là inconnus, ombragèrent les moissons et les couvrirent de fruits. Il soumit le mariage aux lois; ses réglements, en créant les devoirs, firent à la fois naître les vertus et les plaisirs. Les liens des familles commencèrent les liens de la société, et les hommes, autrefois isolés, aimèrent d'abord leurs foyers et bientôt leur patrie.

On adorait autrefois les astres, les forêts et les montagnes. Les Égyptiens firent adorer leurs dieux dans l'Attique; ils consacrèrent la ville d'Athènes à Minerve, comme Argos l'avait été à Junon, et Thèbes à Bacchus.

Pour inspirer l'humanité à ces peuples barbares, le législateur égyptien ordonna d'honorer les morts, de les enterrer avec pompe, de consacrer par des éloges le souvenir des hommes vertueux, et de flétrir la mémoire des méchants. Il établit un tribunal dont la sagesse fut long-temps célèbre; jamais on ne se plaignit d'un jugement de l'aréopage. Il eut la gloire de faire connaître la justice aux Grecs. Pour remédier à l'aridité du pays, dont la population devait s'accroître rapidement, il forma ses sujets à la navigation, et bientôt les blés apportés d'Afrique assurèrent des subsistances abondantes à ce nouveau peuple.

Les successeurs de ce sage roi furent Cranaüs, Amphictyon, Érictonius, Pandion Ier, Érecthée, Cécrops II, Pandion II, Égée, Thésée, Ménesthée, Démophoon, Oxynthès, Phidas, Timéthès, Mélanthus et Codrus.

Si les institutions de Cécrops durèrent longtemps, sa postérité n'eut pas le même bonheur. Cranaüs fut chassé d'Athènes par Amphictyon Ier, et par Hellène, prince de Thessalie et fils de Deucalion. La fable place le déluge de Deucalion au temps où vivait Cranaüs. Un plus ancien déluge, celui d'Ogygès, avait eu lieu en Grèce long-temps auparavant [1]. Quelques auteurs prétendent que ce fut Hellène, le Thessalien, qui donna son nom aux Grecs, nommés Helléniens.

Amphictyon devint célèbre par une alliance qu'il forma entre plusieurs villes de la Grèce, que

---

[1] An du monde 2208. — Avant Jésus-Christ 1796.

les uns portent au nombre de douze, et les autres de trente et une. Ces peuples confédérés envoyaient des députés deux fois par an aux Thermopyles pour délibérer sur les affaires publiques : leur réunion s'appelait le *conseil des Amphictyons*; il jugeait tous les différends des peuples et des villes, et veillait à la défense du temple d'Apollon à Delphes. Cette institution, qui nous donne le premier exemple d'une confédération et d'une sorte de gouvernement représentatif, conserva beaucoup de force, d'indépendance et de crédit, jusqu'au temps de Philippe, roi de Macédoine, qui en brigua la présidence pour en faire un instrument de son ambition.

On croit que ce fut sous le règne d'Amphictyon que Bacchus, qu'on nommait aussi Dionysius, vint des Indes dans l'Attique. Il enseigna aux Grecs plusieurs arts, et entr'autres celui de cultiver la vigne. Sa gloire excita l'envie : les Athéniens attentèrent plusieurs fois à ses jours; mais, après sa mort, ils le divinisèrent.

On place à l'époque du règne d'Érecthée l'enlèvement de Proserpine, fille de Cérès, reine de Sicile, par Pluton, roi d'Épire. Cérès accourut en Grèce pour chercher sa fille : on dit qu'elle s'arrêta à Éleusis, chez Triptolème, qui apprit d'elle le labourage. Les lumières qu'elle répandit dans cette contrée la firent regarder comme une déesse. On établit son culte à Éleusis : les mystères de ce culte devinrent célèbres dans l'univers ; les princes les plus puissants et les personnages les plus distingués par leur science et par leurs vertus s'y faisaient initier : retenus par des lois sévères, aucun n'en trahit le secret, mais on croit généralement qu'on y enseignait aux initiés une religion plus simple, plus spirituelle et plus morale que celle du peuple, auquel on laissait les images et les fables.

Ce fut le roi Éricthonius qui établit à Athènes les courses de chars, les fêtes de Minerve, nommées *Panathénées*, et qui apprit aux Athéniens l'usage des monnaies d'or et d'argent.

Pandion II eut deux fils : Égée et Pallas : celui-ci devint célèbre par l'ambition de ses cinquante enfants, qu'on nommait les *Pallantides*.

Égée eut la gloire d'être le père de Thésée. Éthra, fille de Pitthée, l'un des sages et illustres guerriers de la Grèce, fut la mère de Thésée. Elle n'était point l'épouse d'Égée, mais elle avait cédé à son amour.

THÉSÉE.

(An du monde 2740. — Avant Jésus-Christ 1264.)

Pitthée, aïeul de Thésée, gouvernait la ville de Trézène. Égée laissa dans cette ville le jeune enfant qu'il avait eu d'Éthra, et dont il cachait avec soin la naissance, pour ne point exciter la haine de son frère Pallas et de ses enfants. En partant de Trézène il plaça sous un rocher énorme une riche épée, et fit jurer à Éthra de ne révéler à son fils le secret de sa naissance, que lorsqu'il serait assez fort pour soulever le rocher et s'armer du glaive qui devait servir à le faire reconnaître. Le jeune Thésée, destiné à la gloire, écoutait dans son enfance, avec une ardeur inquiète, le récit des grandes actions d'Hercule, et brûlait du désir de l'imiter. Lorsqu'il eut atteint l'âge où la force pouvait seconder son courage, Hercule était en Lydie; les brigands, profitant de son absence, reparaissaient dans la Grèce, et les monstres infestaient de nouveau les forêts. Éthra, ne pouvant plus contenir le courage bouillant de son fils, lui apprit le nom de son père, le conduisit vers le rocher et lui ordonna de le déplacer. Il y parvint sans peine, et y trouva les signes qui devaient constater sa naissance. Armé du glaive royal, il s'arracha rapidement des bras de sa mère, et parcourut la Grèce, qu'il remplit bientôt du bruit de ses aventures et de ses succès. Cinnis, brigand redoutable et cruel, attachait les vaincus à des branches d'arbres qu'il courbait avec effort, et qui les écartelaient en se relevant. Il tomba sous les coups du jeune héros.

Son épée trancha les jours de Scyrron, qui défendait l'accès d'une montagne et précipitait les voyageurs du haut d'un rocher dans la mer.

Le tyran Procuste étendait ses prisonniers sur

un lit dont la longueur devait servir de mesure à leurs corps qu'il allongeait ou raccourcissait par d'affreux supplices. Thésée l'immola sur ce lit, funeste théâtre de tant de crimes.

Après avoir ainsi marché sur les traces d'Alcide, son modèle, il vint à la cour d'Athènes, dont le trône était ébranlé par de violentes dissensions. Les Pallantides, sacrifiant la nature à l'ambition, méprisaient la vieillesse d'Égée, conspiraient contre ses jours, et suivaient les conseils de la perfide Médée, qui se trouvait alors en Attique.

Les projets parricides des enfants de Pallas furent suspendus par l'arrivée imprévue du jeune guerrier. Son nom était devenu l'effroi du crime. Médée, accoutumée aux artifices, parvint à inspirer des soupçons au vieux roi d'Athènes, sur les desseins secrets d'un étranger qui, fier de sa vaillance, pouvait aspirer au trône. Le faible Égée la crut, et la mort de Thésée fut résolue. Mais au milieu du festin qui devait terminer sa vie, au moment où on lui présentait une coupe empoisonnée, le jeune héros tirant son épée pour trancher, suivant l'usage, la viande qui était devant lui, Égée reconnut son glaive, son fils, renversa la coupe, et, n'écoutant que sa tendresse, découvrit hautement le secret de sa naissance. Les Pallantides furieux coururent aux armes. Thésée les combattit, les tua et chassa Médée.

L'aréopage décida que la mort des Pallantides, quoique nécessaire, devait être expiée. Thésée fut banni pour un an, et ne revint dans Athènes qu'après s'être fait absoudre par les juges, qui s'assemblaient à Delphes dans le temple d'Apollon.

Il trouva l'Attique ravagée par un taureau furieux, né dans les champs de Marathon : Thésée l'attaqua, le terrassa et le montra chargé de chaînes aux regards du peuple.

Les Athéniens ayant fait périr Androgée, fils de Minos, roi de Crète, ce monarque leur avait déclaré la guerre, et, après une grande victoire, les avait contraints à lui livrer, tous les sept ans, un certain nombre de jeunes enfants qui trouvaient en Crète la mort ou l'esclavage.

Lorsque Thésée reparut dans Athènes, on allait payer pour la troisième fois ce fatal tribut : le jeune prince, rassurant le peuple, lui promit de l'affranchir de cette honteuse sujétion. Il s'embarqua promptement, et conduisit en Crète, non des victimes, mais des soldats.

Son audace fut couronnée de succès ; il vainquit Taurus, général des troupes de Minos, et ce roi sage eut la générosité de pardonner aux Athéniens, de rendre hommage à la valeur de Thésée, et de lui accorder sa fille Ariane en mariage.

Si l'on en croit d'autres historiens, Ariane, séduite par Thésée, lui donna le moyen de surprendre Taurus. Après sa victoire, il enleva la jeune princesse, qui lui fut ravie dans sa route par Bacchus.

Le chagrin de cette perte lui fit oublier de hisser sur son vaisseau, comme il en était convenu, une voile blanche, signe de victoire et de succès. Égée, voyant le navire entrer dans la port avec une voile noire, crut son fils perdu, et se précipita dans la mer, qui depuis a conservé son nom.

La fable raconte autrement cette aventure : elle dit que les victimes de Minos étaient renfermées dans un labyrinthe, et dévorées par le Minotaure, monstre moitié homme et moitié taureau, issu des amours infâmes de Pasiphaé, reine de Crète; qu'Ariane, amoureuse de Thésée, lui donna un peloton de fil, à l'aide duquel il sortit du labyrinthe, après avoir tué le Minotaure; que, vainqueur de ce monstre, il enleva la princesse qui l'avait secouru, et l'abandonna ensuite sur le rivage de Naxos.

Ce qui est constant, c'est que Thésée délivra son pays d'une honteuse servitude, et qu'à son retour il monta sur le trône vacant par la mort d'Égée.

Thésée fut le dixième roi d'Athènes. Il donna au gouvernement une forme plus régulière. Les douze villes de l'Attique étaient devenues des républiques particulières; des chefs indépendants se faisaient la guerre et ôtaient toute force et toute utilité à l'autorité royale, qui se trouvait toujours entre deux écueils, le mépris qu'inspire la faiblesse et la haine qu'excite l'arbitraire.

Thésée mit le peuple dans son parti, et malgré l'opposition des riches et des grands, qui ne combattaient que pour leurs intérêts en prétendant défendre la prérogative royale, il obtint, par la persuasion, une soumission plus solide que celle qu'il aurait gagnée par la force.

Athènes devint le centre et la métropole de l'état; la puissance législative fut attribuée à l'assemblée générale de la nation, qu'on distribua en trois classes, les nobles ou notables, les agriculteurs et les artisans. Les principaux magistrats devaient être choisis dans la première classe et chargés de la conservation du culte et de l'interprétation des réglements. Thésée, comme roi, avait pour attribution la défense des lois promulguées par le peuple, et le commandement des troupes.

Par ces changements, le gouvernement d'Athènes devint démocratique; ce qui fut la cause des agitations qui troublèrent constamment l'Attique.

Thésée institua une fête solennelle pour consacrer cette révolution et la réunion des différents peuples de ses états. Il agrandit Athènes, y construisit un bâtiment pour l'aréopage. Les étrangers, attirés par le commerce, accrurent la population; la réunion du territoire de Mégare recula les limites du royaume. Une colonne placée sur l'isthme de Corinthe marqua la séparation de l'Attique et du Péloponèse. On célébrait près de ce monument les jeux isthmiques, à l'instar des jeux d'Olympie.

Les soins paisibles de l'administration ne pouvaient satisfaire long-temps le génie ardent de Thésée. Descendant de son trône pour chercher de nouvelles aventures, il prit part à la défaite des Centaures, accompagna les Argonautes dans leur expédition, terrassa le sanglier de Calydon, et mêla son nom à celui des héros qui se distinguèrent dans les deux sièges de Thèbes.

Pirithoüs, qu'il avait combattu, fut bientôt son admirateur et son ami; cette liaison lui devint funeste. Inconstants dans leurs amours et dominés par leurs passions, ils enlevèrent Hélène, fille de Tyndare. Castor et Pollux, ses frères, la délivrèrent de leurs mains. Embrasés d'une nouvelle flamme, ils voulurent enlever Proserpine, femme d'Aïdonius, roi des Molosses, qu'on appelait aussi Pluton. Ce prince découvrit leur complot, tua Pirithoüs, et enferma Thésée dans une prison, d'où Hercule le délivra. La fable place ces événements dans les enfers.

Le roi d'Athènes avait autrefois combattu, vaincu les Amazones et épousé leur reine Antiope. Le jeune Hippolyte, fruit de cette union, était resté dans l'Attique pendant l'absence de son père. Phèdre, nouvelle épouse de Thésée, conçut pour son beau-fils un amour criminel, dont le jeune prince repoussa l'aveu avec horreur. Lorsque Thésée, délivré des prisons d'Épire, revint dans ses états, la reine, furieuse, accusa l'innocent Hippolyte d'avoir attenté à sa vertu : le roi, trop crédule, ordonna la mort de son fils. Le désespoir de Phèdre expia ce crime.

La longue absence du roi, ses aventures, le bruit scandaleux de ses amours, et le trépas injuste de son fils, avaient inspiré beaucoup de mécontentement aux Athéniens. Ménesthée, profitant de cette disposition des esprits, porta le peuple à la révolte. Thésée fut accusé devant l'aréopage. Ce héros, dédaignant de se justifier, abdiqua la royauté, et se retira dans l'île de Scyros, après avoir chargé d'imprécations le peuple ingrat qui l'abandonnait.

Le roi de Scyros, Lycomède, jaloux de sa gloire, l'attira dans un piége, et le précipita dans la mer.

L'envie s'arrête sur la tombe des grands hommes, une reconnaissance tardive la remplace. Thésée fut l'objet des longs regrets du peuple athénien. On le regarda comme un demi-dieu; on prétendit qu'il était le fruit des amours secrètes de Neptune et d'Éthra. Dans la suite le célèbre Cimon fut chargé de rapporter de Scyros ses ossements à Athènes. Son tombeau devint un lieu d'asile pour les esclaves.

Ménesthée, qui l'avait détrôné, et qui lui succéda, fit observer ses lois. Il acquit quelque gloire dans la guerre de Troie.

Sous le règne de Codrus, les Héraclides attaquèrent Athènes. Codrus, informé par un oracle que les Athéniens seraient vainqueurs si leur roi était tué, se déguisa en paysan, se jeta au milieu des ennemis, et y trouva la mort. Les Héraclides, admirant ce dévouement d'un roi pour son peuple, et effrayés par l'oracle, prirent la fuite.

Après la mort de Codrus, le gouvernement d'Athènes devint républicain sous l'autorité de magistrats nommés *archontes*.

Médon, fils de Codrus, fut le premier de ces magistrats.

ROYAUME DE THÈBES.

(An du monde 2466. — Avant Jésus-Christ 1538.)

Cadmus, premier roi. — Ses successeurs. — Règne d'Amphion. — Invention de la lyre. — Règne de Laïus. — Naissance d'Œdipe. — Son parricide. — Le Sphinx. — Son énigme. — Inceste d'Œdipe. — Son affliction, sa cécité et son exil. — Règne d'Étéocle et de Polynice. — Leur mort. — Xanthus, dernier roi de Thèbes.

Cadmus, premier roi de Thèbes, fils d'Agénor et cousin d'Égyptus et de Danaüs, voyagea d'abord à Tyr, et conduisit en Grèce une colonie phénicienne, sous prétexte de chercher sa sœur que Jupiter avait enlevée. Il s'établit en Béotie, y bâtit la ville de Thèbes, et sa citadelle qui porta le nom de *Cadmée*.

Polydore, Labdacus et Lycus lui succédèrent.

Polydore, fut déchiré par les Bacchantes. Une mort prématurée termina les jours de Labdacus : il ne laissait qu'un fils dont le berceau était entouré d'ennemis; ce fils se nommait Laïus. Le royaume fut gouverné par Lycus qui s'empara de l'autorité royale.

Sa femme Antiope, séduite par Jupiter, en avait

eu deux enfants, nommés Amphion et Zéthus. Le roi, irrité des désordres de cette femme coupable, qui prétendait les couvrir par son intimité avec le maître des dieux, la répudia et la chassa de son palais. Ses fils la vengèrent : ils prirent la ville de Thèbes, dont Amphion se déclara roi. Sa douceur et son éloquence charmèrent ses sujets; leur attachement légitima son usurpation. Il agrandit la ville et bâtit des temples.

Amphion fit entendre en Béotie les premiers accords de la lyre; les poètes prétendirent que les pierres mêmes, sensibles à ses accents, venaient se ranger à sa volonté pour élever les édifices de Thèbes.

Cependant Laïus, fils de Labdacus, réclama ses droits au sceptre paternel : ses armes furent heureuses; il battit Amphion, le chassa de ses états et remonta sur son trône.

Après cette victoire il épousa Jocaste, fille de Créon, prince thébain. Cette union devint la source des plus grands malheurs pour ce monarque et pour sa famille. Effrayé par un oracle qui lui avait prédit que son fils trancherait ses jours, il fit exposer sur le mont Cythéron l'enfant de Jocaste, qu'on appela OEdipe, parce que ses pieds s'étaient enflés lorsqu'on l'avait lié et suspendu aux branches d'un arbre. Un berger lui sauva la vie, et le conduisit à Corinthe, où il fut élevé.

Lorsqu'il eut atteint l'âge viril, comme il parcourait la Grèce pour chercher des aventures, à l'exemple des héros de ces temps barbares, il rencontra son père dans la Phocide, le combattit sans le connaître, et le tua.

Créon, père de Jocaste, prit les rênes du gouvernement. La Béotie était alors désolée par une guerre civile qu'excitait une fille naturelle de Laïus, nommée Sphinge. La fable en fait un monstre ailé, moitié femme et moitié dragon, qu'on appelait *Sphinx*. Il égorgeait tous ceux qui ne pouvaient deviner le sens obscur de ses paroles.

Créon, effrayé, fit publier qu'il donnerait le royaume et Jocaste à celui qui expliquerait l'énigme du Sphinx. OEdipe se présenta : le monstre lui demanda, dit la fable, *quel était l'animal qui marchait à quatre pieds le matin, à deux au milieu du jour, et le soir à trois*. OEdipe devina que c'était l'homme. Il combattit ensuite le Sphinx, ou plutôt Sphinge, et l'immola.

Créon tint sa parole : OEdipe régna et devint l'époux de sa mère. Le Ciel, irrité de cet affreux hymen, répandit dans la Béotie une peste qui la dépeuplait. On consulta l'oracle, qui déclara que la peste cesserait lorsqu'on aurait banni de Thèbes le meurtrier de Laïus.

Après beaucoup de recherches, OEdipe découvrit à la fois son inceste et son parricide. Se trouvant lui-même indigne de voir le jour, il s'arracha les yeux et s'exila : Jocaste se donna la mort. Deux jumeaux, Étéocle et Polynice, fruits de cet hymen funeste, et dont les combats, dit la fable, avaient commencé dans le sein de leur mère, convinrent d'abord de régner alternativement.

Étéocle monta sur le trône; mais, lorsque l'année fut expirée, il refusa de céder le pouvoir à son frère.

Polynice appela à son secours Adraste, roi d'Argos, Tydée, Amphiaraüs, Capanée, Hippomédon, Parthénopée et Thésée. Ces princes alliés firent le siége de Thèbes, qui eut lieu trente ans avant la guerre de Troie. Il fut long, opiniâtre et sanglant. Presque tous les chefs des deux partis y périrent; enfin, dans une bataille générale, Étéocle et Polynice tombèrent sous les coups l'un de l'autre.

Les fils des rois alliés, qu'on appelait les *Épigones*, s'emparèrent de Thèbes. Le nom des princes qui y régnèrent n'est pas connu. On sait que le dernier s'appelait Xanthus, et qu'après lui le gouvernement devint républicain.

ROYAUME DE CORINTHE.

(An du monde 2628. — Avant Jésus-Christ 1376.)

Incertitude sur l'origine des Corinthiens. — Sisyphe, leur premier roi. — Ses successeurs. — Retour des Bacchides. — Règnes de Cypsélus et de Périandre, son fils.—Gouvernement démocratique.

Les anciens auteurs ne s'accordent pas sur l'origine des Corinthiens. On croit que Sisyphe, leur premier roi, bâtit la ville d'Éphyre, dans la suite appelée *Corinthe*. Il était petit-fils d'Hélène : sa femme s'appelait Mérope, et était petite-fille d'Atlas. Ses successeurs furent Glaucus son fils, Bellérophon, Ornythion, Thersandre, Alinus. La fable dit que Sisyphe était fils d'Éole, qu'il chassa Médée de Corinthe, et qu'il enchaîna la Mort jusqu'au moment où Mars vint la délivrer pour satisfaire Pluton, dont l'empire devenait désert.

Homère explique cette allégorie, en représentant Sisyphe comme un roi pacifique qui épargnait le sang de ses sujets et de ses voisins. Les poètes cependant le placent dans les enfers, où il est condamné à rouler perpétuellement une roche qu'il élève en vain sur une montagne, et qui retombe sans cesse. Il mérita, disent-ils, ce supplice en trahissant un secret de Jupiter.

Quelques historiens regardent Glaucus comme l'instituteur des jeux isthmiques. Bellérophon son fils termina en héros toutes les guerres qu'il avait entreprises; et, pour dire poétiquement qu'il triompha des plus grands obstacles, la fable le représente monté sur le cheval Pégase, et vainqueur d'un monstre qu'on nommait la *Chimère*.

Il est impossible d'éclaircir la confusion qui règne dans l'histoire des rois de Corinthe. Aucune action ne signala leurs vies. Un d'eux, nommé Bacchis, donna son nom à sa race. Elle fut détrônée. Corinthe libre remporta quelques victoires sur mer, et fonda les colonies de Corcyre et de Syracuse.

Les Bacchides, après un long bannissement, rentrèrent dans leur patrie, et y établirent le gouvernement aristocratique.

Dans la suite Cypsélus s'empara de l'autorité, se fit pardonner son usurpation par sa douceur, et régna trente ans. Son fils Périandre lui succéda : il gouverna en tyran. Les principaux citoyens qui lui donnaient de l'ombrage furent immolés; il assassina sa femme. Cependant son esprit et ses liaisons avec les philosophes de son temps le firent compter au nombre des sept sages de la Grèce. Il aurait été plus juste de le compter au nombre des monstres dont la destruction était un bienfait pour l'humanité.

Après sa mort, les Corinthiens, las de sa tyrannie, renversèrent le gouvernement monarchique, bannirent sa famille et rétablirent le gouvernement démocratique.

Corinthe, placée entre le Péloponèse et le continent, était appelée *l'œil de la Grèce*. Elle aurait pu aspirer à devenir la ville la plus puissante de l'Europe : elle se contenta d'être la plus riche et la plus commerçante.

Nous ne parlerons point ici de la Macédoine. Ce pays, destiné à devenir un jour si fameux, resta long-temps ignoré, sauvage et en quelque sorte séparé de la Grèce.

Philippe fut le premier de ses rois qui lui donna de l'éclat; et ce royaume passa presque subitement de la barbarie à la civilisation, de l'obscurité à la lumière, de la faiblesse à la puissance.

ROYAUME DE LACÉDÉMONE.

(An du monde 2884. — Avant Jésus-Christ 1120.)

Lélex, premier roi. — Ses successeurs. — Sparte bâtie par Eurotas. — Origine de son nom et de celui de Lacédémone. — Fable sur Léda. — Enlèvement d'Hélène.

Lélex fut le premier roi de cette contrée qui s'appela d'abord *Lélégie*, et depuis *Laconie*. La fable le disait fils de la Terre. Ses successeurs furent Mysès, Eurotas, Lacédémon, Amyclès, Argalus, Cynortès, Abalus, Hippocoon et Tyndare.

Eurotas bâtit Sparte, et lui donna le nom de sa fille qu'il maria à Lacédémon. La capitale du royaume s'appela *Sparte*, et le territoire *Lacédémone*.

Tyndare, son fils, épousa Léda, dont les enfants devinrent célèbres sous le nom de Castor, Pollux, Hélène et Clytemnestre.

Castor et Pollux, jumeaux, se distinguèrent parmi les héros des temps fabuleux de la Grèce. Ils délivrèrent leur sœur Hélène des mains de Thésée et de Pirithoüs, et concoururent aux victoires des

Argonautes. Les Grecs les divinisèrent et donnèrent leurs noms à une constellation.

Après leur mort, Tyndare accorda sa fille Hélène en mariage à Ménélas, frère d'Agamemnon. Ce prince reçut avec elle le royaume de Sparte. Clytemnestre épousa le roi d'Argos, Agamemnon.

La fable dit que Jupiter, amoureux de Léda, prit la forme d'un cygne pour la séduire. Deux œufs furent le fruit de cette union : de l'un sortirent Pollux et Hélène; de l'autre, Castor et Clytemnestre : les deux premiers crus fils de Jupiter, les autres, enfants de Tyndare. Pollux seul, dit-on, était immortel; mais il obtint de Jupiter de partager avec son frère l'immortalité, et tous deux habitèrent alternativement les cieux.

L'enlèvement de leur sœur Hélène par un prince troyen devint la cause de la première guerre qui éclata entre l'Europe et l'Asie.

HISTOIRE ET GUERRE DE TROIE.

Sa position. — Origine des Troyens. — Dardanus, premier roi. — Ses successeurs. — Règne de Priam. — Cause de la haine des Troyens et des Grecs. — Naissance de Pâris. — Enlèvement d'Hélène. — Guerre de Troie. — Mort de Palamède par l'artifice d'Ulysse. — Retraite d'Achille. — Mort de Patrocle. — Retour d'Achille. — Mort d'Hector. — Mort d'Achille et de Pâris. — Prise de Troie après dix ans de combats. — Cheval de Troie. — Fuite d'Énée. — Fin du premier âge de la Grèce.

Le royaume des Troyens, placé sur la côte d'Asie, à l'opposite de la Grèce, était déjà célèbre par son opulence, par le courage de ses guerriers, et par ses liaisons avec le puissant empire d'Assyrie.

Troie brillait alors dans l'Asie, comme Argos et Mycène dans la Grèce. Priam régnait en Troade; Agamemnon, petit-fils d'Atrée, en Argolide. Celui-ci avait réuni récemment à ses états Corinthe, Sicyone et plusieurs autres villes. Ménélas son frère, époux d'Hélène, héritait du royaume de Sparte; et tous deux, maîtres de la presqu'île qui tenait son nom de Pélops leur aïeul, exerçaient une grande influence sur toute la Grèce.

On croyait généralement que les Troyens tiraient leur origine des Grecs, et que leur premier roi Dardanus était né en Arcadie. Ce qui est constant, c'est que les deux peuples adoraient les mêmes dieux, suivaient les mêmes lois, parlaient la même langue, et qu'il n'existait aucune différence entre leurs mœurs et leurs armes.

Les principaux successeurs de Dardanus furent Éricthonius, Tros, Ilus, Laomédon et Priam. Le nom d'*Ilium* venait d'Ilus; celui de *Troie*, de Tros. Priam avait épousé Hécube, fille d'un roi de Thrace et sœur de Théano, prêtresse d'Apollon; cinquante fils furent le fruit de cette union. Priam, entouré d'une famille si nombreuse, vainqueur de ses ennemis, chéri par ses alliés, respecté dans toute l'Asie, avait donné à sa capitale un nouveau nom, celui de *Pergame*. Ses murs, renversés précédemment par Hercule, venaient d'être relevés; et Priam, à la fin d'un règne long et glorieux, était loin de prévoir la perte de ses états, l'embrasement de sa capitale et la destruction de sa famille. Mais tel est le sort des prospérités mortelles; le moment qui précède leur ruine est souvent celui de leur plus grand éclat. Plusieurs causes amenèrent cette grande catastrophe.

Depuis long-temps la maison de Priam et celle d'Agamemnon étaient aigries l'une contre l'autre par le souvenir d'outrages réciproques restés impunis, et qui excitaient entre elles une haine implacable.

Tantale, bisaïeul d'Agamemnon, régnant autrefois en Lydie, avait retenu dans les fers un prince troyen nommé Ganymède. Tros, vengeant cette injure, avait chassé d'Asie Tantale et Pélops, qui furent obligés de chercher une autre fortune dans la Grèce.

Laomédon, voulant embellir et fortifier sa capitale, s'était servi d'un trésor déposé dans les temples d'Apollon et de Neptune. Bientôt une peste terrible ravagea la Troade : les prêtres attribuèrent ce fléau à l'impiété du roi. L'oracle déclara que Laomédon ne pouvait apaiser les dieux qu'en exposant sa fille Hésione à la fureur d'un monstre marin.

Hercule, de la race des Pélopides, arrivait alors à Troie. Il promit de délivrer la princesse, et en effet il extermina le monstre. Hésione devait être le prix de ce service; Laomédon la lui refusa. Hercule furieux saccagea le pays, renversa les murs de la ville, enleva Hésione, et la conduisit dans le Péloponèse.

Enfin un dernier attentat fit éclater la haine des deux peuples, et excita tous les Grecs à prendre les armes contre les Troyens.

La reine Hécube, au moment de donner le jour à Pâris, avait rêvé qu'elle accouchait d'un tison qui embraserait la ville de Troie. Priam, effrayé de ce songe, donna l'ordre d'exposer et d'abandonner son enfant sur le mont Ida. Il fut sauvé par des bergers qui l'élevèrent. Doué d'une grace et d'une beauté singulières, il osa, dès qu'il fut devenu grand, reparaître dans les murs de Troie. Priam le reconnut : la tendresse l'emporta sur la crainte; il le reçut dans ses bras.

Peu de temps après, Pâris se rendit en Grèce dans le dessein de voir sa tante Hésione, qu'Hercule avait enlevée, et qu'il avait fait épouser à un prince nommé Télamon.

Le mariage de Ménélas avec Hélène attirait alors beaucoup d'étrangers à Sparte. Pâris y vint : les charmes d'Hélène l'enflammèrent; la beauté du prince troyen séduisit la jeune reine de Sparte : Pâris, entraîné par son amour et par le désir de venger l'injure faite à Hésione, enleva Hélène et la conduisit à Troie.

Ménélas, furieux, implora le secours d'Agamemnon, son frère, qui trouva le moyen de faire partager son ressentiment à tous les princes grecs, qui regardèrent l'enlèvement d'une femme comme une insulte faite à la Grèce par l'Asie : la ruine d'Ilion fut résolue. Si quelques rois hésitèrent à s'engager dans une entreprise si périlleuse, et qui devait coûter tant de sang, ils furent bientôt entraînés par l'éloquence du vieux Nestor, roi de Pylos; par les discours artificieux d'Ulysse, roi d'Ithaque, le plus rusé des Grecs; et surtout par l'ardeur et par l'exemple de Diomède, fils de Tydée, roi de Calydon; d'Ajax, prince de Salamine; d'Achille, fils de Pélée, prince de Thessalie, et d'une foule de jeunes guerriers, brûlant du désir d'effacer la gloire des héros de Thèbes et de Colchide.

Tous ces princes confédérés rassemblèrent dans le port d'Aulide une armée de cent mille hommes. Ils élurent Agamemnon pour leur chef, et douze cents vaisseaux les transportèrent sur les rivages de la Troade.

Le célèbre poète Homère, qui chanta cette longue guerre trois cents ans après la prise de Troie, représente à cette époque le ciel divisé comme la terre. Les dieux, selon la fable, prirent parti, les uns pour le roi d'Ilion, et les autres pour les princes grecs : Apollon, Mars et Vénus protégeaient Troie; Pallas et Junon avaient juré sa ruine; et Jupiter dans ses balances pesait leurs destinées.

Les combats de la terre se répétaient dans le ciel; et les divinités de l'Olympe, descendant au milieu des camps, s'exposaient au glaive des mortels : tant était vive et brillante l'imagination de ces peuples, dont l'esprit semblait n'avoir plus à faire de progrès, lorsque leur raison et leur civilisation étaient encore dans l'enfance.

Troie était défendue par des remparts et des

tours; une armée nombreuse la couvrait. Le fameux Hector, fils de Priam, le pieux Énée, Déiphobe, Pâris, et un grand nombre de princes d'Asie, alliés du roi de Pergame, résistèrent aux premiers efforts des Grecs, qui furent obligés de se retrancher dans leur camp et d'y renfermer la plus grande partie de leurs galères. Ces bâtiments n'étaient point pontés, les plus forts ne pouvaient porter que cent cinquante hommes, et, pour ne point les exposer aux tempêtes, on les retirait sur le rivage.

Tout annonçait une longue guerre : les forces étaient à peu près égales des deux côtés; les hautes murailles bravaient facilement les efforts d'une armée qui ne connaissait point les machines de guerre.

La plaine qui séparait la ville de Troie du camp des Grecs, devint le théâtre d'une multitude de combats qui ne décidaient rien : les troupes s'approchaient sans ordre; on se lançait d'abord des flèches et des javelots; on se mêlait ensuite pour se battre corps à corps. Tantôt les princes montaient sur des chars, tantôt ils combattaient à pied; ils s'accablaient réciproquement d'invectives.

Lorsqu'un chef tombait, la mêlée devenait furieuse autour de lui; les vainqueurs cherchaient à le dépouiller de ses armes; les vaincus voulaient défendre son corps : la nuit séparait les combattants, et la prochaine aurore éclairait de nouveaux combats. On ne savait ni préparer la victoire, ni en profiter par des manœuvres : les batailles ne produisaient aucun fruit; les défaites ne coûtaient que du sang, et le triomphe ne donnait que de la gloire.

Après de longs et infructueux combats, interrompus par des trèves qu'on s'accordait pour brûler les morts et pour honorer leur mémoire par des jeux funèbres, les subsistances commencèrent à manquer dans le camp des Grecs. Une partie de la flotte fut chargée de ravager les îles et les côtes voisines.

Divers détachements se répandirent en Asie pour enlever les récoltes et les troupeaux, et pour obliger les alliés de Priam à revenir défendre leurs foyers.

Achille, fameux par cette guerre, portait de tous côtés le fer et la flamme, et revenait au camp avec un butin immense et une foule d'esclaves, objet de l'avidité et des querelles des princes confédérés.

Bientôt la guerre recommença avec plus de vigueur. Ulysse et Ménélas avaient demandé à Priam de rendre Hélène et de conclure la paix. Le conseil des Troyens voulait qu'on acquiesçât à leur demande; mais le roi, touché des pleurs d'Hélène et de Pâris et n'écoutant que son antique haine contre les Pélopides, rompit toutes négociations, et causa par cette opiniâtreté sa ruine et celle de sa patrie.

L'artificieux Ulysse, jaloux de Palamède, prince de l'île d'Eubée, qui avait conseillé la paix et dont on admirait à la fois la science et la valeur, fit cacher dans sa tente une forte somme d'argent, et parvint à faire croire que Priam l'avait envoyée pour acheter une trahison. Les Grecs irrités ordonnèrent la mort de Palamède.

Achille, qui l'aimait et qui n'avait pu le sauver, rompit avec ses cruels alliés, et ne voulut plus combattre pour eux; cette inaction d'un héros diminua la force des Grecs et augmenta celle des Troyens.

Hector et ses frères, plusieurs princes alliés, tels que Sarpédon, Rhésus, Memnon, faisaient un grand carnage des Grecs. Enfin Hector, forçant leurs retranchements, mit le feu à la flotte. La victoire semblait se déclarer pour Troie; mais alors Patrocle, ami d'Achille, ne pouvant supporter le triomphe de ses ennemis, fit avancer les Thessaliens, rétablit le combat et mit en fuite les Troyens. Plusieurs guerriers vaillants périrent dans cette bataille. Patrocle, revêtu des armes d'Achille, tua Sarpédon, et périt lui-même sous les coups d'Hector.

Cet événement changea le destin des deux armées. Achille, furieux de la mort de son ami, oublia son ressentiment pour les Grecs. Après avoir immolé douze prisonniers aux mânes de Patrocle, il se précipita au milieu des Troyens pour chercher Hector, le combattit, le tua, et traîna autour de la ville de Troie son corps attaché à un char.

Peu de temps après, une flèche partie de la main de Pâris termina les jours d'Achille. Pâris lui-même, le flambeau de cette guerre, fut tué par Philoctète, qui avait hérité des flèches d'Hercule.

Les deux armées avaient ainsi perdu leurs plus illustres guerriers. Les Troyens maudissaient Hélène, les Grecs soupiraient après leur patrie; et cependant le désir de la vengeance s'opposait à tous les vœux formés pour la paix.

Après dix ans de batailles infructueuses, Troie succomba [1] : sa chute, qui remplit la Grèce d'orgueil et l'Asie d'effroi, retentit encore dans l'Europe, et sert aujourd'hui même de principale époque à l'histoire.

Les poètes disent que les Grecs, usant d'artifice, se cachèrent dans les flancs d'un immense cheval de bois qui devait être consacré à Minerve, et qu'entrés de nuit dans la ville, ils exterminèrent les Troyens, surpris par cette attaque imprévue.

---

[1] An du monde 2796. — Avant Jésus-Christ 1208.

Il est probable qu'on a voulu nous apprendre, par cette allégorie, la première invention d'une machine de guerre dont l'extrémité, représentant la forme d'un cheval, renversa les murs de Troie.

Quoi qu'il en soit, les murs, les maisons, les palais, les temples de cette ville célèbre furent réduits en cendres. Priam périt au pied des autels après avoir vu égorger ses fils sous ses yeux. Hécube sa femme, Cassandre sa fille, Andromaque, veuve d'Hector, toutes les princesses et toutes les Troyennes, chargées de fers, suivirent leurs vainqueurs, et terminèrent leur vie dans l'esclavage.

Tel fut le dénoûment de cette guerre cruelle. Les rois grecs satisfirent leur vengeance; mais cette jouissance fatale fut le terme de leur prospérité et le commencement des malheurs qui les attendaient dans leur patrie.

Peu même d'entre eux revirent leurs foyers. Ménesthée, roi d'Athènes, mourut dans l'île de Mélos; Ulysse erra dix ans avant de revoir Ithaque; Ajax, roi des Locriens, périt avec sa flotte; Idoménée, Philoctète, Teucer, Diomède, trouvèrent leur trône usurpé, leur lit souillé, leurs sujets soulevés, et cherchèrent un asile dans d'autres contrées. Le roi d'Argos fut assassiné par sa femme et vengé par son fils. Ménélas seul jouit du triste fruit de cette expédition : il ramena la coupable Hélène à Sparte; et l'on peut douter si ce ne fut pas plutôt une preuve du courroux des dieux qu'une marque de leur faveur.

Énée, suivi de quelques Troyens, parcourut les côtes de Grèce, de Sicile, d'Afrique; et, abordant enfin en Italie, il y fonda une colonie qui, dans la suite des temps, donna naissance au peuple romain. Ainsi Rome, qui devait gouverner le monde, sortit des cendres de Troie. Nous devons aussi à la ruine de cette ville fameuse les trois plus beaux poèmes que l'esprit humain ait produits : l'*Iliade* et l'*Odyssée* d'Homère, et l'*Énéide* de Virgile.

Ainsi se termina le premier âge de la Grèce, l'an 1184, suivant la chronologie ordinaire, et l'an 1209, selon les marbres d'Arundel trouvés à Paros.

Nous avons suivi la version la plus généralement répandue relativement au sort de Troie; cependant, si l'on en croit quelques passages d'Homère et de Strabon, confirmés par le témoignage de Xénophon, cette ville ne fut pas entièrement détruite. Énée y régna, ainsi que sa postérité. Scamandre, fils d'Hector, et Ascagne, fils d'Énée, occupèrent le trône. Les Troyens réparèrent les ruines de leur capitale, reprirent leur ancienne splendeur, et ne perdirent leur nom que dans le temps où les Éoliens, chassés de la Grèce par les Héraclides, vinrent en Asie.

SECOND AGE DE LA GRÈCE.

(An du monde 2820. — Avant Jésus-Christ 1184.)

Nouveau gouvernement de la Grèce. — Première république. — Partage du Péloponèse entre les Héraclides. — Origine de Lycurgue. — Sa magnanimité. — Naissance de Charilaüs. — Voyage de Lycurgue. — Révolte à Sparte. — Mort de Charilaüs. — Retour de Lycurgue.

Après avoir fait connaître les temps fabuleux et héroïques de la Grèce, temps qui ont été plutôt chantés qu'écrits, et sur lesquels la poésie nous a transmis plus de lumières que la philosophie et l'histoire, le fil des événements semble tout à coup interrompu : la civilisation des Grecs s'avance dans le silence et dans l'obscurité; nous n'avons que des relations incertaines sur tous les événements dont la Grèce fut le théâtre pendant quatre cents ans.

Un petit nombre de noms célèbres, de faits marquants, échappés à l'oubli et transmis par les écrivains de l'antiquité, nous apprennent seulement que les Héraclides, quatre-vingts ans après la guerre de Troie, chassèrent les Pélopides de la presqu'île, et forcèrent les Ioniens et les Achéens à s'exiler et à passer en Asie, où ils fondèrent de nombreuses colonies.

Toutes les villes, tous les peuples de la Grèce étaient gouvernés dans le premier âge par des rois; on voit qu'Agamemnon commanda ceux de son temps. Quatre siècles après, l'esprit républicain se répandit par toute la Grèce; le gouvernement monarchique ne se maintint que dans la Macédoine : l'amour de la liberté devint la première des passions. La vengeance des rois avait causé la ruine de Troie; l'amour de l'indépendance fit sentir à chaque ville sa force, à chaque homme sa dignité : on discuta les lois auxquelles on voulait se soumettre; on consulta les sages de tous les pays. La lumière, dissipant les ténèbres, remplit la Grèce de législateurs, de philosophes, de poètes et d'orateurs.

Le désir de commander reste le même parmi les hommes, et ne fait que changer de forme, suivant les différentes espèces de gouvernement. Chez les Grecs sauvages il fallait être le plus fort pour dominer : c'était le temps d'Hercule, de Thésée et de Philoctète, etc. Sous la domination des rois, la bravoure qui les défendait, la flatterie qui caressait leurs passions, étaient les seuls moyens d'arriver à la puissance : mais, pour parvenir au gouvernement d'un peuple libre, pour primer parmi ses égaux, il faut avoir la science qui éclaire, l'éloquence qui persuade, le talent qui séduit et entraîne, ou l'héroïsme qui éblouit.

Aussi l'on vit bientôt cette petite contrée, que connaissaient à peine l'Afrique et l'Asie, peuplée de talents supérieurs, de génies transcendants, de guerriers célèbres, répandre le plus vif éclat dans le monde. Tous ses rois ligués avaient été dix ans devant les remparts d'une seule ville : ses peuples, devenus libres, furent promptement en état de résister à toutes les forces de l'Asie, de dominer toutes les mers, et de porter leurs armes en Sicile, en Afrique et jusqu'aux bornes de l'Inde.

Il aurait été aussi curieux qu'important de suivre avec détail les causes de cette grande révolution qui changea la face de la Grèce, et les degrés par lesquels on parvint à l'opérer; mais comme elle commença peu de temps après la prise de Troie, à cette époque obscure du passage de la fable à l'histoire, les anciens ne nous ont transmis à cet égard que des notions vagues.

Ce qu'on sait positivement, c'est que, dans l'origine, les Grecs, ainsi que l'observe Platon, s'étaient tous soumis au gouvernement monarchique, le plus ancien, le plus universellement répandu, le plus propre à entretenir la paix, et dont l'autorité paternelle avait donné l'idée et le modèle.

Peu à peu les passions des courtisans, la corruption des monarques, leurs injustices, la violence des usurpateurs qui s'emparaient de la puissance, firent dégénérer la monarchie en despotisme. Les premiers rois avaient un pouvoir borné, consultaient leur nation et ne gouvernaient que pour elle: l'habitude et l'ivresse du pouvoir leur persuadèrent que leur volonté devait tenir lieu de loi, et que leurs peuples ne devaient être que les instruments de leurs passions. On peut juger, par les crimes dont le palais des Atrides fut le théâtre, des désordres qui régnèrent alors dans toutes les cours de la Grèce.

Un peuple à demi civilisé, conservant la vigueur de la barbarie, ne pouvait supporter tranquillement une telle servitude : l'éloignement des rois grecs pendant dix années avait accoutumé les nations à leur absence; un désir violent de liberté s'établit partout, excepté dans la Macédoine. Les peuples se donnèrent un gouvernement républicain, mais varié, suivant leur génie et leur caractère.

Il resta cependant toujours quelques partisans du régime monarchique; de temps en temps on vit des citoyens ambitieux se rendre momentanément maîtres de leur patrie; quelques guerriers heureux, quelques hommes opulents, méprisant les lois et n'écoutant que leur ambition, s'élevèrent au pouvoir suprême par trahison ou par violence.

N'ayant pour eux ni le droit de naissance ni

celui d'élection, ils vivaient dans les alarmes; pour maintenir leur usurpation, ils sacrifiaient à leur sûreté tous ceux dont ils redoutaient le mérite, le rang, l'opulence et le patriotisme. Cette conduite inhumaine, qui finissait presque toujours par les précipiter du trône, fit détester aux Grecs non-seulement l'autorité, mais le nom de *tyran* qui signifiait alors *roi*.

La haine attachée à cette odieuse dénomination s'est conservée jusqu'à nos jours. On peut encore, je crois, attribuer la révolution arrivée en Grèce à une autre cause : la monarchie convient aux grands états, et la république aux petits : la Grèce était trop divisée pour conserver long-temps cette foule de princes dont l'ambition, les dépenses, les caprices et les discordes opprimaient les villes.

Une population nombreuse, qui occupe un territoire étendu, sent la nécessité d'une grande force pour la contenir et la diriger. Elle peut d'ailleurs, sans se ruiner, pourvoir à l'éclat du monarque et de sa famille; enfin, dans de pareils pays, les intérêts sont trop épars, et toute réunion est trop difficile pour qu'on puisse fréquemment renverser l'autorité établie. Mais dans une cité où tous les citoyens se connaissent, où l'injure faite à l'un est promptement sentie par l'autre, où toutes les dépenses excessives du trône sont un fardeau insupportable pour les sujets, au milieu d'une population resserrée qui peut se réunir à toute heure et à tout instant, la tyrannie ne peut durer, et la liberté doit y être plus ardemment désirée, plus facilement établie, plus courageusement surveillée et défendue.

On ne sait pas précisément quel fut le peuple qui le premier établit en Grèce la liberté sur les ruines de la monarchie. La première république dont l'histoire nous ait fait connaître les institutions est celle de Sparte. Athènes ne reçut les lois de Dracon et de Solon qu'environ deux siècles après la promulgation des ordonnances de Lycurgue à Lacédémone.

Nous n'examinerons avec détail que ces deux législations : elles ont été mieux connues que toutes les autres, et d'ailleurs Athènes et Sparte ont dû à leurs lois un tel éclat et une telle puissance, qu'on peut regarder ces deux peuples comme les pivots sur lesquels ont tourné toutes les affaires de la Grèce, qui ne fut forte que par leur union et déchirée que par leurs querelles.

En écrivant ainsi l'histoire de Sparte et d'Athènes, on fait connaître celle de tous les Grecs, jusqu'au moment où la ville de Thèbes, ensuite les rois de Macédoine, et enfin la ligue des Achéens, rivalisèrent et remplacèrent leur influence.

Nous avons vu qu'après la prise de Troie la maison d'Argos s'était souillée par des forfaits.

Agamemnon, revenant à Mycène, trouva son trône et son lit profanés : Égisthe, fils de Thyeste, avait séduit Clytemnestre, et gouvernait l'Argolide. Tous deux assassinèrent Agamemnon et régnèrent à sa place.

Bientôt Oreste, son fils, parut, le vengea et reprit son trône. La mort de Clytemnestre, sa mère, remplit son cœur de remords ; ce qui fit dire aux poètes qu'il était poursuivi par les Furies. Ce roi malheureux et coupable avait aussi tué Pyrrhus, fils d'Achille, qui lui avait enlevé Hermione, fille d'Hélène.

Quelques auteurs prétendent qu'il mourut dans une course de chars, d'autres par la morsure d'un serpent.

Tisamène, son fils, fut renversé du trône par les Héraclides.

Hercule, descendant de Danaüs, étant persécuté par Eurysthée, n'avait pu faire valoir ses droits au trône contre la maison de Pélops. Il les transmit à ses fils qui furent bannis du Péloponèse, et qui tentèrent plusieurs fois sans succès d'y rentrer. On regarda leurs prétentions commes criminelles tant qu'on respecta le nom de Pélops ; mais, les crimes des Atrides ayant excité la haine et le mépris, les Héraclides en profitèrent pour réveiller en leur faveur l'attachement des peuples du Péloponèse.

Leurs chefs étaient trois frères : Témène, Cresphonte, Aristodème. Soutenus par les Doriens, ils entrèrent dans la presqu'île : tout le pays se déclara pour eux. Les descendants d'Agamemnon et de Nestor se réfugièrent avec les Achéens et les Ioniens qui voulurent les suivre dans l'Attique, d'où, peu de temps après, ils partirent pour l'Asie.

Les Héraclides, maîtres du Péloponèse, le partagèrent entre eux : Argos échut à Témène ; la Messénie à Cresphonte ; Eurysthène et Proclès, fils d'Aristodème qui était mort pendant cette expédition, régnèrent tous deux à Lacédémone. Depuis ce temps elle eut toujours deux rois.

Les Héraclides devinrent bientôt jaloux de la puissance des Athéniens, qui s'augmentait rapidement par le grand nombre des bannis du Péloponèse que le roi Codrus protégeait et attirait dans l'Attique ; ils firent donc la guerre au roi d'Athènes, et, quoique vaincus dans un combat, ils demeurèrent maîtres de la Mégaride, où ils bâtirent Mégare.

Ils établirent dans ce pays les Doriens à la place des Ioniens. Ces Doriens, après la mort de Codrus, passèrent, les uns en Crète et les autres dans l'Asie-Mineure. Ainsi, cette révolution, qui détruisit la maison d'Argos, peupla l'Asie-Mineure de Grecs.

Les Achéens y fondèrent Smyrne et onze autres villes ; les Ioniens bâtirent Éphèse, Clazomène et

Samos; les Éoliens plusieurs villes dans l'île de Lesbos; les Doriens Halicarnasse, Gnide et d'autres villes : ils s'établirent aussi dans les îles de Rhodes et de Cos.

Eurysthène et Proclès eurent pour successeurs leurs enfants, Agis et Soiès. Ce fut sous leur règne que l'esclavage parut à Sparte. Les habitants de la ville d'Ilos avaient refusé de payer les contributions imposées par Agis. Le roi assiégea leur ville, la prit, et réduisit tous les habitants en servitude : ils furent condamnés aux fonctions les plus pénibles. Dans la suite, les Lacédémoniens occupèrent les Ilotes à labourer leurs champs, sans les affranchir de leur esclavage.

Tandis que, dans les autres contrées de la Grèce, la tyrannie des princes faisait naître l'amour de la liberté, elle naquit chez les Spartiates de la faiblesse d'un de leurs rois, nommé Eurypon : le peuple en abusa; l'autorité monarchique s'affaiblit, et le désordre la remplaça.

Son successeur, le roi Eunome, laissa en mourant deux fils qu'il avait eus de différents lits; l'un s'appelait Polydecte, l'autre fut le célèbre Lycurgue. Polydecte mourut sans enfants; mais sa femme était enceinte. Lycurgue déclara que la royauté appartiendrait à l'enfant qui devait naître, si c'était un fils; il ne voulut gouverner le royaume qu'en qualité de tuteur.

Cependant la reine lui fit dire secrètement que, s'il voulait lui promettre de l'épouser quand il serait roi, elle ferait périr son fruit. Cette odieuse proposition fit frémir Lycurgue; mais il dissimula l'horreur qu'elle lui causait, différa de répondre, et gagna si bien le temps par ses artifices, qu'il la trompa jusqu'au terme de sa grossesse.

Quand l'enfant fut né, on l'apporta promptement à Lycurgue, ainsi qu'il l'avait ordonné : il le déclara publiquement roi, le nomma Charilaüs, le fit nourrir avec soin, et confia son éducation à des hommes qui pouvaient répondre de sa sûreté.

Cependant le plus grand désordre régnait dans l'état; l'autorité des rois était de jour en jour plus méprisée, et le frein des lois ne pouvait plus réprimer la turbulence du peuple. Loin de rendre justice à la vertu de Lycurgue, la multitude, égarée par la reine qui le haïssait, l'accusa de tramer une conspiration.

Il en méditait en effet une bien glorieuse, la régénération des lois et la réforme des mœurs.

Plein de cette grande idée, et voulant acquérir les lumières qui lui manquaient pour exécuter ce vaste dessein, il s'éloigna de Sparte et voyagea en Crète et en Égypte, afin d'étudier la législation des deux pays les plus célèbres alors par la sagesse de leurs lois.

Il parcourut aussi l'Asie, où il rassembla les ouvrages d'Homère, alors dispersés par fragments, et chantés dans les villes d'Ionie par quelques musiciens qu'on appelait *rhapsodes*.

Après avoir examiné les réglements et les coutumes de tant de contrées diverses, il créa un système de gouvernement si extraordinaire et si impraticable en apparence, qu'on croirait qu'il n'a jamais pu subsister, si son existence pendant sept siècles n'était pas attestée par tous les auteurs de l'antiquité.

On ne peut concevoir comment un homme seul parvint à établir sans violence, au milieu d'un peuple où la licence régnait, une législation austère qui révoltait les esprits, détruisait les propriétés, abaissait l'orgueil, comprimait les rois, condamnait les plaisirs, et enchaînait toutes les passions, hors celles de la gloire et de la liberté.

Tandis que Lycurgue parcourait la terre en méditant ses lois, le peuple de Sparte se souleva et massacra le jeune roi Charilaüs. La ville, éprouvant tous les maux de l'anarchie, sentit la nécessité d'un gouvernement; on envoya des députés à Lycurgue pour hâter son retour. Il revint; mais il connaissait son siècle et savait qu'il était nécessaire de donner à l'autorité des lois l'appui de celle des dieux. Il partit donc pour Delphes, consulta Apollon, et reçut cet oracle célèbre qui l'appelait « ami des » dieux, et dieu plutôt qu'homme. »

LYCURGUE.

PUBLIÉ PAR FURNE, À PARIS.

L'oracle déclarait de plus qu'Apollon avait exaucé ses prières, et que la république qu'il allait établir serait la plus sage, la plus glorieuse et la plus florissante qui eût jamais existé.

Revenu à Lacédémone, il communiqua son plan aux principales personnes de la ville, et, lorsqu'il se fut assuré de leur consentement, il parut dans la place publique, accompagné de gens armés, pour intimider ceux qui voudraient s'opposer à son entreprise. Là, en présence du peuple, il lut, proclama ses lois et en ordonna l'exécution. Nous allons entrer dans quelques détails pour faire connaître cette étonnante législation.

LÉGISLATION DE LYCURGUE.

(An du monde environ 3100. — Avant Jésus-Christ 904.)

Création d'un sénat. — Pouvoir des éphores créés par le roi Théopompe. — Règlements sur les biens, les monnaies et les manufactures. — Repas publics. — Blessure de Lycurgue dans une révolte. — Éducation des enfants. — Éducation des femmes. — Départ de Lycurgue pour Delphes. — Réponse de l'oracle de Delphes. — Mort de Lycurgue.

L'idée principale du législateur de Sparte, en formant son nouveau gouvernement, fut de donner aux Lacédémoniens une constitution mixte qui réunit les avantages de la monarchie, de l'aristocratie et de la démocratie. Il pensa que la création d'un sénat, revêtu d'une grande autorité, tempérerait la puissance des rois qui penchait souvent vers la tyrannie, et contiendrait la turbulence du peuple dont les passions précipitaient l'état dans l'anarchie. La durée de ses institutions en prouva la sagesse.

Les deux rois, tirés des deux branches de la maison des Héraclides, continuèrent à occuper le trône. Ils joignaient aux honneurs de la royauté ceux du grand sacerdoce; ils commandaient les armées et présidaient le sénat. Les sénateurs étaient au nombre de trente, en comptant les deux princes; on les nommait à vie. Toutes les lois, toutes les ordonnances étaient examinées, discutées et proposées par le sénat. Le peuple approuvait ou rejetait ses propositions, sans pouvoir les discuter ni les modifier.

Cinq autres magistrats, nommés *éphores*, choisis par le peuple pour empêcher les rois et le sénat d'étendre leur autorité au-delà de leurs attributions, avaient le droit de destituer, d'emprisonner les sénateurs et de les condamner à mort; ils pouvaient même faire arrêter les rois et les suspendre de leurs fonctions jusqu'au moment où l'oracle consulté ordonnait leur rétablissement.

Hérodote et Xénophon attribuent à Lycurgue

la création des éphores : Aristote et Plutarque disent au contraire que ce fut un roi nommé Théopompe qui les établit cent trente ans après la mort de Lycurgue, dans le dessein de réprimer l'ambition du sénat.

On peut, je crois, concilier ces opinions contradictoires avec le respect inviolable qu'on gardait à Sparte pour les lois de Lycurgue, en disant que ce législateur avait conçu l'idée de l'établissement des éphores, et en avait ordonné l'élection dans le cas où il s'élèverait quelque mésintelligence entre le sénat et les rois.

On rapporte un mot du roi Théopompe lorsqu'il fit nommer les éphores. Sa femme lui reprochait cette démarche, qui devait laisser à ses enfants une autorité plus faible que celle qu'il avait reçue de ses pères; il répondit : « Je la leur laisserai plus » grande; car elle sera plus durable. »

Lycurgue avait créé une constitution plus sage et plus solide que toutes celles qui existaient dans la Grèce : c'était, pour ainsi dire, un traité entre les passions qui troublent le repos des états, puisqu'elle assurait l'éclat du trône et la liberté du peuple, en les tempérant par la sagesse et par la puissance d'un sénat.

Une institution capable de maintenir si longtemps l'équilibre entre tous les pouvoirs était, certes, l'œuvre d'un grand génie; mais ce qui peut paraître encore plus étonnant, c'est la hardiesse avec laquelle Lycurgue entreprit de faire venir les mœurs au secours et à l'appui de ses lois.

Ses idées, supérieures aux vues ordinaires de la politique, avaient pour objet de fonder la force de l'état sur la vertu; et cependant plusieurs de ses lois sont évidemment contraires aux principes de la justice et aux maximes d'une saine morale.

Pour tarir dans sa république les deux sources les plus communes de la corruption, la pauvreté et la richesse, il mit, pour ainsi dire, les biens en commun, et partagea également toutes les terres qu'il distribua en trente-neuf mille parts : neuf mille furent données aux citoyens de Sparte et trente mille aux habitants de la campagne.

Voulant parvenir à établir la même égalité dans les propriétés mobilières, et bannir toute espèce de luxe, il abolit les monnaies d'or et d'argent, et en créa une de fer, si pesante et de si bas prix, qu'il fallait une charrette à deux bœufs pour porter une somme de cinq cents francs.

Ce règlement pouvait le dispenser de chasser de sa ville les manufactures de luxe et les arts frivoles; cependant il les bannit par une ordonnance formelle, pour éloigner tout ce qui pourrait amollir les mœurs.

Le même amour de la pauvreté et de l'égalité lui fit prescrire les repas publics : tous les citoyens mangeaient ensemble ; leur nourriture était réglée par la loi, et il était défendu à tout citoyen de dîner en particulier chez lui.

Cette défense fut si sévèrement observée que, long-temps après, le roi Agis, au retour d'une campagne glorieuse, se vit réprimandé et puni, parce qu'il avait dîné avec la reine, au lieu de se rendre au repas public.

Chacun apportait à ces banquets un boisseau de farine, huit mesures de vin, cinq livres de fromage, deux livres et demie de figues, un peu de monnaie pour faire apprêter et assaisonner les vivres.

Le plus connu de tous leurs mets, et celui qu'ils préféraient, était le brouet noir. Denys le tyran, d'autres disent le roi de Pont, voulut goûter de ce mets qu'il fit apprêter par un cuisinier lacédémonien : il lui parut détestable. Mais le cuisinier lui dit : « Seigneur, pour trouver ce mets bon, il » faut s'être baigné avant dans l'Eurotas ; car l'exer- » cice et la faim, voilà ce qui assaisonne tous nos » mets. »

On amenait les enfants mêmes à ce repas : ils se formaient à la tempérance, et s'instruisaient en écoutant des entretiens graves. Lorsqu'ils entraient dans la salle un vieillard leur disait, en leur montrant la porte : « Rien de tout ce qui se dit ici ne » sort par là. »

Il est difficile de concevoir comment Lycurgue osa et put renverser toutes les fortunes, et dépouiller tous les citoyens de leurs propriétés. Il est vrai qu'autrefois les Héraclides avaient fait un partage égal des terres de la Laconie, et que le législateur ne faisait ainsi que revenir à cette égalité primitive; de plus on doit dire que la prodigalité des uns, l'avarice des autres et diverses circonstances avaient amené un tel état de choses, qu'un petit nombre de citoyens possédaient toutes les terres, tandis que le peuple était dans la plus affreuse pauvreté. Cette extrême misère de la plus grande partie de la nation la portait souvent à des émeutes, et plaçait les citoyens riches dans une situation périlleuse : la haine de la multitude contre eux et les dangers qu'ils couraient, les déterminèrent à se soumettre aux lois de Lycurgue.

Cependant ce ne fut pas sans quelque résistance: ils soulevèrent d'abord leurs partisans, et excitèrent un tumulte, au milieu duquel un jeune homme nommé Alcandre frappa Lycurgue d'un coup de bâton, et lui creva l'œil. Le peuple indigné saisit le coupable et le livra au roi qui, loin de s'en venger, le prit sous sa protection, et par sa bonté changea totalement le caractère de ce jeune homme.

Lycurgue, voulant former des hommes et des citoyens, ne laissa point aux pères la propriété de leurs enfants : dès qu'ils étaient nés, les anciens de leurs tribus les visitaient; l'enfant qu'on trouvait trop faible était condamné à périr : loi sauvage et aussi contraire à la raison qu'à la nature.

A sept ans les enfants quittaient leurs mères : on les distribuait en classes ; leur tête était rasée, ils marchaient nu-pieds ; on les accoutumait à braver l'intempérie des saisons.

A douze ans ils apprenaient les lois, et s'habituaient à l'obéissance qu'exigeaient les magistrats, et au respect qu'on doit à la vieillesse.

Formés à la lutte, instruits à manier le glaive, à lancer le javelot, on les faisait battre les uns contre les autres, et si vivement qu'ils y perdaient quelquefois des membres et même la vie.

Dans le dessein de les former aux ruses de la guerre, on leur permettait de voler quelques fruits ; ces vols n'étaient punis que lorsqu'ils se laissaient surprendre.

A la fête de Diane on les battait de verges pour exercer leur patience et leur courage : ceux qui montraient le plus de constance étaient les plus estimés.

Lycurgue les rendait durs et braves pour qu'ils ne fussent jamais conquis ; mais il les faisait pauvres et ennemis du luxe pour qu'ils ne fussent jamais conquérants. L'expérience ne prouva que trop l'impossibilité de rendre un peuple guerrier, et de l'empêcher d'être ambitieux.

La jeunesse s'instruisait par la conversation, et non par la lecture. La musique guerrière était en honneur à Sparte, où l'on proscrivait toute musique tendre et voluptueuse.

Les Lacédémoniens ne connaissaient d'autre éloquence que la concision ; ils voulaient que la parole fût rapide comme la pensée, et l'ornement de l'esprit leur semblait aussi frivole que celui du corps.

On a souvent admiré la brièveté de leurs réponses. Les ambassadeurs d'un peuple étranger leur dirent un jour : « Nous mettrons tout à feu et à sang » dans votre pays, si nous y entrons. » Le sénat répondit : « Si. »

Le premier objet du législateur était d'inspirer aux citoyens un amour ardent pour la patrie : ils devaient la préférer à tout ; cet amour était la première des vertus. S'ils faisaient la guerre, *vaincre ou mourir* devenait leur devise ; quel que fût le nombre des ennemis, il était défendu de fuir. Chaque citoyen avait le droit d'insulter impunément le lâche. Le soldat devait, comme le dit une femme spartiate à son fils, se défendre jusqu'à la mort, *et revenir sur ou sous son bouclier.*

L'éducation des femmes était presque aussi sévère que celle des hommes : elles s'exerçaient à la lutte, à la course, à lancer le javelot ; elles se montraient nues sur l'arène. On paraît leur ame et non leur corps, et leur vertu, disait-on, rendait la pudeur inutile.

Cet usage, qui blessait la modestie, s'opposait plutôt à l'amour qu'au vice. Lycurgue voulait que les femmes de Sparte fussent plus citoyennes que mères et qu'épouses : en élevant leur courage, il endurcit leur cœur. Lorsqu'on rapportait un Lacédémonien tué sur le champ de bataille, sa femme ou sa mère, avant de le pleurer, examinait ses blessures pour voir s'il les avait reçues à la poitrine ou au dos, si elles étaient honorables ou honteuses.

Enfin le législateur, sacrifiant tous les intérêts privés à l'intérêt public, et les sentiments de la nature à l'amour de la patrie, permit aux vieillards et aux hommes valétudinaires de céder leurs femmes aux jeunes gens qui pouvaient faire naître d'elles des enfants robustes.

Tous ces règlements firent des Lacédémoniens un peuple à part, une espèce de communauté politique et guerrière, qui étonna son siècle et la postérité par l'austérité de ses mœurs, par l'indépendance de ses habitants, par l'intrépidité de ses guerriers. Mais cette nation, admirable quand on la considère dans l'éloignement, devait offrir un triste spectacle à ceux qui venaient la visiter. Lacédémone était un temple dédié à la gloire et à la liberté, dont les prêtres fanatiques avaient banni les arts, les lettres, l'amour, l'amitié, l'aisance, les plaisirs, et jusqu'aux liens les plus doux qui attachent les familles : ce peuple était fait pour être célèbre, et non pour être heureux.

Toutes les lois de Lycurgue entourèrent les hommes de tant de chaînes, et par le moyen de l'éducation publique se gravèrent si profondément dans les ames, qu'on ne vît à Sparte, pendant plusieurs siècles, aucune sédition populaire, aucune violence privée, aucun empiètement de la part de l'autorité royale.

Cette discipline austère, cette vertu publique donnèrent aux Lacédémoniens un empire d'estime sur les Grecs; mais cet empire, trop dur et trop étranger à leurs mœurs, les fatigua bientôt; et la brillante Athènes, rivale de Sparte, profita, pour étendre son influence, de la haine qu'inspirait le joug pesant des Lacédémoniens.

Quoique le législateur de Sparte eût tendu constamment au double but d'assurer la liberté du peuple et de le mettre à l'abri des attaques de l'étranger, plusieurs de ses concitoyens hasardèrent de lui faire quelques observations critiques sur ses lois.

L'un d'eux, effrayé de la puissance du trône et de celle du sénat, lui proposait d'établir dans l'état une égalité absolue; il répondit: « Essaie-la toi-même » dans ta maison. »

Un autre lui demandait d'indiquer aux Spartiates les meilleurs moyens à prendre pour se défendre contre leurs ennemis ; il dit : « C'est de demeurer » pauvre. »

On lui proposait d'environner la ville de murailles. « J'aime mieux, dit-il, qu'elle soit entourée » d'hommes. »

Ce qui est certain, c'est que sa république fut puissante et florissante jusqu'au moment où Lysandre y introduisit à la fois les trésors et les vices des peuples vaincus.

Après avoir achevé cette grande entreprise, Lycurgue déclara qu'il allait consulter l'oracle d'Apollon, et fit jurer à ses concitoyens qu'ils exécuteraient ses lois inviolablement jusqu'à son retour.

Arrivé à Delphes, il fit un sacrifice à Apollon : l'oracle déclara que Sparte serait la cité la plus illustre et la plus heureuse tant qu'elle observerait ses lois. Lycurgue envoya cette réponse à Sparte, et se laissa ensuite mourir de faim pour que ses concitoyens, qui avaient fait serment d'exécuter ses réglements jusqu'à son retour, n'eussent aucun prétexte pour les enfreindre.

Les anciens auteurs ne sont pas d'accord sur le temps où vécut Lycurgue : Aristote le fait naître à l'époque où régnait Iphitus ; Xénophon place sa naissance quelques années après l'établissement des Héraclides dans le Péloponèse ; Eutichydès dit qu'il était le onzième descendant d'Hercule.

Il connut le sage Thalès en Crète; il prit en Égypte l'idée de la séparation des citoyens en classes. Les assemblées du peuple se tenaient par ses ordres en plein champ. Craignant la séduction de l'éloquence, il ne voulut ni juges ni tribunaux, et il ordonna que les différends des citoyens seraient jugés par des arbitres.

Malgré l'austérité de ses décrets contre les arts, le luxe et la volupté, il voulait que la jeunesse spartiate fût gaie, et l'on vit avec surprise que le plus sévère de tous les législateurs fût le seul qui eût élevé un autel au rire.

On peut se faire une idée de la poésie permise à Sparte par cette chanson lacédémonienne que Plutarque nous a conservée, et qui fut traduite par Amyot.

CHOEUR DES VIEILLARDS.

Nous avons été jadis
Jeunes, vaillants et hardis.

CHOEUR DES JEUNES GENS.

Nous le sommes maintenant,
A l'épreuve à tout venant.

CHOEUR DES ENFANTS.

Et nous un jour le serons,
Qui tous vous surpasserons.

Les femmes lacédémoniennes, dont les mœurs étaient aussi mâles que celles de leurs maris, ne plaçaient leur amour-propre que dans la gloire de leurs époux et de leurs enfants; elles exaltaient leur courage, et ils avaient pour elles le plus grand respect. Une étrangère disait à la femme de Léonidas : «-Vous êtes les seules femmes qui comman- » diez aux hommes. — Aussi, répondit la reine de » Sparte, sommes-nous les seules qui faisons des » hommes. »

Une mère, pour consoler son fils qu'un blessure rendait boiteux, lui dit : « Chacun de tes pas te » rappellera ta valeur. »

Le célibat était méprisé. Un jeune Spartiate, refusant de se lever devant un illustre capitaine qui n'était pas marié, lui dit : « Tu n'as point d'en- » fants qui puissent me rendre un jour cet hon- » neur. »

Le respect pour la vieillesse était un devoir; on vit même un jour au spectacle d'Athènes les ambassadeurs de Lacédémone céder leurs places à un vieillard qui n'en pouvait pas trouver parmi ses compatriotes.

L'amour du bien public fut la vertu qui distingua le plus les Lacédémoniens : un d'eux, nommé Pédarète, n'ayant pas été admis au nombre des trois cents membres du conseil de la république, témoigna sa joie de ce que Sparte avait trouvé trois cents citoyens qui valaient mieux que lui.

Leurs prières étaient brèves comme leurs discours; ils demandaient seulement aux dieux *de favoriser les gens de bien.* Socrate préférait cette oraison aux riches offrandes et aux cérémonies pompeuses de l'Attique.

Ce peuple belliqueux voulait que, chez lui, toutes les statues des divinités fussent armées, même celle de Vénus. Cependant ces citoyens intrépides connaissaient la peur : c'était celle des lois.

Sparte avait un temple consacré à la crainte : on l'avait placé près du lieu où se rassemblaient les éphores. Les Lacédémoniens pensaient, comme Plutarque, que le citoyen qui craint le plus les lois est celui qui redoute le moins l'ennemi : il disait que la crainte du blâme empêche la crainte de la mort.

PREMIÈRES GUERRES DE SPARTE.

(An du monde 3261. — Avant Jésus-Christ 743.)

Guerre entre les Lacédémoniens et les Argiens. — Combat et mort de six cents guerriers. — Création des éphores. — Cause de la guerre en Messénie. — Retraite des Messéniens dans la ville d'Ithome. — Renouvellement de la guerre. — Origine des Parthéniens. — Blocus et prise d'Ithome. — Révolte des Messéniens. — Leur entière défaite. — Messine bâtie par eux.

Peu de temps après la mort de Lycurgue les Lacédémoniens, sous le règne de Théopompe, firent la guerre aux Argiens qui leur disputaient la possession d'un petit pays nommé Thyréa. Les deux peuples, voulant épargner le sang de leurs concitoyens, nommèrent de chaque côté trois cents champions pour décider cette querelle : presque tous périrent dans le combat; il ne resta que deux Argiens et un Lacédémonien, nommé Othriades. Chaque peuple s'attribua la victoire; le combat continua : les deux Argiens périrent. Mais Othriades, vainqueur, ne voulant pas survivre à ses compagnons d'armes, se tua lui-même sur le champ de bataille.

Ce fut après cette guerre que le roi Théopompe, jaloux du sénat et profitant des sujets de plaintes que ce corps avait donnés au peuple, créa cinq nouveaux magistrats, nommés *éphores*, qui devaient surveiller la conduite des sénateurs et même celle des rois. On les élisait pour un an; leur autorité, fort étendue tant que la guerre durait, était très-bornée pendant la paix.

Le ravissement d'Hélène avait causé la ruine de Troie; une injure faite à quelques femmes de Sparte fut l'origine d'une longue guerre qui détruisit le royaume des Messéniens.

Suivant un antique usage, les habitants de Sparte venaient offrir des sacrifices aux dieux dans un temple situé sur la frontière de la Laconie et de la Messénie. Les Messéniens, au milieu des fêtes qui suivirent ce sacrifice, enlevèrent quelques filles lacédémoniennes. Alcmène, roi de Sparte, pour se venger de cet outrage, entra en Messénie sans déclarer la guerre, surprit de nuit la ville d'Amphée, et massacra tous ses habitants.

Quatre mois après les Messéniens pénétrèrent à leur tour en Laconie sous la conduite de Phaès, leur roi. Les deux armées se livrèrent bataille ; le combat dura toute une journée, et la victoire resta indécise.

L'année suivante, l'armée lacédémonienne, en quittant Sparte, jura de n'y pas revenir avant d'avoir conquis la Messénie. Une nouvelle bataille eut lieu sans qu'aucun parti pût s'attribuer la victoire. Mais une maladie contagieuse, s'étant répandue dans le camp des Messéniens, diminua leurs forces à un tel point qu'ils se virent obligés de se retirer et de se renfermer dans la ville d'Ithome, située sur une haute montagne.

L'oracle de Delphes, consulté par eux, déclara qu'ils devaient, pour s'assurer la faveur des dieux, leur offrir en holocauste une de leurs princesses. Aristodème, prince du sang royal, sacrifia sa fille.

Bientôt après les Lacédémoniens s'approchèrent d'Ithome. Les Messéniens vinrent à leur rencontre : le combat fut opiniâtre et sanglant. Euphraès, roi de Messène, tomba percé de coups; la mêlée fut terrible autour de lui. Aristodème l'enleva des mains des Spartiates et le ramena dans Ithome, où il mourut de ses blessures.

La valeur brillante d'Aristodème lui mérita la couronne : les suffrages unanimes de son peuple la lui donnèrent. Profitant habilement de leur confiance et de leur ardeur, il marcha contre les ennemis, les battit, prit le roi Théopompe, et le fit mourir avec trois cents Spartiates.

Cette guerre se prolongeait toujours et semblait interminable. Les Lacédémoniens, qui avaient juré de ne pas revenir chez eux avant d'avoir subjugué leurs ennemis, commencèrent à craindre qu'une si longue absence ne causât l'extinction de leurs familles. Ils envoyèrent à Sparte les jeunes soldats nouvellement enrôlés, et qui n'étaient pas liés comme eux par un serment : ils leur cédèrent tous leurs femmes, et les enfants qui naquirent de ces mariages illicites s'appelèrent Parthéniens. Dans la suite, honteux de leur origine, ils se bannirent eux-mêmes, et allèrent s'établir à Tarente en Italie, où ils fondèrent une colonie.

La guerre dura encore quatre années. Enfin, après une longue vicissitude d'échecs et de succès, les Spartiates bloquèrent la ville d'Ithome. Les Messéniens résistèrent long-temps; mais, leurs vivres étant épuisés, ils se rendirent. Aristodème se tua sur le tombeau de sa fille. Ithome fut rasée, et le peuple messénien se vit réduit en servitude. Cette première guerre avait duré vingt ans.

Trente ans après, les Messéniens se révoltèrent sous la conduite d'un de leurs princes, nommé Aristomène, qui défit plusieurs fois complétement les Spartiates [1]. Ceux-ci consultèrent l'oracle, qui leur ordonna de demander un général à la ville d'Athènes.

Les Athéniens, jaloux de Lacédémone, et désirant plutôt sa perte que ses succès, lui envoyèrent, avec une sorte de dérision, un poète, nommé Tyrtée, qui était petit et contrefait. Ce nouveau général n'avait jamais porté les armes; son inexpérience lui attira des revers; il fut vaincu trois fois. Les Spartiates, découragés, voulaient abandonner le camp et retourner dans leurs foyers. Mais Tyrtée, plus habile en poésie qu'en tactique, composa des chants, dont la verve et l'harmonie transportèrent les Lacédémoniens d'une telle ardeur qu'ils lui demandèrent de les mener sur-le-champ à l'ennemi. Tyrtée, répondant à leurs vœux, défit complétement les Messéniens, qui se retirèrent sur le mont Ira. Après une défense opiniâtre, Aristomène périt, et les Messéniens cessèrent d'exister : les uns furent pris et réduits à la condition des Ilotes; les autres, cherchant leur salut dans la fuite, renoncèrent à

---

[1] An du monde 3320. — Avant Jésus-Christ 684.

leur patrie, et s'établirent en Sicile, où ils bâtirent la ville de Messine.

Avant de parler d'une autre guerre que la république de Sparte soutint contre les Athéniens, nous allons faire connaître les révolutions qui étaient survenues dans la ville d'Athènes depuis la mort du roi Codrus.

RÉVOLUTIONS D'ATHÈNES.

Gouvernement des archontes. — Dracon. — Législation de Dracon. — Son exil et sa mort. — Gouvernement d'Épiménide. — Son départ. — Solon. — Élection de Solon. — Prise de Salamine par la ruse de Solon. — Pouvoir de l'aréopage. — Lois de Solon. — Son départ. — Son retour. — Pisistrate. — Son ambition. — Sa politique astucieuse. — Son respect pour Solon et ses lois. — Mort de Solon. — Exil de Pisistrate. — Son retour. — Son nouveau gouvernement. — Sa mort. — Hipparque et Hippias, ses fils, chefs de la république. — Injustice d'Hipparque. — Sa mort. — Tyrannie d'Hippias. — Son abdication. Son exil. — Liberté d'Athènes. — Courage d'une courtisane. — Factions de Clysthène et d'Isagoras. — Loi de l'ostracisme. — Origine de la guerre entre les Perses et les Grecs.

Après la mort de Codrus, les Athéniens pensèrent qu'aucun homme ne pouvait jamais être digne de remplacer un roi qui avait porté son dévouement au peuple jusqu'au point de se livrer à la mort pour lui; ils adoptèrent le gouvernement républicain, et donnèrent la présidence des archontes qui les gouvernaient à Médon, fils de Codrus.

Cette magistrature devait être d'abord perpétuelle; dans la suite, après la mort d'Alcméon, le peuple augmenta le nombre des archontes, et décida qu'ils ne resteraient en place que dix ans; peu de temps après, on réduisit cette durée à un an.

Le premier archonte s'appelait *archonte éponyme;* on datait les actes de son nom. Le second se nommait *archonte-roi;* le troisième, *archonte-polémarque;* et les autres, *archontes thesmothètes.*

Cette forme de gouvernement ne tarda pas à dégénérer en anarchie. L'état était déchiré par trois factions : les habitants des montagnes, pauvres et indépendants, voulaient la démocratie; les riches, qui possédaient la plaine, tendaient à l'oligarchie; tous ceux qui étaient distribués sur les côtes désiraient un gouvernement mixte qui garantît les propriétés, et qui pût maintenir l'ordre sans nuire à la liberté.

L'inégalité des fortunes s'était considérablement accrue. Les riches opprimaient les pauvres : ceux-ci, accablés de dettes, se voyaient obligés, pour les acquitter, de vendre eux ou leurs enfants. La crainte d'une éternelle servitude les portait souvent à la révolte. La licence était impunie ou réprimée arbitrairement.

Les anciennes lois royales incomplètes ne suffisaient plus à un pays qui, par les progrès de sa civilisation, avait acquis une nouvelle industrie, de nouveaux besoins et de nouveaux vices.

DRACON.

(An du monde 3381. — Avant Jésus-Christ 623.)

Las de cette anarchie, le peuple choisit pour législateur l'homme qu'il croyait le plus éclairé, le plus vertueux et le plus sévère; il s'appelait Dracon, et se trouvait alors au nombre des archontes. Ce magistrat fit un code de morale et de lois pénales.

Sans toucher à la forme du gouvernement, il prescrivit aux hommes leurs devoirs à toutes les époques de leur vie; il régla leur nourriture, leur éducation; il espérait faire de bons citoyens, et ne fit que des mécontents. La sévérité de ses principes révolta les passions, et il se vit obligé de s'exiler dans l'île d'Égine, où il mourut.

La dureté de son caractère était peinte dans ses lois. Ne connaissant point de nuances entre les fautes, toute déviation de la vertu lui semblait un crime; il punissait de mort le moindre délit; l'oisiveté même attirait cette peine.

Après son départ la confusion augmenta. Un des principaux citoyens, nommé Cylon, appuyé d'un grand nombre de partisans, voulut s'emparer de l'autorité. Le peuple l'assiégea dans la citadelle : Cylon, voyant que sa résistance était inutile, évita la mort par la fuite.

Ses amis se réfugièrent dans le temple de Minerve : ils en furent arrachés, et on les massacra. Cette cruauté impie excita l'indignation générale, qui fut suivie d'une grande consternation, parce qu'on apprit en même temps que les Mégariens s'étaient emparés de la ville de Nisée et de Salamine.

Une maladie contagieuse se répandit dans Athènes. La superstition augmenta la crainte et troubla les esprits; partout on crut voir des spectres : on disait que Minerve voulait venger la profanation de ses autels.

Les prêtres, les devins profitaient de ces désordres : l'ambiguité des oracles répandait et augmentait la terreur; tous les vœux se tournèrent alors vers Épiménide qui était en Crète, et qu'on regardait généralement comme un homme favorisé des dieux.

On vantait partout son habileté pour lire dans l'avenir et pour expliquer les songes, les pressentiments et les oracles. La sévérité de ses mœurs le faisait respecter; son éloquence était persuasive. Les Crétois prétendaient qu'il avait dormi pendant quarante ans dans une caverne, et qu'après son réveil, exilé comme un imposteur, il eut besoin d'accumuler les preuves les plus frappantes de la vérité de son récit pour parvenir à se faire reconnaître.

Ce qu'on doit croire de cette fable, c'est qu'Épiménide vécut long-temps solitaire, et que l'étude, la méditation, jointes à une imagination vive, lui donnèrent les moyens de connaître et de dominer les hommes.

Ce qui est certain, c'est que sa sagesse, sa piété étaient si révérées que les peuples imploraient son secours dans les calamités publiques, et s'adressaient à lui pour purifier leurs villes et pour expier leurs crimes.

Athènes l'appela et le reçut avec transport. Il purifia les temples, immola des victimes, dressa de nouveaux autels, composa des cantiques, régla les cérémonies religieuses, calma les imaginations troublées, et, par une piété douce, ramena, pour quelque temps, le peuple à des principes d'ordre et de vertu.

Le respect qu'il inspirait commanda l'obéissance; tant qu'il resta dans la ville la paix y régna. Il partit, emportant l'amour du peuple qui voulut le combler de présents. Il les refusa, et ne demanda pour lui qu'une branche de l'olivier consacré à Minerve, et pour Gnosse, sa patrie, l'amitié des Athéniens.

Après son départ, la fureur des factions se réveilla; et, comme il arrive lorsque les désordres populaires sont au comble, on sentit qu'un pouvoir unique devenait le seul remède aux maux de l'état.

SOLON.

(An du monde 3412. — Avant Jésus-Christ 592.)

Solon, de la race des rois, attira tous les regards; on le choisit pour législateur et pour premier magistrat; le peuple voulait même le faire roi : mais le précipice qui entourait le trône l'effraya; il accepta le gouvernement de la république et refusa le sceptre.

Solon avait beaucoup voyagé. Dans ces temps on trouvait en Grèce, en Asie, en Afrique, plusieurs hommes éclairés et vertueux, qui recueillaient les vérités reconnues en morale et en politique, et les réduisaient en maximes courtes et claires, qui frappaient les esprits et se gravaient dans la mémoire : ils avaient mérité le beau titre de *sages*. On admirait la profondeur et la concision de leurs questions et de leurs réponses. Liés entre eux par une amitié que ne troublait point la jalousie, ils se réunissaient quelquefois pour s'éclairer réciproquement.

Les plus célèbres de ces sages étaient alors Thalès de Milet, Pittacus de Mitylène, Bias de Priène, Cléobule de Linde, dans l'île de Rhodes, Myson et

SOLON.

PUBLIÉ PAR FURNE, À PARIS.

Chilon de Lacédémone, le Scythe Anacharsis et Solon d'Athènes.

Solon joignait à ses connaissances en philosophie et en politique le talent de la poésie. Il avait fait des hymnes pour les dieux; on admirait deux poëmes qu'il avait composés, l'un sur les révolutions du globe, l'autre sur une ancienne guerre des Grecs contre les habitants d'une île atlantique, située au-delà des colonnes d'Hercule, et que les flots avaient engloutie.

Les lumières des sages, l'étude des lois d'Égypte avaient mûri son imagination; et, s'il n'avait pas cette austérité de mœurs qu'on attend d'un homme appelé pour réformer une nation, on trouvait en lui la justice qui inspire la confiance, le talent qui persuade, la science qui éclaire, et une douceur de caractère propre à concilier les intérêts et à calmer les passions.

Sa douceur n'était pas sans courage, et le commencement de son administration fut marqué par un acte de vigueur. Les Athéniens, craignant, dans l'état de confusion où ils se trouvaient, qu'une guerre entreprise imprudemment ne consommât leur ruine, avaient défendu sous des peines sévères à leurs orateurs de parler de la perte de Salamine. Solon brava la défense, proposa au peuple de réparer ce honteux échec, le détermina à reprendre cette île, et en fit la conquête.

Plutarque dit que ce fut par ruse qu'il s'en empara. Apprenant que les Mégariens voulaient enlever les jeunes filles grecques qui dansaient sur le rivage de l'île, il fit prendre à de jeunes Athéniens des habits de femme. Ils cachèrent des armes sous leurs robes, attaquèrent les Mégariens, les tuèrent presque tous, et se rendirent maîtres de Salamine.

Le plus grand malheur de l'état était alors la guerre des pauvres contre les riches : les premiers demandaient hautement l'abolition des dettes et un nouveau partage des terres; les seconds s'y opposaient avec opiniâtreté. Solon refusa le partage des propriétés; mais il abolit les dettes, et rendit la liberté aux citoyens que leurs créanciers retenaient en prison.

Le mécontentement fut d'abord extrême dans les deux partis; mais bientôt les propriétaires, se voyant à l'abri des tumultes qui troublaient leurs possessions, et les pauvres, se sentant affranchis de toute crainte de servitude, se livrèrent tranquillement à des travaux qui firent renaître l'industrie et le commerce : la confiance se rétablit; les éloges succédèrent aux plaintes, et le peuple revêtit Solon d'une autorité plus étendue.

Il corrigea les lois de Dracon, conserva celle qui punissait l'homicide, et adoucit les autres.

Solon disait lui-même qu'il ne pouvait pas faire

de lois parfaites, mais qu'il devait seulement donner aux Athéniens la meilleure législation dont ce peuple fût susceptible.

La majorité des habitants d'Athènes voulait la démocratie; le législateur conserva cette forme de gouvernement, et se contenta de remédier autant que possible à ses inconvénients.

Il établit donc que la puissance souveraine existerait dans l'assemblée du peuple, qui devait statuer sur la paix, sur la guerre, sur les lois et sur tous les grands intérêts du pays.

Tout citoyen avait le droit d'assister à cette assemblée; mais, après avoir fait cette concession à l'esprit populaire, voulant prévenir les écarts d'une multitude ignorante, éclairer sa volonté et diriger ses décisions, il forma un sénat de quatre cents personnes qui devaient examiner et discuter toutes les propositions avant qu'elles fussent soumises au peuple. Il exigea de plus qu'aucun orateur ne pût se mêler des affaires publiques, sans avoir subi un examen de sa conduite et de ses mœurs.

Il ordonna que les hommes âgés de plus de cinquante ans opineraient toujours les premiers dans les assemblées du peuple.

Les riches seuls pouvaient être sénateurs et magistrats; mais ils étaient élus par le peuple, et lui rendaient compte de leur administration.

Toutes les magistratures administratives étaient annuelles, les unes éligibles, les autres tirées au sort.

Les juges étaient pris indifféremment dans toutes les classes de citoyens; le sort les nommait.

L'aréopage, composé des hommes les plus vénérés, fut chargé de veiller au maintien des lois et des mœurs. Cette charge était conférée pour la vie. L'aréopage avait le droit de censure, et l'exerçait sur les magistrats comme sur les particuliers. On appelait à l'aréopage de toutes les décisions des tribunaux. Cette puissance supérieure devait ramener constamment les autorités aux principes de la constitution et les particuliers aux règles de la morale. Les archontes, en sortant de place, devaient, après un sévère examen, être inscrits au nombre des membres de l'aréopage.

Solon avait remarqué que, dans les troubles publics, un petit nombre de méchants et de factieux profitaient avec audace, pour dominer, de l'inaction des gens de bien, et de leur amour pour le repos : afin d'éviter cet inconvénient, il décréta des peines graves contre tout citoyen qui, dans un temps de trouble, ne se déclarerait pas ouvertement pour un des partis. Cette loi, long-temps admirée et rarement suivie, forçait la vertu au courage.

Une autre loi condamnait à mort tout citoyen

qui voudrait s'emparer de l'autorité souveraine : elle permettait à chacun de tuer un tyran et ses complices, et même tout magistrat qui aurait continué ses fonctions sous la tyrannie.

Tel était l'esprit de ses lois générales. Celles qui concernaient les particuliers regardaient le citoyen, dans sa personne, comme portion de l'état; dans ses obligations, comme membre d'une famille qui appartient à l'état; dans sa conduite, comme faisant partie d'une société dont les mœurs doivent constituer la force.

Une des maximes de Solon était qu'il n'y aurait point d'injustice dans une ville, si chaque citoyen regardait comme personnelle à lui toute injure faite à un autre citoyen. Aussi la loi, voulant protéger les faibles et les pauvres contre les puissants et les riches, permettait et prescrivait même à tout Athénien d'attaquer et de poursuivre en justice quiconque aurait insulté un enfant, une femme, un homme libre ou même un esclave.

Personne ne pouvait engager sa liberté pour dettes, ni disposer de celle de ses enfants; le citoyen pouvait cependant vendre sa fille ou sa sœur dans le cas où elle se serait déshonorée.

Le suicide était mutilé et flétri. La loi gardait le silence sur le parricide : Solon le supposait impossible.

La calomnie était soumise à des peines graves :

chacun pouvait arrêter un homme en l'accusant de vol; mais, s'il ne pouvait pas prouver le crime, il payait une forte amende. Si ce risque effrayait les pauvres, ils pouvaient dénoncer le vol à des arbitres : la cause devenait alors civile, et n'entraînait pas d'amende. Les citoyens étaient partagés en quatre classes, réglées par la quotité de leur fortune. Les étrangers n'obtenaient la naturalisation que sous des conditions difficiles à remplir.

La patrie n'étant composée que de familles, la loi veillait à leur conservation. Un chef de maison devait toujours être représenté par un enfant légitime ou adoptif. Dans le cas de décès sans postérité, on obligeait juridiquement un des héritiers à prendre le nom du mort et à perpétuer sa famille.

Le plus proche parent d'une fille unique avait droit de l'épouser.

Solon, pour éviter la concentration des biens territoriaux, avait limité les acquisitions permises aux particuliers : nul ne pouvait vendre ses terres, hors le cas d'une extrême nécessité.

Le législateur, voulant que la jeunesse soignât la vieillesse, permit aux citoyens de disposer par testament d'une partie de leurs biens, pourvu que la force et la liberté de leur raison fussent prouvées. Cette institution, nouvelle alors, fut applaudie.

Conformément aux lois égyptiennes, tout particulier fut obligé de rendre compte à l'aréopage de sa fortune et de ses ressources. L'oisiveté était notée d'infamie. La loi réglait l'éducation des enfants, les études des écoles et les exercices du gymnase.

On élevait aux dépens du public les enfants des citoyens morts au champ d'honneur. Les grands services rendus à l'état étaient récompensés par des couronnes. Les lâches étaient punis par un jugement qui les déclarait infâmes.

Tout homme de mauvaises mœurs se voyait exclu des fonctions publiques et des assemblées du peuple.

Le fils devait nourrir son père dans sa vieillesse. L'enfant né d'une courtisane était dispensé de ce devoir.

On punissait de mort le magistrat qui paraissait ivre en public.

La législation politique de Solon ne prévint pas les révolutions : les passions du peuple furent plus fortes que sa raison ; mais ses lois civiles et criminelles, respectées constamment par les Athéniens comme des oracles, furent prises pour modèle par les autres peuples : la plupart des villes grecques les adoptèrent; et Rome, tourmentée par l'anarchie, les invoqua comme un remède salutaire contre les maux qui la déchiraient.

Les magistrats et le peuple athénien jurèrent d'observer ces lois pendant un siècle; on les inscrivit sur des rouleaux qu'on attachait aux bâtiments publics. Solon, importuné par la foule des gens qui s'adressaient à lui pour demander des interprétations ou des modifications de son code, laissa au temps le soin de consolider son ouvrage, et s'absenta pour dix ans, après avoir fait promettre aux Athéniens de ne rien changer à ses lois jusqu'à son retour.

Il parcourut encore l'Égypte, et voyagea en Crète. Il donna sa législation à un canton de cette île, et son nom à une ville dont ses règlements assurèrent le bonheur.

A son retour dans Athènes, il trouva la république déchirée de nouveau par les factions : elles voulaient toutes changer la constitution, et ne pouvaient s'accorder sur ce qu'on devait lui substituer.

Solon, voulant apaiser ces troubles, se crut d'abord secondé par Pisistrate, qui était à la tête de la faction la plus populaire; mais il dut bientôt s'apercevoir que cet homme ambitieux ne s'était fait démagogue que pour devenir tyran.

PISISTRATE.

(An du monde 3443. — Avant Jésus-Christ 561.)

La multitude est toujours facilement trompée par celui qui la flatte. Aucun ambitieux ne fut jamais plus propre à la dominer que Pisistrate : secourable pour les pauvres, affectant un grand amour pour la démocratie, prodigue de ses richesses, nul ne parla plus éloquemment de la liberté en marchant à la tyrannie. Ses amis comptaient sur son zèle; ses ennemis se reposaient sur sa douceur; et son ambition avait si bien pris les dehors de la vertu, qu'adoré par son parti, il se faisait respecter par les autres.

Lycurgue, à la tête des habitants de la plaine, et Mégaclès, fils d'Alcméon, que les riches regardaient comme leur chef, augmentaient l'autorité de Pisistrate en la combattant.

Ne pénétrant point ses desseins secrets, ils lui reprochaient son zèle pour l'égalité et pour la liberté, et renforçaient ainsi l'amour que le peuple lui portait.

Cependant Mégaclès avait un parti considérable. Son père, ayant rendu d'importants services à Crésus, roi de Lydie, et, comblé de biens par ce monarque, était devenu lui-même possesseur d'une fortune immense en épousant Agariste, fille de Clisthène, prince de Sicyone.

Cette opulence le mettait à portée de s'attacher les principaux citoyens et de solder les plus corrompus.

Lorsque Pisistrate se fut bien assuré de l'affection du peuple en défendant ses droits contre les partisans de l'oligarchie, il se blessa lui-même et parut sur la place publique, faisant entendre à la multitude que les riches et les grands l'avaient ainsi maltraité, et qu'il était victime de son zèle pour la liberté.

Le peuple, indigné, se rassembla; et, sans avoir égard aux déclamations de Lycurgue, aux menaces de Mégaclès et aux sages remontrances de Solon, on accorda à Pisistrate une garde de cinquante hommes pour la sûreté de sa personne. Il en accrut bientôt le nombre en y recevant tous ceux qui lui offraient leur services, et avec leur secours il se rendit maître de la citadelle.

Tous ses ennemis alors prirent la fuite. Les amis des lois étaient consternés; chacun tremblait dans la ville, excepté Solon, qui reprochait hautement aux Athéniens leur lâcheté et au tyran sa perfidie.

Il osait rappeler au peuple sa propre loi qui ordonnait à tous les citoyens d'arracher la vie à celui qui voudrait usurper l'autorité; et, comme on lui demandait ce qui pouvait lui donner une telle audace, il répondit : « Ma vieillesse. »

Pisistrate était trop habile pour répandre le sang d'un homme aussi respecté que Solon; il trouvait bien plus avantageux pour lui de le gagner que de le punir : unis tous deux par les liens du sang, ils l'avaient été davantage par une amitié longue et si vive que les détracteurs de Solon en avaient blâmé l'excès.

L'adroit tyran n'ignorait pas les moyens qui pouvaient séduire un vieillard; il ne l'abordait qu'avec respect, témoignait pour lui la plus tendre amitié, vantait sans cesse ses lois, les faisait exécuter, et les observait toutes rigoureusement lui-même, hors celle qui lui refusait le rang suprême.

Solon, trompé par cette fausse déférence et plus encore sans doute par son amour-propre, crut qu'il pourrait vaincre l'ambition par la sagesse; il se rapprocha de Pisistrate; répondit à sa confiance, entra dans son conseil, et conçut l'espoir d'adoucir une domination qu'il n'avait pu renverser.

Le chagrin que lui donna l'inutilité de ses efforts termina ses jours; il ne survécut pas deux ans à la liberté de sa patrie. Solon mourut âgé de quatre-vingts ans, sous l'archonte Hégestratus, la seconde année de la cinquante-unième olympiade.

Pisistrate ne jouit pas d'abord tranquillement de son autorité; les regrets excités par la mort de Solon avaient réveillé l'amour de l'indépendance: les partis de Lycurgue et de Mégaclès, réunis, chassèrent le tyran d'Athènes. Mais les grands suivent plutôt leurs intérêts que leurs opinions: Mégaclès, jaloux de Lycurgue, dont le crédit faisait des progrès, promit à Pisistrate de le rétablir sur le trône s'il voulait épouser sa fille. Il y consentit. Leurs partisans, ralliés, chassèrent Lycurgue, et, pour gagner l'esprit du peuple, on aposta une femme d'une grande beauté, qui parut tout à coup au milieu d'Athènes sur un char magnifique, et telle qu'on représente Minerve. Elle annonça hautement que les dieux ramenaient Pisistrate. Le peuple, croyant obéir à la divinité, reçut avec transport le tyran.

Ses fils, Hipparque et Hippias, craignaient que des enfants d'un second lit ne leur enlevassent l'amitié et l'héritage de leur père; ils parvinrent à lui inspirer une forte aversion pour sa nouvelle épouse. Mégaclès irrité prit le parti de sa fille : il prodigua ses richesses pour gagner les Athéniens, et les excita à la révolte. Pisistrate fut obligé de se sauver une seconde fois d'Athènes, et de se retirer dans l'île d'Eubée.

Après onze ans d'exil, plusieurs villes maritimes s'étant déclarées pour lui, il rassembla quelques troupes, surprit la ville d'Athènes, et y rentra en vainqueur.

Dans les premiers moments de son triomphe il fit périr Mégaclès, Lycurgue et leurs principaux partisans. Sa justice fit depuis oublier sa cruauté.

L'adresse, l'audace et l'artifice lui avaient donné le trône; la modération le lui conserva. Tout le peuple obéit aux lois, parce qu'il s'y soumettait lui-même le premier : il n'abusa jamais de son pouvoir; et, comme le dit Rollin, la douceur de sa domination fit honte à plus d'un souverain légitime.

Actif et populaire, en protégeant l'industrie et

l'agriculture, il attira dans les campagnes une foule de pauvres citoyens qui ne servaient dans la ville qu'à entretenir les factions.

Les temples, les bâtiments publics et les fontaines, dont il enrichit Athènes, occupèrent l'oisiveté d'un peuple indocile.

Il publia une nouvelle édition d'Homère, et fit présent aux Athéniens d'une bibliothèque.

Abordable pour tous les citoyens, il donnait aux uns, prêtait aux autres, et offrait l'espérance à tous; ses jardins, son palais étaient ouverts au public : il souffrait les reproches, et ne se vengeait pas des injures.

Un jour quelques jeunes gens ivres avaient insulté sa femme : ils vinrent en larmes demander un pardon aussi difficile à espérer qu'à accorder : « Vous vous trompez, leur dit Pisistrate; ma » femme ne sortit point hier de toute la jour- » née. »

Un jeune homme avait voulu enlever sa fille; sa famille l'excitait à la vengeance : « Si nous haïssons, » dit-il, ceux qui nous aiment trop, que ferons- » nous à ceux qui nous haïssent? » Et ce jeune homme devint son gendre.

Quelques-uns de ses anciens amis, voulant secouer son joug, s'étaient révoltés et retirés dans un fort. Il alla les trouver seul, sans gardes et avec son bagage : « Je viens, leur dit-il, pour que vous

» me persuadiez de rester avec vous, si je ne puis
» pas vous déterminer à revenir avec moi. »

Il fallait que l'esprit de la liberté fût bien fortement imprimé dans l'ame des Athéniens pour qu'une si douce servitude ne les fît pas revenir à l'amour de la monarchie.

Son règne fut long et tranquille; il mourut trente-trois ans après son usurpation, dont dix-sept années s'étaient écoulées dans la plus profonde paix. Il transmit son pouvoir à ses enfants Hipparque et Hippias.

HIPPARQUE ET HIPPIAS.

(An du monde 3478. — Avant Jésus-Christ 526.)

Les fils de Pisistrate, moins habiles que leur père, gouvernèrent cependant avec la même sagesse. Ils aimaient tous deux les lettres : deux poètes fameux, Anacréon et Simonide, furent attirés par eux dans Athènes, et en reçurent beaucoup d'honneurs et de présents. Comme ils croyaient avec raison qu'on ne peut adoucir les mœurs des peuples qu'en les éclairant, ils s'occupèrent beaucoup de l'instruction publique, répandirent partout les œuvres d'Homère, et firent inscrire sur le piédestal des statues de Mercure, placées dans les lieux publics, des maximes qui faisaient connaître à la multitude les pensées des sages et les éléments de la morale.

Leur tyrannie ne ressemblait point à celle des autres usurpateurs du pouvoir suprême : imitant la modestie de Pisistrate, ils ne prirent point le titre de rois, se contentèrent d'être les premiers citoyens de la république, et ne portèrent aucune atteinte aux lois de Solon. Pisistrate même, étant accusé d'un meurtre, s'était soumis au jugement de l'aréopage.

Quoiqu'ils se crussent descendus des anciens rois d'Athènes, ils laissèrent aux magistrats leurs prérogatives. Ils levèrent un impôt d'un vingtième sur les terres; mais le produit en fut consacré aux besoins publics plus qu'à leurs dépenses personnelles. Leur pouvoir était absolu, mais ils le cachaient sous des formes légales.

On accusait Hipparque d'être trop adonné aux voluptés : ce penchant aurait plutôt corrompu que révolté le peuple; mais il commit une injustice; elle excita la haine contre lui, et causa sa perte.

Deux jeunes citoyens d'Athènes, Harmodius et Aristogiton, unis tous deux par une tendre amitié et plus encore par une ardente passion pour la liberté, projetèrent la mort des deux tyrans. Leur objet était de rétablir la liberté publique, et de venger la sœur d'Harmodius d'un affront qu'Hipparque lui avait fait en la chassant d'une cérémonie publique : pour exécuter cette entreprise, ils cachent leurs poignards sous des branches de myrte, et entrent dans le temple de Minerve, où les princes offraient un sacrifice. Ils devaient y attendre la réunion de leurs amis ; mais, voyant Hippias qui parlait tout bas à l'un des conjurés, ils se croient trahis, n'écoutent que leur fureur, se jettent sur Hipparque qui se trouvait près d'eux, et lui plongent leur poignard dans le sein. La garde massacra dans l'instant même Harmodius ; Aristogiton fut arrêté. On le mit à la torture ; mais, au lieu de nommer ses complices, il accusa les propres amis d'Hippias ; celui-ci, sans examen, les fit mourir. « As-tu encore d'autres scélérats à me » faire connaître ? » dit le tyran. « Non, répondit » le jeune homme en expirant ; il ne reste plus » que toi. J'emporte au tombeau le plaisir de t'a- » voir trompé et de t'avoir fait égorger tes meilleurs » amis. »

Depuis ce temps Hippias, n'écoutant que la peur, le plus funeste des conseillers, se fit détester par ses injustices et par ses cruautés. Tout ce qui est violent ne peut durer ; au bout de trois ans il fut renversé, malgré l'appui qu'il avait cru se donner en mariant sa fille au fils du tyran de Lampsaque.

Les Alcméonides, famille puissante dans Athènes, en avaient été exilés par les Pisistratides. Pendant leur exil, Clysthène, leur chef, obtint des Amphictyons la direction des travaux entrepris pour construire un nouveau temple à Delphes. Les Alcméonides employèrent leurs richesses à embellir cet édifice : par cette magnificence ils gagnèrent la prêtresse d'Apollon, qui faisait parler ce dieu comme ils le voulaient. Aussi, toutes les fois que Sparte l'envoyait consulter, l'oracle ne promettait aux Lacédémoniens l'assistance divine que lorsqu'ils auraient délivré Athènes du joug de la tyrannie.

Cette ruse eut une pleine réussite; Lacédémone donna des troupes aux Alcméonides pour rentrer dans leur patrie. Leur première tentative n'eut pas de succès; Hippias les battit : mais dans une seconde invasion, ses enfants ayant été pris, il fut obligé, pour racheter leur liberté, d'abdiquer et de sortir de l'Attique.

Son règne avait duré dix-huit ans. Il s'exila en Asie et s'établit à Sigée, ville phrygienne sur les bords du Scamandre.

Athènes chassa ainsi ses tyrans à la même époque où les trois rois furent bannis de Rome [1]. Les Athéniens, délivrés de leurs princes, rendirent les plus grands honneurs à la mémoire d'Harmodius et d'Aristogiton, qu'on révérait long-temps après comme des dieux. Leurs statues, érigées dans la

---

[1] An du monde 3496. — Avant Jésus-Christ 508.

place publique, entretenaient dans l'esprit des citoyens la haine de la tyrannie et l'amour de la liberté, dont ils avaient été les martyrs. Dans les fêtes publiques on chantait en leur honneur un hymne qu'Athénée nous a transmis. Nous le rapportons comme un monument de l'esprit et des mœurs de ce siècle :

« Je porterai mon épée couverte de feuilles de
» myrte, comme firent Harmodius et Aristogiton
» quand ils tuèrent le tyran, et qu'ils établirent
» dans Athènes l'égalité des lois.

» Cher Harmodius, vous n'êtes point encore
» mort; on dit que vous êtes dans les îles des bien-
» heureux, où sont Achille aux pieds légers, et Dio-
» mède, ce vaillant fils de Tydée.

» Je porterai mon épée couverte de feuilles de
» myrte, comme firent Harmodius et Aristogiton
» lorsqu'ils tuèrent le tyran Hipparque dans le temps
» des Panathénées.

» Que votre gloire soit éternelle, cher Harmo-
» dius, cher Aristogiton, parce que vous avez tué le
» tyran et établi dans Athènes l'égalité des lois! »

Athènes immortalisa aussi l'action d'une femme qui avait signalé son courage dans le temps de la conjuration : c'était une courtisane nommée Lionne. Elle avait gagné le cœur d'Harmodius et d'Aristogiton par ses charmes et par ses talents. Le tyran, connaissant leur intimité, fit mettre cette femme à la torture pour apprendre les noms des conjurés. Elle opposa une constance invincible aux plus affreux tourments, et se coupa la langue, afin que la violence de la douleur ne lui arrachât aucune parole indiscrète. Pour conserver le souvenir de cette mort glorieuse, les Athéniens, n'osant décerner une statue à une courtisane, firent sculpter une lionne sans langue.

Enfin long-temps après, ayant su qu'une petite-fille d'Aristogiton vivait à Lemnos dans la misère, le peuple la fit venir à Athènes, la dota et la maria à un des hommes les plus riches de la ville.

On ne peut trop condamner toute usurpation, et trop louer l'amour des lois, de la patrie et de la liberté. Cependant l'histoire, attentive à ne jamais séparer la gloire de la morale, commet, je crois, une faute dangereuse lorsqu'elle ne fait pas sentir à la jeunesse que l'excès des éloges donnés par l'enthousiasme à des actions que la vertu réprouve, est également contraire à la raison et à l'humanité.

Celui qui combat un tyran peut acquérir une gloire pure; mais cacher ses poignards sous des myrtes, assassiner au lieu de vaincre, dénoncer des innocents, ce sont des actes auxquels nous donnerons justement le nom de crimes : malgré les louanges éloquentes de tous les auteurs anciens et modernes, jamais un noble but ne peut justifier des moyens coupables.

Athènes avait recouvré sa liberté, mais non sa tranquillité. Clysthène et Isagoras, à la tête de deux factions, se disputaient l'autorité : le premier l'emporta et fit quelques changements à la constitution. Il établit la loi de l'ostracisme. Elle donnait le droit au peuple de bannir pour dix ans les citoyens qui lui faisaient ombrage par leurs richesses ou par leur mérite. On avait donné ce nom à cette sorte de jugement, parce que les citoyens écrivaient sur une coquille le nom de l'accusé qu'ils voulaient bannir.

Isagoras implora l'appui des Lacédémoniens : Cléomène, roi de Sparte, vint à son secours, força Clysthène de sortir de la ville avec les Alcméonides et sept cents familles attachées à son parti.

Ces bannis furent vainqueurs à leur tour, rentrèrent dans la ville, et reprirent leur rang et leurs biens.

Sur ces entrefaites, les Lacédémoniens découvrirent la fourberie de Clysthène pour faire parler l'oracle de Delphes. Irrités de cette supercherie et jaloux d'Athènes, dont la liberté pouvait augmenter la puissance, ils formèrent le projet de relever le trône des Pisistratides.

Hippias, appelé par eux, vint de Sigée à Sparte; mais on ne pouvait exécuter un tel dessein sans l'aveu et le secours des peuples alliés. Leurs députés s'assemblèrent : l'éloquence de Cléomène ébranla d'abord les esprits ; mais un député de Corinthe, nommé Sosicle, prenant la parole, reprocha hautement aux Lacédémoniens de vouloir établir dans Athènes la tyrannie qu'ils détestaient à Sparte. Il fit le tableau des malheurs que la domination d'un tyran avait récemment fait éprouver à sa patrie ; il conjura les peuples libres de renoncer à l'injuste projet d'asservir un autre peuple.

Tous les alliés se rangèrent à son avis, et ce projet des Lacédémoniens n'eut d'autre résultat que de dévoiler leur jalousie et leur ambition.

Hippias retourna en Asie, chez Artapherne, satrape de Lydie. Cet ambitieux, rompant tous les liens qui l'attachaient à son pays, employa son adresse et sa coupable éloquence pour déterminer le roi de Perse à prendre son parti et à se rendre maître d'Athènes, dont la possession lui soumettrait toute la Grèce. L'orgueilleux satrape ordonna aux Athéniens de rappeler Hippias et de lui rendre son autorité. La république refusa avec mépris de se soumettre à une influence étrangère : telle fut l'origine de la guerre qui ne tarda pas à éclater entre les Perses et les Grecs.

BÉOTIE.

Origine du nom de cette contrée. — Caractère des Béotiens. — Leur gouvernement. — Combat singulier entre le roi de Thèbes et Mélanthus.

Avant de terminer l'histoire de ce second âge, il est nécessaire de faire connaître, en peu de mots, la situation où se trouvaient quelques cités et quelques peuples remarquables par leur puissance, sans être aussi fameux que les Athéniens et les Lacédémoniens par leur législation et par leurs lumières.

Soixante ans après la guerre de Troie, les Béotiens, descendant des montagnes de Thessalie, marchèrent contre la ville de Thèbes et se joignirent aux habitants de la campagne, qui avaient une origine commune avec eux : ils détrônèrent la famille de Cadmus, et conquirent toute la province, à laquelle ils donnèrent leur nom.

La grossièreté de ces montagnards les rendit, pendant long-temps, l'objet de la raillerie des Athéniens et des Spartiates, qui les trouvaient lourds et peu spirituels; mais à la guerre on admirait leur courage. Ils étaient plus habiles dans l'art militaire que dans celui de la législation; aussi ils détruisirent facilement chez eux la tyrannie et ne surent pas bien y établir la liberté.

Leur constitution était trop militaire et leur gouvernement trop concentré pour former une bonne république. Tout citoyen était soldat et soumis à la discipline, dans la ville comme dans les camps.

Quatre magistrats les gouvernaient; quelquefois ils furent portés au nombre de sept: on les élisait pour un an; leur autorité était semblable à celle des rois. Ces magistrats s'appelaient *Béotarques*. Les conseils et les tribunaux conduisaient et jugeaient les affaires sous leur surveillance. Dans les occasions extraordinaires, les petites villes de Béotie envoyaient des députés à Thèbes. Les Béotarques présidaient leur assemblée.

Cette république fut troublée, comme presque toutes les autres, par deux factions, dont l'une soutenait la démocratie et l'autre l'oligarchie.

Avant de chasser ses rois, Thèbes fut souvent en guerre contre Athènes. Lorsque le dernier prince de la famille de Thésée commandait l'armée athénienne, le roi des Thébains lui proposa de vider leur querelle par un combat singulier. Thymèthes, se trouvant trop vieux, refusa cette proposition; mais, comme elle était agréable aux deux peuples, dont elle épargnait le sang, Mélanthus, prince messénien, chassé de son pays par les Héraclides, s'offrit pour champion aux Athéniens. Il fut accepté, combattit, tua le roi de Thèbes, et obtint le sceptre d'Athènes après l'abdication de Thymèthes. Mélanthus laissa le trône à son fils Codrus.

ARCADIE.

Gouvernement des Arcadiens. — Leurs mœurs et leur caractère. — Beauté de ce pays. — Trahison et mort d'Aristocrate, dernier roi.

Cette nation, divisée en peuples peu nombreux, conserva long-temps les petits rois qui les gouvernaient; mais enfin la nécessité de se défendre contre des états plus puissants les força de se réunir et de se former en république. Leurs villes les plus célèbres furent Tégée et Mantinée. Leurs mœurs étaient douces, et leur vie pastorale : courageux comme les autres Grecs, mais moins ambitieux, ils défendaient plutôt leur bonheur que leur gloire.

A l'honneur de passer pour les plus anciens habitants de la Grèce, ils joignaient celui d'être regardés comme les plus invincibles.

L'oracle avait déclaré aux Lacédémoniens qu'avec le secours des dieux mêmes ils ne pourraient soumettre un peuple aussi frugal.

Le tableau riant que présentaient les plaines fertiles, les fraîches vallées, les sources limpides et les riches troupeaux de l'Arcadie fut souvent tracé par les peintres les plus habiles et par les poètes les plus célèbres. On admirait les autres peuples ; on aimait les Arcadiens.

En décrivant les danses de leurs bergers, leurs fêtes champêtres, en répétant leurs chansons pastorales, on éprouvait, on inspirait le désir d'habiter ce beau pays, qu'on pouvait nommer le temple de la nature et des vrais plaisirs. Le voyageur qui s'en éloignait en conservait un doux souvenir, et répétait ces mots, inscrits par un peintre ancien sur le tombeau d'une jeune bergère : « Et moi aussi, j'ai » vécu en Arcadie ! »

Ce peuple hospitalier et vertueux était sévère contre le crime. Le dernier roi d'Arcadie, nommé Aristocrate, trahit les Messéniens, ses alliés, et les livra aux Spartiates. Les Arcadiens le firent mourir, jetèrent son corps hors de leurs limites, et placèrent sur une colonne cette inscription : « Le lâche, en » trahissant les Messéniens, a mérité son sort : la » perfidie n'échappe point au châtiment. »

ÉLIDE.

Sa renommée pour les jeux olympiques. — Son gouvernement. — Prise et destruction de la ville de Pise. — Fondation des jeux olympiques par Pélops. — Leur description. — Force de Milon de Crotone. — Sa mort.

La religion rendait le territoire de l'Élide sacré pour tous les peuples de la Grèce : les jeux olympiques s'y célébraient. De toutes parts on voyait accourir à Olympie les rois, les sages, les poëtes et les guerriers. Tout homme doué d'un rare talent, d'une grande force ou d'une extrême légèreté; tout écuyer habile dans l'art de conduire des chars et de dompter des coursiers, venait en Élide disputer une couronne qui donnait l'immortalité et qu'on croyait recevoir de la main des dieux; car l'imagination vive des Grecs les portait à penser que toutes les divinités de l'Olympe, partageant leurs passions, quittaient leurs célestes demeures pour présider aux jeux qu'on célébrait sur les rives de l'Alphée.

Ainsi l'Élide ne devait ressembler à aucun pays du monde : la guerre ne pouvait la troubler; chacun déposait les armes en entrant sur ce territoire sacré. La politique de son gouvernement n'avait ni invasions à craindre ni alliances à rechercher.

Tous les autres peuples augmentaient les richesses de ce pays par les tributs qu'y versait l'ambition des prétendants à la gloire olympique.

Cette nation paisible conserva long-temps des rois de la race d'Iphitus; mais l'exemple des autres contrées et l'esprit général de la Grèce y établirent enfin la démocratie. L'état connut alors les dissensions intestines; chaque ville soutint ses prétentions à la supériorité : celle d'Élis obtint la suprématie; mais les habitants de Pise, située au nord de l'Alphée, prétendaient à la garde d'Olympie et à la surintendance des fêtes. Les habitants d'Élis la lui disputaient : cette querelle amena la guerre. Phédon, tyran d'Argos, profitant de ces troubles, s'arrogea, comme descendant d'Hercule, la garde du temple qui lui était dédié. Après sa mort, les habitants de Pise s'en emparèrent; mais, au bout de quelques olympiades, les troupes d'Élis assiégèrent Pise et la détruisirent de fond en comble.

Depuis ce temps, la république fut paisible, et les peuples de l'Élide ne se mêlèrent qu'aux guerres de religion, qui troublèrent rarement la Grèce.

Pélops était le fondateur des jeux olympiques. Leur célébration n'eut point d'abord d'époque déterminée. Iphitus, roi d'Élis, ordonna qu'ils auraient lieu tous les cinq ans. Cette loi fut donnée l'an du monde 3288[1]. Depuis, on réduisit cet espace à quatre ans. Le nombre des olympiades était la grande chaîne de la chronologie grecque. Cette ère ne commença que la première année de la vingt-huitième olympiade.

Les jeux olympiques étaient consacrés à Jupiter; les vainqueurs, couverts de gloire, se voyaient presque divinisés : on datait l'année par leurs noms; les poètes les chantaient, et chacun admirait avec un respect mêlé d'envie la couronne de laurier qui couvrait leur front. Le premier prix était celui de la course qui se faisait dans un lieu appelé *stade*. Il y avait plusieurs genres de course : la course à pied, la course à cheval, la course des chars; cette dernière était la plus renommée. Gélon, Hiéron, rois de Sicile; Philippe, roi de Macédoine, s'enorgueillirent d'y remporter le prix. Les chars étaient attelés de deux ou de quatre chevaux de front. Lorsque Alcibiade fut proclamé vainqueur, il donna un festin où tout le peuple de la ville et tous les étrangers furent invités. Après ces courses, les athlètes combattaient : leurs différents jeux s'appelaient le *pugilat*, la *lutte*, le *disque* et le *saut*. Plusieurs beaux génies de la Grèce lisaient leurs ouvrages au milieu de l'assemblée olympique. Hérodote y fit entendre son histoire : chacun des livres qui la composaient

---

[1] 716 ans avant Jésus-Christ.

reçut le nom d'une muse. Lysias y lut une harangue sur la chute de Denys le tyran.

Un des plus habiles athlètes de la Grèce fut Milon de Crotone. On le vit remporter six victoires aux jeux olympiques : il porta sur ses épaules, dans toute la longueur d'un stade, un bœuf de quatre ans, l'assomma d'un coup de poing, et le mangea tout entier. La force qui avait fait sa gloire causa sa mort : ayant voulu ouvrir entièrement un tronc de chêne qui était fendu, ses mains se trouvèrent tellement prises et serrées, qu'il devint la proie des animaux féroces qui le surprirent dans cet état et le dévorèrent.

TABLEAU

DES MŒURS, DU CULTE ET DES LUMIÈRES

DE LA GRÈCE.

Argos. — Crète. — Thessalie. — Phocide. — Mœurs des Grecs. — Doctrine d'Orphée. — Religion des Grecs. — Croyance à l'immortalité de l'âme. — Erreurs dans la religion des Grecs. — Lumières de la Grèce. Ses poètes et ses philosophes. — Linus, Musée, Orphée, Hésiode. — Homère. — Archiloque. — Sapho. — Thespis. — Simonide. — Anacréon. — Thalès. — Solon. — Chilon. — Bias. — Cléobule. — Anacharsis. — Ésope. — Banquet des sept sages.

La capitale du royaume d'Agamemnon, qui avait si long-temps dominé la Grèce, perdit sa gloire avec ses rois. La république d'Argos, déchirée par des factions, tomba sous le joug du fameux tyran Phédon, de la race d'Hercule : son pouvoir finit avec lui.

Les Argiens, mal gouvernés, furent malheureux au dedans et sans influence au dehors. Mycène, Asinée, Nauplie se rendirent indépendantes ; Hermione, Épidaure formèrent des républiques séparées. Thyrrée et quelques autres conquêtes restèrent aux Lacédémoniens.

Le royaume de Crète, après la mort d'Idoménée, fut entraîné par l'esprit général de la Grèce : on abolit la royauté. Les Crétois, sous le gouvernement républicain, conservèrent une grande réputation militaire : leurs archers passaient pour les meilleurs du monde. Mais la législation de Minos, qui avait servi de modèle à celles de Solon et de Lycurgue, fut abolie; et le peuple crétois, malheureux chez lui et méprisé par les étrangers, se déconsidéra par sa mauvaise foi, tellement que son nom devint une injure.

La Thessalie, aussi favorisée par la nature que l'Arcadie, ne jouit pas, comme elle, des douceurs de la paix. La délicieuse vallée de Tempé ne garantissait pas ses bergers des fureurs de la guerre, elle en fut souvent le théâtre et la proie. La patrie d'Achille devait être guerrière, et cependant la cavalerie thessalienne, qui faisait la force principale des armées grecques, contribua moins à la gloire du pays qu'à celle des autres peuples qu'elle servait tour à tour.

Les Phocéens, voisins de la Thessalie, furent continuellement en guerre avec elle. Dans leurs plaines les Thessaliens avaient l'avantage; mais les montagnes de la Phocide leur opposaient des obstacles qu'ils ne pouvaient vaincre. Ces indociles montagnards resistèrent même à toute la Grèce, qui voulait les punir d'avoir labouré un terrain consacré à Apollon. Possédant au milieu de leur pays le temple de Delphes, ils ne surent point tirer parti de cet avantage, qui pouvait rendre leur territoire inviolable et sacré. La religion aurait fait leur sûreté; une avidité impie leur attira le courroux des autres peuples de la Grèce. Leur opiniâtreté devint célèbre sous le nom de *désespoir phocéen*, parce qu'ils prouvèrent, dans plusieurs occasions, qu'ils aimaient mieux périr avec leurs familles et leurs biens que de céder aux lois d'un vainqueur.

Telle était, à la fin du second âge de la Grèce, la situation de ces différents peuples, tous gouvernés en république, tous passionnés pour la gloire et la liberté. Ces deux nobles sentiments, agitant tous les esprits, électrisèrent toutes les ames, peuplèrent, en peu de temps, cette petite contrée de tant d'hommes de talent et de génie, qu'elle occupe plus de place dans l'histoire que les grands empires, et remplit encore le monde, après trois mille ans, des plus grands et des plus brillants souvenirs.

Dans le premier âge, à cette époque où les Pélages reçurent d'Égypte les premiers principes de la civilisation, la lumière pénétra lentement dans ces esprits sauvages, et les mœurs conservèrent long-temps une antique grossièreté.

La force tenait lieu de tout mérite et de tout droit; ils ignoraient jusqu'au mot de *vertu*: celui dont ils se servaient pour l'exprimer était *arété* (bravoure). On traitait les vaincus avec férocité : l'esclavage fut regardé comme un adoucissement de cette politique barbare, puisqu'il préservait les prisonniers de la mort.

Les Grecs furent long-temps guerriers avant de connaître les éléments de la guerre : la force de corps faisait tout; une bataille n'était que l'ensemble de plusieurs duels. Les Thessaliens, qui les premiers domptèrent des chevaux, furent presque divinisés, on les nomma *Centaures*. Le cheval de Troie fut la première machine de guerre. Le principal objet de la guerre était le pillage. Les vaisseaux grecs n'étaient que des canots sauvages. Ignorants en astronomie, ils avaient des années de trois, de quatre et de six mois. La sûreté individuelle n'avait aucune garantie contre l'homme enrichi par le pillage.

Le ravisseur, l'adultère et le meurtrier n'étaient punis que par une amende. Les mœurs des princes n'étaient guère moins cruelles que celles de leurs sujets : ils injuriaient leurs adversaires avant de les combattre, et outrageaient leurs corps après les avoir vaincus. Les princesses lavaient elles-mêmes leurs vêtements. On voyait Agamemnon, le roi des rois, assommer un taureau, le rôtir, le découper et en servir le dos à son convive Ajax.

Les Grecs, établis dans l'Asie-Mineure, s'éclairèrent les premiers; ceux d'Europe ne marchèrent que lentement sur leurs pas. Ce ne fut qu'environ trois cents ans après la guerre de Troie que l'illustre Homère fut connu des Spartiates et des Athéniens. Mais le beau ciel de la Grèce ne devait pas éclairer toujours une grossière population; ce pays, où la diversité des aspects et des saisons présente sans cesse un tableau mouvant et varié, n'attendait qu'un rayon de lumière pour réveiller l'imagination de ses habitants, et pour la rendre plus riante, plus active et plus riche que celle de tous les autres peuples du monde.

Les Grecs, sortant de leurs sombres forêts, se réunirent dans les plaines, se répandirent sur les fleuves, et se rassemblèrent dans les villes. La douce chaleur de leur climat électrisa leur esprit, colora leurs idées, et orna leur langage d'expressions figurées.

Charmés de la beauté du tableau que présentait à leurs yeux une si délicieuse contrée, ils adorèrent la cause qui produisait tant de merveilles. L'admiration et la reconnaissance donnèrent la première idée d'un dieu, ou plutôt en rappelèrent le souvenir effacé; car nos auteurs modernes se trompent en croyant que notre religion seule et celle des Juifs ont fait connaître au genre humain l'Être suprême. Aristote dit formellement qu'une tradition, reçue par les plus anciens des

hommes, nous apprend « que Dieu est le créateur
» et le conservateur de toutes choses; qu'il n'y a
» rien dans la nature qui puisse maintenir sa pro-
» pre existence sans la protection constante de ce
» Dieu : de là, disait-il, on a conclu que l'univers
» était plein de dieux qui voyaient, entendaient et
» surveillaient tout. Cette opinion est conforme à
» la puissance et non à la nature de la Divinité. Dieu,
» étant un, a reçu plusieurs noms relatifs à la va-
» riété des effets dont il est la cause. »

Orphée avait enseigné cette théologie sublime.
Les fables des autres poètes firent oublier depuis
cette doctrine simple et vraie; on n'en a gardé que
ce passage cité par Proclus : « Tout ce qui est,
» tout ce qui a été, tout ce qui sera était contenu
» dans le sein fécond de Jupiter. Jupiter est le pre-
» mier et le dernier, le commencement et la fin; de
» lui dérivent tous les êtres. »

L'imagination grecque, voulant donner une ame
à chaque objet, écoutant plus les poètes que les
sages, et le sentiment que la raison, peupla la terre
de dieux et le ciel de passions. « Alors, comme le
» dit l'abbé Barthélemy, se forma cette philoso-
» phie, ou plutôt cette religion païenne, mélange
» confus de vérités et de mensonges, de traditions
» respectables et de fictions riantes : système qui
» flatte les sens et révolte l'esprit, qui respire le
» plaisir en préconisant la vertu. »

Ainsi on divinisa la nature, et les fables d'Hésiode et d'Homère devinrent la religion des Grecs. Selon cette croyance, une puissance infinie, une lumière pure, un amour divin qui établissait partout l'harmonie, tira l'univers du chaos et créa les dieux et les hommes. Ils se disputèrent l'empire. La Terre fit la guerre au Ciel. Les Titans attaquèrent les dieux; ceux-ci furent vainqueurs et nous soumirent pour toujours.

La race immortelle se multiplia; Saturne, né du Ciel et de la Terre, eut trois fils qui se partagèrent l'univers.

Jupiter gouverna le ciel; Neptune régna sur les mers, et Pluton dans les enfers.

Tous les autres dieux exécutaient leurs ordres : Vulcain présidait au feu, Cérès aux moissons, Mars à la guerre; Vénus inspirait les tendres passions; Minerve donnait la sagesse; Mercure conduisait les orateurs à la tribune et les ombres dans le Tartare; Thémis tenait les balances de la justice; Jupiter lançait la foudre pour effrayer le crime : sa cour, centre de la lumière éternelle, était le séjour du bonheur. Chaque fleuve avait sa divinité, chaque fontaine sa naïade. Bacchus animait la gaîté des vendangeurs; les Graces répandaient leurs charmes sur les traits de la beauté, sur les écrits des poètes; Apollon et les Muses électrisaient tous les talents; Vulcain forgeait des armes; la gaîté même était protégée par Momus et par la Folie; les rayons de Diane éclairaient doucement l'obscurité des nuits, et les pavots rafraîchissants de Morphée faisaient oublier aux mortels leurs travaux, leurs fatigues et toutes leurs douleurs, excepté celle du remords.

Les hommes recevaient des dieux tous les biens et les accusaient d'être les auteurs de leurs maux. La divinité punissait les fautes par le malheur.

Les Grecs, croyant les dieux semblables aux hommes, leur créaient un bonheur pareil à celui qui était l'objet de leurs désirs.

Le ciel avait ses fêtes et ses banquets; la jeunesse, sous les traits d'Hébé, distribuait l'ambroisie et versait le nectar. La lyre d'Apollon faisait retentir les voûtes de l'Olympe de son harmonie. Dès le matin l'Aurore ouvrait les portes du ciel, et répandait sur la terre la fraîcheur de l'air et le double parfum de Flore, déesse des fleurs, de Pomone, déesse des fruits. Phébus, montant sur le char du soleil, inondait le monde de torrents de lumière; et lorsque Éole, dieu des vents, rassemblant les orages en furie, avait épouvanté les dryades et les sylvains, divinités des bois, la brillante messagère de Junon, la légère Iris, annonçait à la terre, par la trace vivement colorée de ses pas, le retour du calme et de la paix des cieux.

Les dieux, toujours présents, inspirent les vertus et les vices, dirigent tous les penchants des hommes, sont témoins de toutes leurs actions, et lisent dans leurs pensées.

Ainsi des milliers de divinités combattent dans le cœur des mortels. Si les unes les égarent, si d'autres s'efforcent de les mener à la vertu, la Mort et les Parques terminent ce débat: son inexorable faux et leurs ciseaux cruels tranchent les destinées humaines. Alors Mercure ne protége plus le larcin; Vénus ne sourit plus à la volupté; le terrible Mars n'excite plus au carnage : les lois de Jupiter s'exécutent. L'homme a passé le Styx dans la barque du vieux Caron ; il entre dans le sombre empire de Pluton. Minos, Éaque et Rhadamante le jugent à l'inflexible tribunal des enfers. S'il a fait du bien pendant sa vie, il est conduit dans les bosquets charmants de l'Élysée où il jouit d'une paix constante, d'un printemps éternel, au milieu des héros vertueux, des beautés fidèles, des rois bienfaisants, des sages respectés, des orateurs et des poètes célèbres; et là il retrouve, sans nuages et sans mélange, les douceurs d'un chaste hymen, les épanchements d'une tendre amitié, les affections innocentes, les jeux, les occupations, les exercices et tous les plaisirs qui faisaient le charme de sa vie. Mais, s'il a commis des crimes, l'implacable Némésis, divinité vengeresse, s'empare de son cœur; les noires Furies le frappent de leurs fouets, le déchirent par leurs serpents, le traînent dans les gouffres de l'Averne, et là le livrent aux plus affreux supplices.

On voit que les Grecs, élevés par les Égyptiens, croyaient à l'immortalité de l'ame.

Dans leur opinion, l'ame spirituelle, ou l'entendement, était pendant la vie enveloppée d'une ame sensitive, matière subtile et lumineuse, image parfaite, et, pour ainsi dire, ombre de notre corps. Après la mort, l'ame intellectuelle rejoignait dans le ciel la lumière céleste dont elle était émanée; et l'ame sensitive, conduite par Mercure, descendait dans les enfers pour y recevoir le prix de ses vertus ou le châtiment de ses forfaits.

Plusieurs pensaient qu'au bout d'un certain nombre de siècles les ombres buvaient l'onde du fleuve d'oubli ou Léthé, et qu'alors elles revenaient sur la terre reprendre une nouvelle vie.

Tout était sensuel dans cette religion, les peines comme les récompenses. Les dieux mêmes éprouvaient les passions des hommes : la Discorde les divisait, l'Amour les blessait de ses flèches, et les portait souvent à revêtir une forme humaine pour s'unir à de simples mortelles.

Jupiter séduisait Danaé, poursuivait Io, enlevait Europe, faisait naître Hercule du sein de la belle Alcmène. La jalousie portait Junon à la vengeance; Vulcain était trahi par Vénus qui se livrait au dieu de la guerre, et la chaste Diane elle-même se laissait toucher par les charmes du bel Endymion.

Les guerres de la terre se répétaient dans les cieux. Minerve, Apollon, Mars et Junon combattaient, les uns pour détruire, les autres pour sauver Troie, jusqu'au moment où Jupiter, monarque de l'univers, dont un signe faisait trembler la terre et les cieux, rassemblait son immense et céleste conseil, prononçait l'arrêt dicté par le Destin, et forçait toutes les autres divinités à s'y soumettre.

Ainsi la religion des Grecs, inconséquente dans son système, mêlait une foule d'erreurs funestes à un petit nombre de vérités utiles. Elle animait, mais elle altérait tout; et si, d'un côté, elle enseignait l'existence des dieux et l'immortalité de l'ame, si elle promettait des récompenses à la vertu et des punitions aux crimes, de l'autre elle favorisait les passions coupables et divinisait les vices.

Ce culte imparfait ne pouvait donner qu'une morale relâchée; mais il présentait à la politique de grands moyens pour profiter de la crédulité des peuples. On les occupait par des fêtes, on leur en imposait par des mystères; on les effrayait, on les rassurait par des oracles, par des augures. L'imagination, que ne réglait aucun principe certain, ne connaissait aucunes bornes. Rien n'était raisonnable; tout était merveilleux : et ces nations héroïques ressemblaient à des enfants brillants et crédules, amusés par des contes, élevés par des fables et gouvernés par une religion poétique.

L'histoire n'était pour eux qu'un drame, dont l'intrigue merveilleuse et remplie de miracles était tracée par la destinée et dénouée par l'intervention de quelques divinités de l'Olympe.

Ce tableau, ou plutôt cette esquisse de la religion des Grecs, fait comprendre l'influence qu'elle dut avoir sur leur caractère et sur leurs actions.

Les peuples, gouvernés par des principes si contradictoires, livrés à leur imagination qu'égaraient tant de fables, vivaient dans un monde de prestiges, et devaient nécessairement nous offrir ce mélange de lumières et d'ignorance, de sagesse et de folie, d'héroïsme et de superstition, de vertus et de passions, qui plaît encore à notre esprit, même en choquant notre raison, et qui, dans la maturité des siècles, malgré la sévérité d'une religion vraie et d'une morale éclairée, exalte encore notre pensée, se reproduit sous le pinceau de nos peintres, dans les chants de nos poètes, et charme toujours nos souvenirs, comme dans la vieillesse nous aimons à nous rappeler les fables qui entouraient notre berceau et les jeux qui amusaient notre enfance.

Quelques sages, abandonnant au peuple les fables et les prodiges, étudiaient la nature et cherchaient la vérité. Personne, dans les temps modernes, ne les a encore surpassés dans cette partie de la morale qui enseigne à maintenir l'ame dans un état calme et à placer le bonheur loin des excès. Leurs écrits sont une source féconde où puisent avec fruit tous les moralistes qui veulent peindre et combattre les passions. Mais leur métaphysique, leurs explications de la création, de la destinée et des phénomènes de notre nature intellectuelle, ne reposent sur aucun principe certain, sont souvent dénuées de raison, quoique brillantes d'esprit; et leurs rêves philosophiques sont tout aussi peu sages que cette théogonie poétique et cette mythologie populaire, objet de leur culte public et de leur secret mépris.

Trois siècles après la ruine de Troie, il ne restait plus dans la Grèce aucune trace de barbarie; la civilisation, les lettres, les arts avaient fait les progrès les plus rapides : partout on voyait des villes bâties, des temples élevés, des codes de lois établis; les autels fumaient de sacrifices; de pompeuses cérémonies, des jeux célèbres attiraient de toutes parts les étrangers. La liberté fortifiait les ames; les arts adoucissaient les mœurs; la tribune retentissait de discours éloquents; les écrits ingénieux de plusieurs philosophes célèbres se lisaient dans toutes les écoles et donnaient à la jeunesse le goût de l'éloquence et des lettres.

Les édifices publics étaient ornés des images des dieux et des héros, qui animaient le marbre et la toile; et la Grèce, en peu de siècles, devint, sous l'empire d'un doux climat et d'une imagination riante, un pays enchanté, un tableau magique où se réunissait tout ce qui peut échauffer l'ame, exalter l'esprit et charmer les sens.

A la fin des deux premiers âges de son existence, la Grèce comptait déjà plus d'hommes éclairés et célèbres que les vieux empires qui l'avaient tirée de la barbarie.

Nous avons fait connaître les héros des temps fabuleux et ceux de la première époque historique; mais la Grèce, avant de combattre les Perses, comptait aussi des poètes fameux et des philosophes célèbres. Le temps ne nous a laissé connaître que les noms de Linus et de Musée; peu de vers d'Orphée ont échappé à ses ravages. Hésiode chanta les campagnes et les travaux de l'agriculture. Nous n'avons de connaissance certaine des dieux de l'Olympe que par la théogonie de ce poète : sa description du bouclier d'Hercule fut aussi célèbre que les travaux de ce demi-dieu.

Homère, antérieur à l'ère des olympiades, fut le premier des grands poètes, et leur sert encore de modèle. L'*Odyssée* raconte les voyages d'Ulysse après le prise de Troie. Le sujet de l'*Iliade* est la colère d'Achille, si funeste aux Grecs. Alexandre-le-Grand regardait ces deux poèmes comme les chefs-d'œuvre de l'esprit humain.

Cicéron place Homère au nombre des plus grands peintres; Horace le préfère aux plus profonds philosophes; Quintilien le met au-dessus des plus illustres orateurs.

La ceinture de Vénus, les touchants adieux d'Hector et d'Andromaque, la douleur de Priam dont les larmes fléchissent le courroux d'Achille, les Prières personnifiées dont les pleurs adoucissent la vengeance du maître des dieux, et tant d'autres fictions admirables, ornées d'une éloquence divine dont nous ne pouvons plus apprécier qu'imparfaitement les charmes, méritèrent à cet homme étonnant le beau titre de *prince des poètes*, qu'aucun génie antique ni moderne n'a pu, jusqu'à présent, lui disputer.

Homère devint aveugle et vécut pauvre. Tous les siècles ont répété ses vers, et nous ont laissé ignorer le lieu de sa naissance. Plusieurs villes d'Europe et d'Asie se disputèrent l'honneur de lui avoir donné le jour.

Paros se vantait d'avoir vu naître Archiloque, inventeur des vers ïambes. Ce poète était plein de force et de licence.

Alcée honora Mitylène, sa patrie, par ses talents lyriques : passionné pour la liberté, il attaqua par de vives satires le tyran de Lesbos. Quintilien trouvait quelque ressemblance entre son style et celui d'Homère.

Sapho brillait dans le même lieu et dans le même temps ; l'amour fit son génie et causa ses malheurs. Nul poète ne sut mieux peindre la passion ; l'excès des siennes ternit sa gloire.

Thespis, contemporain de Solon, inventa la tragédie. Ses acteurs, ambulants et montés sur des tréteaux, intéressèrent par le récit des exploits héroïques, qu'interrompaient des chœurs chantants. Ce fut ainsi que, parcourant la Grèce, il répandit partout les germes et le goût de ces fictions dramatiques qui devinrent la passion des Grecs, influèrent sur leurs mœurs et contribuèrent à leur gloire.

Simonide se distingua presque également par ses vers élégiaques et par sa philosophie. Hiéron lui demandait une définition qui lui fît connaître l'essence de Dieu ; Simonide prit un jour pour répondre, ensuite deux et puis quatre, enfin un nombre infini pour prouver l'immensité du sujet proposé à sa méditation. S'étant embarqué avec des marchands, ils s'étonnaient de le voir partir sans bagages. Le vaisseau périt ; Simonide leur dit : « Vous » êtes ruinés, et je n'ai rien perdu, car je porte » tout avec moi. »

Anacréon vivait dans la soixante-douzième olympiade ; il était de Théos en Ionie. Sa vie était consacrée au plaisir ; la volupté fut son but et son étude. Il chanta jusqu'à près de cent ans le vin, l'amour et les plaisirs. Ce poète aimable fut longtemps l'ornement de la cour de Polycrate, à Samos, et de celle d'Hipparque, tyran d'Athènes.

Tandis que la poésie chantait les merveilles du ciel et de la terre, la philosophie cherchait à en pénétrer les causes. Les philosophes grecs, parmi lesquels se distinguèrent sept hommes décorés du beau titre de *sages*, s'occupaient à tracer les principes de la politique, les règles de la morale et les éléments de la physique.

Thalès, chef de la secte ionique, regardait l'eau comme un principe universel dont un Dieu suprême et intelligent s'était servi pour tout créer. Thalès était un grand astronome et un bon mathématicien pour son siècle, puisqu'il fixa le cours de l'année solaire, prédit l'éclipse du soleil qui arriva sous le règne d'Astyage, et trouva le moyen de mesurer la hauteur des pyramides par un calcul proportionnel entre leur ombre et celle de son corps. Il remerciait les dieux de trois choses principalement, de l'avoir créé de nature humaine et non animale, de l'avoir fait homme et non femme, Grec et non Barbare.

Sa mère voulait qu'il se mariât, il répondit d'abord qu'il n'était pas temps, et quelques années après qu'il n'était plus temps. En examinant les astres, il tomba dans un puits; une vieille femme, le raillant de cette chute, lui dit : « Comment vou-

» lez-vous connaître ce qui est dans les cieux, vous
» qui ne voyez pas ce qui est à vos pieds? »

Le législateur d'Athènes, Solon, était au nombre des sept sages. Ses reparties ingénieuses et profondes furent presque aussi célèbres que ses lois. Crésus, roi de Lydie, voulut en vain l'éblouir par l'éclat de ses richesses et par le tableau de son bonheur; Solon lui montra son mépris pour l'opulence et ses doutes sur la durée de la félicité humaine. « On ne peut juger, lui dit-il, du malheur
» ou du bonheur d'un homme qu'à la fin de sa
» vie. »

Crésus, vaincu, détrôné et près de mourir, se rappela la maxime de Solon. Ce souvenir frappa Cyrus, le désarma et sauva les jours du roi captif.

Chilon de Lacédémone doutait également du bonheur des mortels. Ésope lui demandant à quoi Jupiter s'occupait, il répondit : « A abaisser ceux
» qui s'élèvent et à élever ceux qui s'abaissent. » Sa prétendue sagesse ne lui avait pas appris à maîtriser ses passions, car il mourut de joie à Pise en voyant le triomphe de son fils, qui avait remporté le prix du pugilat aux jeux olympiques.

Pittacus de Mitylène, banni de Lesbos avec Alcée, chassa le tyran qui opprimait cette île. Quelque temps après la guerre éclata entre Athènes et Mitylène. Pittacus, pour épargner le sang de ses concitoyens, défia en duel Phrynon, général des

Athéniens, et le tua. La reconnaissance des habitants de Lesbos lui décerna la couronne.

Alcée, ennemi de toute tyrannie, l'attaqua et fut fait prisonnier. Pittacus lui rendit la liberté, régna dix ans avec modération, et abdiqua. Il disait qu'un bon gouvernement était, non celui qu'on craignait, mais celui pour lequel on craignait.

Bias, consulté par les sages et les législateurs de son temps, eut la gloire de sauver la ville de Priène, sa patrie, dont il fit lever le siége au roi de Lydie.

Cléobule illustrait l'île de Rhodes. L'histoire ne nous a point conservé ses ouvrages; mais il suffit peut-être à sa gloire de rappeler que ce fut chez lui que Solon chercha un asile, lorsqu'il s'exila d'Athènes.

Les mœurs de ce temps peuvent seules expliquer la futilité des questions et des énigmes que les sages et les princes de la Grèce s'amusaient à proposer et à résoudre.

Bias se trouvait à un festin chez Périandre, ce tyran de Corinthe que son habileté fit compter au nombre des sages, malgré son usurpation et ses injustices. Il arriva un courrier d'Amasis, roi d'Égypte, pour demander à Bias comment ce prince répondrait au roi d'Éthiopie, qui lui avait dit :
« Buvez toutes les eaux de la mer, et je vous cé-
» derai dix de mes villes, à condition que vous

» m'en abandonnerez un égal nombre, si vous ne
» pouvez y parvenir. » Bias lui conseilla d'accepter
la proposition pourvu que le roi d'Éthiopie arrêtât
la marche de tous les fleuves, parce qu'il voulait
bien boire la mer, mais non les rivières qui s'y jetaient.

Anacharsis, né dans le pays des Scythes, qu'Homère appelait *la nation juste*, fut adopté, malgré
son origine, par les sages. Il avait composé un
poème sur l'art militaire, et une histoire des rois
de Scythie. Un Athénien lui reprochait d'avoir vu
le jour dans un pays barbare. « Si ma patrie, ré-
» pliqua le Scythe, me fait peu d'honneur, vous,
» vous en faites peu à la vôtre. » Il plaisantait Solon
sur ses lois. « Elles ressembleront, disait-il, aux
» toiles d'araignées, qui arrêtent les petites mou-
» ches et laissent passer les grosses. »

Crésus voulait le combler de présents; il les
refusa, disant qu'il ne voyageait pas pour augmenter sa fortune, mais pour enrichir son esprit.

Le Phrygien Ésope fut le père de la fable : il
était esclave. La servitude devait inventer l'apologue, ayant besoin de voiler la vérité pour la faire
écouter par la puissance.

Il était si laid qu'on ne pouvait trouver à le vendre. Xanthus l'acheta : un philosophe seul pouvait
faire une pareille acquisition, et en sentir le prix.
Son maître lui dit un jour de prendre au marché

tout ce qu'il trouverait de meilleur pour sa table. Tout le dîner fut composé de langues apprêtées de différentes manières. Xanthus paraissant surpris, Ésope lui dit : « La langue est tout ce que je con-
» nais de meilleur : c'est le lien de la vie civile, la
» clef des sciences, l'organe de la vérité; par elle on
» s'instruit, on gouverne les hommes et on loue
» les dieux. » Le lendemain Xanthus lui commanda d'acheter ce qu'il trouverait de plus mauvais. Le dîner fut encore le même. La surprise du maître redoubla. « De quoi vous étonnez-vous ? dit le Phry-
» gien. La langue est ce qu'il y a de pire au monde :
» c'est la mère des disputes, la nourrice des procès,
» la source des guerres, l'organe du mensonge, de
» la calomnie et du blasphème. »

Devenu libre, il parut à la cour de Crésus, sa figure lui attira d'abord des mépris; mais il fit bientôt comprendre qu'on devait considérer, non la forme du vase, mais la liqueur qu'il contenait.

Plusieurs princes le chargèrent de leurs affaires. Il vint à Athènes pendant la tyrannie de Pisistrate. Les Athéniens étaient agités; il les exhorta à la résignation, en leur racontant la fable des grenouilles, qui demandèrent un roi à Jupiter. Crésus l'avait chargé de porter de l'argent à Delphes; mais il le lui renvoya, parce qu'il trouvait ce peuple turbulent et corrompu, indigné d'un tel présent. Les habitants furieux le précipitèrent du haut d'un rocher. Les dieux parurent venger sa mort en répandant sur la contrée les fléaux de la peste et de la famine.

Ces sages, qui portaient partout la lumière, se réunissaient quelquefois pour s'éclairer réciproquement. On nous a conservé le souvenir de ce banquet fameux qui eut lieu chez Périandre, où les sept sages étaient rassemblés. La question principale qu'ils agitèrent fut celle-ci : « Quel est le gouvernement le plus parfait ? » Solon répondit : « Celui où l'injure faite à un particulier intéresse tous les citoyens. » Bias : « Celui où la loi tient lieu de roi. » Thalès : « Celui où les habitants ne sont ni trop riches ni trop pauvres. » Anacharsis : « Celui où la vertu est en honneur et le vice flétri. » Pittacus : « Celui où les emplois sont donnés aux gens de bien et jamais aux méchants. » Cléobule : « Celui où les citoyens craignent plus le blâme que la loi. » Chilon : « Celui où la loi est plus écoutée que les orateurs. » Périandre : « Celui où l'autorité est entre les mains d'un petit nombre d'hommes vertueux. »

Nous avons suivi l'enfance et l'éducation de la Grèce dans ses deux premiers âges ; le troisième va nous la montrer dans sa force, développant tous ses moyens, tout son courage, tous ses talents, et remplissant l'Europe, l'Asie et l'Afrique du bruit de sa gloire.

TROISIÈME AGE DE LA GRÈCE.

PREMIÈRE GUERRE CONTRE LES PERSES.

Cause de cette guerre. — Expédition de Démocède. — Siége de Naxos. Révolte en Ionie. — Incendie de la ville de Sardes. — Haine de Darius contre les Grecs. — Prise de Milet. — Échecs de la flotte et de l'armée de Darius. — Soumission d'Égine aux Perses. — Époque de Miltiade, d'Aristide et de Thémistocle. — Ambassade des hérauts de Darius. — Leur mort. — Magnanimité de Xercès. — Nouvelles entreprises de Darius contre Athènes. — Commandement de Miltiade. — Bataille de Marathon. — Victoire de Miltiade. — Défaite des Perses. — Trait de bravoure de Cynégire. — Courage d'un soldat. — Prompt retour de Miltiade à Athènes. — Jalousie des Lacédémoniens pour la victoire de Marathon. — Conquêtes de Miltiade. — Sa condamnation. — Sa mort. — Exil d'Aristide par la jalousie de Thémistocle. — Caractère de cet illustre banni. — Préparatifs de guerre de Darius. — Sa mort. — Règne de son fils Xercès.

Cyrus avait fondé dans l'Orient un empire immense, que sa famille ne sut pas long-temps conserver : les folies et les vices de ses successeurs les renversèrent du trône élevé par le génie de ce grand homme.

Un mage imposteur l'occupa sous le nom de Smerdis; mais il fut bientôt démasqué et massacré par les grands de la Perse, qui élurent pour roi Darius, fils d'Hystaspe.

Son empire comprenait toute l'étendue de la Perse moderne et de la Turquie d'Asie. Il était maître de la Thrace, dominait en Phénicie et en Palestine, et possédait même quelques parties de la Macédoine.

Pour rendre sa puissance plus respectable aux yeux des peuples, il avait épousé Atossa, fille de Cyrus. Cette femme ambitieuse et vaine fut trompée par un médecin grec, nommé Démocède, que le roi retenait malgré lui en Perse, et qui cherchait les moyens d'échapper à sa tyrannie.

Cette légère intrigue devint une des causes de la guerre qui éclata bientôt entre l'Asie et l'Europe. Darius voulait combattre les Scythes : la reine voyait avec peine une entreprise qui n'offrait que des dangers et ne promettait que des déserts. Démocède lui dit qu'elle devait engager son époux à tourner plutôt ses armes contre la Grèce, dont la conquête serait facile, lucrative et glorieuse. Il flatta surtout sa vanité par l'espoir d'avoir à son service des femmes de Corinthe et d'Athènes, dont on vantait partout la beauté, l'esprit et les talents.

Darius aimait la gloire, et ne croyait pas qu'une si petite contrée, divisée en tant d'états faibles, pût lui opposer une grande résistance. Il chargea Démocède de parcourir la Grèce et l'Italie, et de reconnaître la force de différentes républiques, et les dispositions des esprits. Quinze officiers perses l'accompagnèrent dans cette expédition : ils furent arrêtés à Tarente comme espions. Démocède trouva le moyen de s'échapper et de se retirer à Crotone, sa patrie, qui refusa de le livrer à Darius.

Un événement plus important acheva bientôt d'aigrir les esprits, et alluma cette forte haine qui devait ensanglanter tout l'Orient.

L'île de Naxos, l'une des Cyclades, se voyait agitée par des troubles qu'excitait dans toutes les républiques grecques la querelle interminable de la pauvreté contre la richesse, de la démocratie contre l'aristocratie. Le peuple l'emporta et bannit de Naxos les citoyens les plus opulents. Ils se réfugièrent à Milet, où commandait Aristagore, et implorèrent son secours pour rentrer dans leur patrie.

Aristagore courut à Sardes, où résidait le satrape Artapherne, frère du roi de Perse : il lui fit entrevoir que la conquête de Naxos serait facile, que sa chute ferait tomber l'île d'Eubée (aujourd'hui Négrepont), et ouvrirait un libre passage en Grèce.

Darius, informé par son frère de cette proposition, l'accueillit avidement, et chargea un de ses parents, nommé Mégabaze, de commander l'expédition sous la direction d'Aristagore. L'entreprise n'eut point de succès : Mégabaze souffrait avec impatience qu'on soumît un prince tel que lui aux ordres d'un Grec, d'un Ionien; il avertit secrètement le gouvernement de Naxos de l'attaque qui allait être dirigée contre lui. Les Naxiens, qu'on croyait surprendre, se défendirent avec opiniâtreté : après quatre mois de siége, les Perses furent obligés de se retirer.

Mégabaze attribua son échec à une trahison d'Aristagore, et l'accusa devant Artapherne qui jura sa perte.

Aristagore chercha son salut dans la révolte; il parcourut l'Ionie pour la soulever : cette province était remplie de colonies fondées par les Grecs que les Héraclides avaient chassés du Péloponèse. Aristagore sut réveiller leur amour pour leur ancienne patrie, et leur persuada facilement de faire cause commune avec les Grecs. Les Ioniens, convaincus que la servitude deviendrait leur partage s'ils laissaient asservir la Grèce, coururent aux armes, cessèrent de reconnaître l'autorité du roi de Perse, chassèrent ses troupes de leurs villes, et s'emparèrent des vaisseaux qui se trouvaient dans leurs ports.

Aristagore se rendit à Sparte. Cléomène y régnait : il lui représenta qu'il était digne d'un peuple libre d'affranchir les Ioniens d'un joug honteux et pesant, de faire échouer les projets de

Darius en les prévenant, et de porter la guerre au sein de la Perse, au lieu de l'attendre dans la Grèce.

Quelques auteurs prétendent que Cléomène, persuadé par ces raisons, et gagné par le don de cinquante talents, promit de s'allier aux Ioniens; d'autres disent, et cette version est plus croyable et plus conforme aux mœurs de Sparte, qu'il chassa Aristagore de la ville. On raconte même que Gorgo, fille de Cléomène, et âgée de huit ans, témoin de cet entretien, s'écria : « Mon père, » fuyez cet étranger ; il vous corrompra. » Ce qui est certain, c'est qu'Aristagore, sans avoir obtenu de secours de Lacédémone, vint dans Athènes, où il fut beaucoup mieux accueilli. Les Athéniens, inquiets de la mission de Démocède, alarmés de l'expédition de Naxos, étaient violemment irrités des menaces d'Artapherne, qui voulait les forcer à se remettre sous le joug d'Hippias. Ils donnèrent vingt vaisseaux à Aristagore, qui les réunit aux forces de l'Ionie soulevée.

Sans perdre de temps il marcha sur la ville de Sardes : Artapherne surpris l'évacua, n'ayant pu la mettre en état de défense. Un soldat ionien mit le feu à une maison : comme toutes étaient bâties en bois, l'incendie fit des progrès rapides, et toute la ville fut réduite en cendres.

Des troupes perses, réunies, arrivèrent trop

tard pour sauver Sardes; mais elles défirent les Ioniens, et les forcèrent à se retirer.

Lorsque Darius apprit que les Athéniens, par leurs secours, avaient contribué à la ruine d'une de ses plus belles villes, il entra en fureur, jura de se venger des Grecs, et voulut que tous les jours, à table, un de ses officiers lui criât : « Sei- » gneur, souvenez-vous des Athéniens. »

Aristagore, ne pouvant résister aux forces d'Artapherne, porta ses armes contre Byzance; mais les Perses le battirent et le tuèrent. Ils se réunirent tous ensuite pour attaquer Milet. Les Ioniens et leurs alliés leur opposèrent des forces considérables et trois cent cinquante vaisseaux.

Les peuples libres, invincibles quand ils sont unis, sont perdus dès qu'ils se divisent. Les intrigues de la cour de Perse et de trompeuses insinuations séparèrent les intérèts et rompirent la ligue des alliés. Le roi de Perse, profitant de cette discorde, s'empara de Milet et en passa les habitants au fil de l'épée.

Hystiée, oncle d'Aristagore et prince de Milet, avait, peu de temps avant, rendu un grand service à Darius, et sauvé son armée en empêchant les Thraces de couper un pont dont la rupture aurait privé le roi de tous moyens de retraite, lorsqu'il était poursuivi par les Scythes. Aussi, malgré tous les efforts d'Artapherne pour perdre

Hystiée, le roi, même en le combattant, lui avait toujours conservé quelque bienveillance. Après la ruine de Milet, Hystiée, à la tête de quelques troupes ioniennes, entra en Mysie. Le satrape Harpagus le défit, le prit et le livra à Artapherne qui, sans attendre aucun ordre, le fit périr et envoya sa tête au roi.

La révolte d'Ionie, la destruction de Sardes, et la résolution de rétablir la tyrannie d'Hippias, rendaient la guerre inévitable et toute conciliation impossible. Darius crut qu'un seul effort lui suffirait pour écraser les Grecs : il rassembla trois cents vaisseaux et une forte armée de terre, et en donna le commandement à Mardonius, son gendre, prince rempli d'orgueil, général sans talents et sans expérience.

La flotte, en doublant le mont Athos, fut détruite par une tempête. Mardonius, arrivé en Thrace, négligea de se garder; les Thraces surprirent de nuit son camp et y firent un grand carnage. Le général s'enfuit précipitamment en Perse avec les débris de son armée, et termina ainsi honteusement cette première campagne.

Un tel échec affaiblit la terreur qu'inspirait la puissance colossale des Perses, et fit entrevoir aux Athéniens la possibilité de leur résister.

Les habitants de la ville d'Égine, située sur la côte du Péloponèse, non loin d'Athènes, s'étaient hâtés de se soumettre aux Perses. Les Lacédémoniens indignés envoyèrent Cléomène à Égine, pour enlever les magistrats coupables de cette lâcheté. Les Éginètes refusèrent de les livrer, sous prétexte que Cléomène parlait seul, et était arrivé sans son collègue Démarate. Celui-ci fut accusé de leur avoir suggéré cette défaite; comme sa naissance était illégitime, on voulut le faire descendre du trône. Cléomène avait gagné la prêtresse de Delphes : elle rendit un oracle d'après lequel Démarate fut déposé. Il chercha un asile en Perse, et s'y fit aimer et respecter, sans jamais trahir sa patrie.

Son successeur, Leutichydes, d'accord avec Cléomène, enleva dix citoyens d'Égine et les livra aux Athéniens. Ceux-ci, ne voulant pas borner là leur vengeance, attaquèrent par mer les Éginètes : il y eut de part et d'autre plusieurs combats dont le succès demeura incertain. Mais si cette guerre n'amena pas de succès décisif, elle eut pour les Athéniens l'avantage d'exercer leur marine, et de la préparer à résister aux Perses.

Depuis l'exclusion des Pisistratides, la république d'Athènes était heureuse, florissante : l'amour de la gloire et de la liberté y faisait éclore de grands talents. Trois hommes, remarquables par leur génie, y jetaient alors le plus vif éclat : Miltiade, Aristide et Thémistocle.

Miltiade joignait à une grande valeur et à un caractère ferme l'expérience de la guerre et des affaires. Héritant de la fortune d'une partie de sa famille établie en Thrace, il était devenu prince d'un canton de cette contrée. Après une vive résistance, Mardonius et les Perses l'avaient chassé de son trône. Sa haine contre eux et son habileté portèrent les Athéniens à lui donner un commandement dans leur armée.

Thémistocle, éloquent, brave, adroit, ambitieux, insinuant, populaire, savait tous les noms des citoyens d'Athènes, s'occupait de leurs intérêts, pour qu'ils servissent les siens. Aucun homme n'aima plus la gloire, et ne fut plus indifférent sur les moyens honnêtes ou illicites d'y arriver. Jaloux de tous ses rivaux, il avouait que les exploits de Miltiade l'empêchaient de dormir.

Aristide, aussi vaillant, aussi habile que ses deux émules, les surpassait en vertu : aristocrate, parce qu'il aimait l'ordre, partisan des lois de Lycurgue conformes à ses mœurs, sévère et inébranlable dans ses principes, il ne cherchait à plaire à personne, n'aimait que la justice, et ne servait que sa patrie. Formé par les leçons de Clysthène, qui chassa les Pisistratides, Athènes trouvait en lui le plus implacable ennemi de la tyrannie et le plus ferme soutien de la liberté.

Darius, déterminé à subjuguer la Grèce, envoya des hérauts dans toutes les villes pour demander la terre et l'eau (c'était la formule antique pour ordonner de reconnaître son autorité). Égine, Thèbes, la Béotie et presque toutes les cités grecques tremblèrent, se soumirent ou gardèrent le silence. Elles redoutaient la nombreuse population des Perses et des invasions qui se renouvelleraient sans cesse. La guerre ne leur paraissait pas juste, parce qu'Athènes, en détruisant Sardes, avait offensé Darius. L'hommage que ce monarque demandait n'était pas, disait-on, une servitude, puisque, sous sa protection, les colonies grecques d'Ionie, même après leur révolte, conservaient leurs lois, leur culte, leur liberté et leurs propriétés. Enfin la crainte suggérait à la faiblesse tous les prétextes qui pouvaient colorer la lâcheté; et, sans les vertus inspirées à deux peuples par Lycurgue et par Solon, la Grèce, vaincue sans combattre, serait tombée sans gloire, et aurait grossi le nombre des petites provinces de l'empire de Perse, dont les noms sont à peine venus jusqu'à nous.

Athènes et Sparte repoussèrent avec mépris les propositions insolentes de Darius. Érétrie et Platée suivirent leur exemple. Mais l'esprit humain ne sait jamais rester dans de justes bornes : ces peuples libres et fiers, n'écoutant que leur indignation, violèrent le droit des gens, et jetèrent les hérauts de Darius dans des puits, leur disant ironiquement d'y prendre *la terre et l'eau* que demandait leur maître.

Le ministere des hérauts fut toujours inviolable et sacré dans l'antiquité; on avait même divinisé Taltybius, héraut d'Agamemnon. Dans la suite, plusieurs malheurs arrivés en Grèce firent croire que le dieu Taltybius voulait venger les hérauts immolés; et plusieurs citoyens distingués de Sparte et d'Athènes se rendirent en Asie, et livrèrent leur tête à Xercès en réparation de cette injure et de cette impiété. Le roi, plus généreux que ses ennemis, ne leur fit aucun mal, et les renvoya dans leur patrie.

Darius, instruit de l'effroi de tous les Grecs, et voyant que trois petites républiques osaient seules lui résister, dut compter sur une conquête facile : il rassembla cinq cents vaisseaux et une forte armée, que quelques auteurs portent à cinq cent mille et d'autres à cent mille hommes : il les envoya en Grèce sous les ordres d'Artapherne et de Datis : l'ambitieux Hippias leur servait de guides. Tout céda aux premiers efforts des Perses : ils conquirent les îles de la mer Égée, s'emparèrent de l'Eubée, réduisirent en cendres la ville d'Érétrie, qui, la première, avait bravé la puissance du roi. Ils entrèrent ensuite dans l'Attique, campèrent à Marathon, sur le bord de la mer, et menacèrent Athènes du sort d'Érétrie.

Lacédémone avait promis un secours de trois mille hommes; mais une antique superstition défendait aux Spartiates de partir pour la guerre au commencement de la pleine lune. Leur départ fut retardé, et ils n'arrivèrent qu'après la bataille. Platée envoya mille soldats. Le reste de la Grèce, immobile, attendait dans la stupeur l'événement qui devait décider de sa destinée.

Les Athéniens, déterminés à vaincre ou à périr, armèrent tout ce qui pouvait combattre, et jusqu'aux esclaves. Leurs forces ne montaient pas à plus de dix mille hommes, soumis aux ordres de dix chefs qui commandaient chacun à leur tour.

Ce changement continuel de chefs pouvait compromettre le salut de l'armée; mais le défaut des peuples libres est d'écouter plus souvent la méfiance et la jalousie que la raison. Dans cette circonstance critique, Aristide, sacrifiant son amour-propre à sa patrie, céda à Miltiade, comme au plus habile, l'honneur du commandement : les autres généraux imitèrent son exemple.

Il fallait décider si on attendrait l'ennemi derrière les remparts ou si on l'attaquerait. Miltiade, voyant que les Perses s'étaient placés dans une position resserrée par une montagne, entre la mer et le marais de Marathon, et qu'ils ne pouvaient, dans un lieu si étroit, déployer leur immense cavalerie, voulait qu'on profitât de cette faute pour les déconcerter par une attaque audacieuse et prompte. Aristide appuyait son avis : d'autres généraux pensaient qu'il était téméraire et presque insensé d'abandonner les murs de la ville, et de courir à une perte certaine en se jetant avec dix mille hommes au milieu d'une armée innombrable qui devait les écraser.

Les opinions étaient partagées : Miltiade s'adressant avec chaleur au polémarque Callimaque, lui dit : « Vous voyez notre incertitude; Athènes at- » tend de vous seul l'arrêt qui fera sa destinée : elle » va devenir la plus glorieuse ville du monde ou » l'esclave de Darius et la proie d'Hippias. Si nous » laissons refroidir l'ardeur de nos concitoyens, ils » compteront les ennemis et se courberont sous » leur joug; si nous les entraînons rapidement au » combat, notre audace protégée par les dieux nous » donnera la victoire. Un seul mot de vous, Callima- » que, va nous condamner à la servitude ou conso- » lider notre liberté. » Callimaque opina pour le combat, et il fut résolu.

Miltiade craignait de rendre ses collègues responsables de l'événement; il ne voulut pas profiter d'une générosité que le peuple, en cas de malheur, leur aurait reprochée; et il attendit le jour où le commandement lui appartenait de droit.

Dès l'aurore de ce jour propice, il rangea son armée en bataille à huit cents toises de l'ennemi (environ huit stades). Callimaque commandait l'aile droite; les Platéens formaient l'aile gauche; Aristide et Thémistocle conduisaient le centre. Miltiade devait se porter partout où sa présence serait nécessaire. Pour éviter d'être entouré, il avait adossé ses troupes à une montagne, et une grande quantité d'arbres parsemés dans la plaine garantissaient ses ailes des efforts de la cavalerie ennemie.

Miltiade avait laissé peu de monde à son corps de bataille, et porté la plus grande partie de ses forces aux deux ailes. Lorsque le signal fut donné, les Grecs, au lieu de marcher contre les Perses, se précipitèrent sur eux à toute course. Les ennemis, surpris de ce nouveau genre d'attaque, cédèrent d'abord à cette impétuosité; mais leurs forces, sans cesse renouvelées, rétablirent bientôt le combat; et, malgré le courage de Thémistocle et d'Aristide, le centre des Grecs, après quelques heures d'une résistance opiniâtre, fut obligé de reculer devant la masse des Perses qui s'accumulait contre eux.

Miltiade profita de cet instant critique pour décider la victoire. Voyant que tous les efforts des Perses se dirigeaient sur son centre, il fit avancer rapidement ses deux ailes qui prirent les ennemis en flanc, les culbutèrent et les poussèrent sur un marais dans lequel la plupart périrent.

Aristide et Thémistocle, dégagés par cette attaque, enfoncèrent, à leur tour, le corps d'élite que Datis dirigeait contre eux; la déroute devint générale. Les Perses, battus et dispersés, coururent au rivage pour chercher un asile sur leur flotte. Les Athéniens les poursuivirent, les prévinrent, prirent, brûlèrent et coulèrent à fond plusieurs vaisseaux : le reste trouva son salut dans la fuite.

L'Athénien Cynégire, frère du poète Eschyle, voyant qu'une galère persane voulait quitter le rivage, retint son câble de la main droite; on la lui coupa. Il le prit de la gauche qui fut tranchée; enfin, l'ayant saisi avec ses dents, il fut percé de coups, et périt sans le lâcher.

L'armée des Perses perdit dans cette journée sept mille hommes, et celle d'Athènes deux cents guerriers. Miltiade reçut une blessure; Stésilée et Callimaque, généraux athéniens, périrent glorieusement. Hippias y termina sa honte et sa vie.

Un soldat athénien, malgré la fatigue d'un si long combat, voulait porter le premier à ses concitoyens la nouvelle de leur salut; il vole, arrive devant les archontes, annonce la victoire et meurt à leurs pieds.

Datis, éloigné de la côte, espéra réparer sa défaite, et surprendre Athènes qui était sans défense. Sa flotte, favorisée par les vents, doublait le cap de Sunium. Mais Miltiade, qui n'était ni enivré ni endormi par la victoire, ne laissa que mille hommes à Marathon, sous les ordres d'Aristide, et, franchissant avec son infatigable armée les quinze lieues qui le séparaient d'Athènes, il arriva le même jour

LA NOUVELLE DE LA VICTOIRE DE MARATHON.

dans la ville, et força l'ennemi déconcerté à se retirer en Asie.

Cette bataille célèbre eut lieu la troisième année de la soixante-douzième olympiade, quatre cent quatre-vingt-dix ans avant Jésus-Christ.

Les Spartiates arrivèrent le lendemain du combat ; ils avaient parcouru quarante-six lieues en trois jours ; ils trouvèrent Aristide sur le théâtre de sa gloire, entouré de prisonniers chargés de fer, et d'un immense butin que sa sévérité avait garanti du pillage.

Les Lacédémoniens rendirent aux vainqueurs un hommage public, et conçurent une jalousie secrète, qui fit naître par la suite de longues querelles et de grands malheurs.

On éleva dans la plaine des demi-colonnes sur lesquelles furent gravés les noms des guerriers d'Athènes morts au champ d'honneur.

Dans les intervalles de ces colonnes brillaient des trophées formés avec les armes des vaincus. On devait une récompense à Miltiade ; il en obtint une digne de lui par sa noble simplicité. Les Athéniens placèrent sous un de leurs portiques un tableau qui représentait la bataille de Marathon : on y voyait Miltiade, à la tête des généraux, haranguant les troupes qu'il allait conduire à la victoire.

Cette bataille, qui décida du sort de la Grèce, apprit au monde que la victoire ne dépend pas du grand nombre, que la faiblesse courageuse peut résister à la puissance, et qu'un peuple qui sait vouloir être libre est invincible.

Les Athéniens s'étaient vus abandonnés dans un si grand péril par plusieurs peuples qui auraient dû concourir à la défense commune; ils chargèrent Miltiade de partir avec soixante-dix vaisseaux et de punir les îles grecques soumises aux Perses.

Il en conquit plusieurs; mais Paros lui opposa une vive résistance. Blessé devant les murs de cette ville, et trompé par un faux bruit qui annonçait l'arrivée des Perses, il leva le siége et revint à Athènes avec sa flotte.

Les peuples sont souvent aussi injustes que les rois. La blessure de Miltiade l'empêchait de paraître en public : l'envie, toujours irritée contre sa gloire, l'accusa de s'être laissé gagner par Darius. La multitude, qui croit ce qu'elle craint, repoussa toutes les objections de la raison, et le peuple condamna à mort le héros qui l'avait sauvé.

Tous les citoyens vertueux gémissaient en vain de cette atrocité; en vain ils s'écriaient : « Athéniens, souvenez-vous de Marathon! » ils n'obtinrent qu'une commutation de la peine de mort; elle fut remplacée par une amende de cinquante talents. Miltiade, hors d'état de la payer, resta en prison : le chagrin irrita sa blessure et termina ses jours.

Cimon, son fils, héritier de ses vertus et de ses

MILTIADE.

PUBLIÉ PAR FURNE, A PARIS

talents, obtint de ses amis l'argent nécessaire pour faire ensevelir son père et pour payer l'amende à laquelle il avait été condamné.

Les Athéniens honorèrent la mémoire de ce grand homme par des regrets tardifs, par d'inutiles larmes. Mais bientôt ils donnèrent à la Grèce une nouvelle preuve de leur ingratitude et de leur légèreté. Thémistocle aimait plus la gloire que sa patrie; jaloux de la vertu d'Aristide, il craignait de voir cet homme sévère porté par l'estime publique au gouvernement de l'état : son adresse trouva le moyen d'exciter la méfiance du peuple; mais, ne pouvant accuser d'aucun crime avec vraisemblance un homme si juste, il décida les Athéniens à exécuter contre lui la loi qui permettait d'exiler tout citoyen dont le mérite pouvait porter ombrage aux amis inquiets et jaloux de la liberté.

Le vertueux Aristide fut banni. Un citoyen de la basse classe, qui ne le connaissait pas, vint s'adresser à lui-même, et le pria de mettre le nom d'Aristide sur sa coquille. « Quel mal vous a fait cet » homme, dit le noble accusé, pour le condamner » ainsi? — Aucun, répondit le citoyen; mais je suis » ennuyé de l'entendre toujours appeler *le juste.* » Aristide, sans répliquer, écrivit son nom.

En partant pour son exil, il pria les dieux de préserver sa patrie de tout malheur qui pourrait la forcer à le rappeler.

Cet homme rare, comme nous l'avons dit plus haut, s'était formé à la vertu par les leçons de Clysthène. Une sage coutume voulait, dans ces temps anciens, que les jeunes gens s'attachassent aux vieillards les plus considérés. C'est ainsi qu'Aristide fut élevé par Clysthène, Cimon par Aristide, Polybe par Philopœmen. Le peuple athénien avait souvent reçu de ce magistrat de justes reproches sur son inconséquence. Ayant été nommé trésorier de la république, il administra avec intégrité, et découvrit sans ménagements les infidélités de ses prédécesseurs et même de Thémistocle; il s'attira par là beaucoup d'ennemis qui, sous un faux prétexte, l'accusèrent : on le condamna à une amende. L'intrigue fut découverte; on le dispensa du paiement, et ses amis le firent même renommer trésorier.

Se montrant alors plus facile, il ne parut point exercer une surveillance si rigide : tous ceux qui voulaient malverser le comblèrent d'éloges, et firent tant par leurs brigues, qu'à la fin de l'année tous les suffrages se déclarèrent unanimement pour lui. Aristide alors se leva et dit : « Athéniens, j'ai ad-
» ministré comme un homme de bien; vous m'avez
» abreuvé d'affronts : aujourd'hui, quand je parais
» fermer les yeux sur les vols publics, vous me re-
» gardez comme le plus admirable des administra-
» teurs. L'année dernière, je m'honorais de votre

» condamnation ; j'ai honte aujourd'hui de vos
» éloges. Je vois qu'il est plus glorieux chez vous de
» ménager les méchants que d'épargner les trésors
» de l'état. »

Cette réprimande augmenta l'estime publique pour Aristide. La réputation de sa justice était telle qu'on désertait les tribunaux pour recourir à son arbitrage.

Un jour, lorsqu'on jouait à Athènes une tragédie d'Eschyle, dans laquelle le poète, en parlant d'Amphiaraüs, dit : « Il veut être juste, et non le » paraître, » tous les spectateurs, entendant ce vers, se tournèrent du côté d'Aristide avec de grands applaudissements.

Cet enthousiasme populaire fut un des principaux griefs de la faction de Thémistocle ; elle trouvait son pouvoir d'autant plus redoutable qu'il avait pour base l'amour du peuple.

Si Thémistocle était trop ambitieux, il faut convenir que cette ambition tournait presque toujours à l'avantage de la république.

Tandis que les Athéniens ne songeaient qu'à jouir de leurs triomphes, Thémistocle, prévoyant le nouvel orage qui se formait contre la Grèce, persuada au peuple d'employer à construire des vaisseaux le revenu des mines, qui jusque-là avait été partagé annuellement entre tous les citoyens.

L'événement prouva bientôt la sagesse de ce conseil, puisque Athènes, attaquée de nouveau, ne dut son salut qu'à sa flotte.

Darius, furieux de la défaite de ses armées, méditait une vengeance éclatante : il employa trois années à faire les préparatifs d'une invasion plus formidable que les précédentes, et qu'il voulait diriger lui-même; la mort l'arrêta dans ses projets. Son fils Xercès hérita de son trône, de ses passions, mais non des vertus qui le distinguaient. Sa violence menaça la Grèce d'une ruine totale; et le monde, qu'il voulait remplir de sa gloire, ne retentit que du bruit de sa honte et de ses folies.

SECONDE GUERRE CONTRE LES PERSES.

(An du monde 3520. — Avant Jésus-Christ 484.)

Expédition de Xercès. — Force de son armée de terre et de mer. — Flotte athénienne de deux cents vaisseaux. — Eurybiade nommé généralissime. — Jonction des Thessaliens aux Perses. — Combat des Thermopyles. — Mort de Léonidas et de trois cents Spartiates. — Échec de la flotte des Perses. — Retraite de Thémistocle à Salamine. — Évacuation de la ville d'Athènes. — Mort du chien de Xantippe. — Incendie d'Athènes. — Querelle de Thémistocle et d'Eurybiade. — Incertitude de Xercès. — Combat naval à Salamine. — Défaite de la flotte de Xercès. — Courage et stratagème d'Artémise. — Retraite de Xercès. — Mardonius à la tête de trois cent mille hommes. — Fuite de Xercès dans une barque. — Honneurs rendus à Thémistocle. — Propositions de Mardonius faites par Alexandre aux Athéniens. — Déclaration d'Aristide à Mardonius et à Alexandre. — Préparatifs de guerre. — Force des deux armées. — Trahison d'Alexandre. — Bataille de Platée. — Mort de Mardonius. — Victoire complète. — Prise de Thèbes. — — Flotte des Perses brûlée par Leutichyde. — Vengeance de Xercès.

L'effrayant orage qui devait fondre sur la Grèce ne tarda pas à éclater et à vérifier la prévoyance de Thémistocle. Les préparatifs commencés par Darius étaient achevés; Xercès venait de subjuguer l'Égypte, dont il avait confié le gouvernement à son frère Achéménès : cet orgueilleux roi, défendant qu'on lui achetât dorénavant des figues de l'Attique, disait qu'il les cueillerait bientôt lui-même dans Athènes.

Mardonius, dont les fautes n'avaient pas éclairé la vanité, flattait les passions de Xercès qui, malgré les sages avis d'Artabaze, son oncle, se décida à exécuter les projets de son ambition.

On prétend qu'il y fut déterminé principalement par l'apparition répétée d'un fantôme qui le poussait à la guerre; c'était probablement le rêve de l'orgueil ou le produit de la supercherie des mages, qui détestaient la religion des Grecs et voulaient la détruire.

Ce fut cette même année que naquit Hérodote à Halicarnasse : ainsi la vie de ce célèbre historien commença avec les événements qu'il devait raconter.

Le roi de Perse fit alliance avec les Carthaginois, qui lui promirent d'attaquer les Grecs en Sicile et en Italie. La folie de son caractère se montra dès ses premiers pas : il fit percer le mont Athos, et lui écrivit une lettre injurieuse. Arrivé sur l'Hellespont, il fit fouetter la mer qui avait renversé un de ses ponts. La bassesse de ses courtisans, qui le traitaient comme un dieu, lui faisait croire qu'il devait commander aux éléments : la flatterie est de tous les poisons celui qui donne le plus de vertiges.

Un empire immense, cédant à tous ses caprices, semblait assurer par ses efforts l'entier succès de cette invasion : un seul prince de Lydie, Pithius de Célène, lui offrit quarante millions.

Mille de ses vaisseaux couvraient la mer. Quelle que soit la diversité du calcul des historiens, son armée de terre se montait à trois ou quatre millions d'hommes.

Il envoya par toute la Grèce des hérauts, excepté à Athènes et à Sparte, pour demander la terre et l'eau. L'effroi fit des traîtres; plusieurs villes se soumirent, et plus de cinquante mille Grecs combattirent honteusement dans les rangs des Perses.

Cependant le souvenir de Marathon rendit cette fois la terreur moins générale, et la gloire d'Athènes et de Sparte leur valut des alliés.

Tout néanmoins promettait la victoire à Xercès. Fier de ses forces, il demandait ironiquement à son oncle Artabaze ce qui pouvait encore l'effrayer. « C'est précisément, lui répondit ce prince » sage, la terre et l'eau que vous demandez. Je » ne connais point de terre capable de nourrir une » si nombreuse armée, ni de port assez large pour » mettre tant de vaisseaux à l'abri des vents. »

Xercès voulait que le roi lacédémonien, Démarate, lui dît s'il croyait que les Grecs oseraient l'attendre. Celui-ci lui répondit : « La Grèce est pau-

» vre en métaux, mais riche en vertus; elle aime
» ses lois, elle déteste toute influence étrangère.
» Les Lacédémoniens seront plutôt morts qu'es-
» claves; quand ils seraient réduits à mille, ils vien-
» draient au devant de vous : la loi le veut; ils la
» craignent plus que vos sujets ne vous redou-
» tent. »

Ce roi, déposé et banni, mais toujours digne de Sparte, loin d'assister ses ennemis, informa secrètement les éphores de toutes les dispositions des Perses.

Gélon, roi de Syracuse, avait promis vingt-quatre mille hommes aux Athéniens, et deux cents vaisseaux; mais il voulait être généralissime. Athènes le refusa, aimant mieux être privée de secours que d'avoir un tyran.

Les Crétois supposèrent un oracle pour rester neutres : Argos disputa le commandement pour ne point combattre: Corcyre promit des troupes, mais attendit l'événement.

Thespies, Tégée, Platée firent de francs et vigoureux efforts pour la liberté publique.

Dans une circonstance si critique, les Athéniens, éblouis par la richesse, par les libéralités et par la jactance d'un de leurs concitoyens nommé Épicyde, homme vain et malhabile, se montraient disposés à lui donner le commandement de leurs troupes; mais Thémistocle l'écarta en achetant les suffrages, rappela les bannis pour augmenter les forces de la république, et consentit même au retour de son rival Aristide.

La prévoyance de Thémistocle fut le salut des Grecs : ils avaient tous, et Miltiade lui-même, considéré la bataille de Marathon comme la fin des périls ; lui seul l'avait regardée comme le commencement de la guerre, et par ses soins Athènes possédait deux cents vaisseaux, lorsque la Grèce, endormie dans une fausse sécurité, se trouvait sans flottes. Thémistocle fit encore plus pour sa patrie ; il lui sacrifia son amour-propre, et, pour satisfaire la fierté lacédémonienne, il eut la modestie de céder le commandement au Spartiate Eurybiade, qui fut nommé généralissime.

Comme les alliés délibéraient pour savoir si on attendrait les Perses, ou si l'on irait au devant d'eux, les Thessaliens déclarèrent qu'ils se soumettraient à Xercès si on les abandonnait. On envoya donc dix mille hommes pour garder le passage qui sépare la Macédoine de la Thessalie, près du fleuve Pénée, entre le mont Olympe et le mont Ossa. Mais le roi de Macédoine, Alexandre, fils d'Amyntas, avertit Eurybiade que ce poste serait tourné, et qu'il n'était pas susceptible de défense. D'après cet avis on se retira aux Thermopyles, et les Thessaliens prirent le parti des Perses.

Les Thermopyles, immortalisés par la valeur lacédémonienne, sont un défilé du mont OEta, entre la Thessalie et la Phocide ; il n'a pas plus de vingt-cinq pieds de largeur. Le roi de Sparte, Léonidas, s'y arrêta avec quatre mille hommes ; les sept autres mille hommes de l'armée des Grecs se retirèrent en Attique.

Cependant Xercès s'avançait rapidement, répandant partout la dévastation, le carnage et l'effroi. Sa flotte suivait la côte, et portait toutes les denrées d'Europe et d'Asie à son armée qui dévorait tous les fruits, tous les troupeaux et toutes les moissons de la Grèce.

Un seul prince de Thrace refusa d'obéir. Six de ses fils se rendirent malgré lui au camp des Perses : à leur retour, ce père inhumain leur fit crever les yeux.

Le roi, arrivé aux Thermopyles, vit avec surprise que quatre mille Grecs osaient disputer le passage à trois millions d'hommes. Il tenta d'abord de corrompre Léonidas, et lui promit l'empire de la Grèce s'il voulait reconnaître son autorité : celui-ci lui répondit qu'il aimait mieux l'estime de sa patrie que de l'asservir. Xercès alors lui ordonna de rendre les armes : « Viens les prendre, » répliqua le fier Spartiate.

Les Mèdes s'avancèrent les premiers pour forcer le défilé. Les Grecs, serrés en masse, les enfoncèrent, les mirent en déroute et en firent un

grand carnage. Les dix mille immortels, qui les suivirent, n'eurent pas un meilleur succès; leur impétueuse valeur échoua contre le courage ferme et discipliné des Lacédémoniens.

Le roi de Perse était découragé par tant d'efforts inutiles, lorsqu'un habitant du pays lui découvrit un sentier par lequel il franchit la montagne et tourna la position des Grecs. Léonidas alors, voyant le mal sans remède, renvoya les alliés, et resta seul sur la montagne avec trois cents Spartiates, décidés comme lui à périr dans le poste dont la défense leur avait été confiée. Avant de combattre il dîna gaîment avec eux, en leur annonçant qu'ils souperaient tous ensemble le soir même chez Pluton.

Ces intrépides guerriers virent bientôt fondre sur eux la foule innombrable des Perses. Léonidas succomba le premier après avoir immolé un grand nombre d'ennemis. Ils tombèrent tous percés de coups. Un seul, Aristomène, se sauva et arriva à Sparte : il y fut traité comme un lâche, et répara depuis sa honte par une mort glorieuse à la bataille de Platée.

Les Amphictyons firent placer des inscriptions aux Thermopyles : l'une disait que quatre mille Grecs avaient résisté à trois millions de Perses. On lisait sur l'autre deux vers de Simonide, qu'on peut traduire ainsi :

> Passant, va dire à Sparte, aux éphores, aux rois,
> Que nous sommes tous morts pour défendre nos lois.

Plusieurs années après, Pausanias fit transporter à Sparte les os de Léonidas. On lui éleva un superbe tombeau, et sa mémoire fut honorée par des jeux funèbres. Xercès avait perdu dans ces deux combats vingt mille hommes, et les avait tous enterrés, ne laissant que mille morts sur le champ de bataille : il espérait que la terre couvrirait ainsi la gloire des Grecs et la honte des Perses.

Démarate augmenta son inquiétude, en lui disant que Sparte seule contenait encore plus de huit mille guerriers prêts à égaler le courage et le dévouement des trois cents qui avaient péri aux Thermopyles.

La détermination héroïque de Léonidas ne venait pas d'une folle témérité; elle avait un grand but politique : il voulait prouver à l'Europe et à l'Asie jusqu'à quel point le courage pouvait braver le nombre, et la liberté la puissance. Aussi, lorsque les éphores lui représentèrent qu'il choisissait trop peu de braves, il répondit : « Sparte ne doit » pas faire un plus grand sacrifice. Si dans cette » guerre il était question du nombre d'hommes, » la Grèce ne pourrait me fournir assez de sol- » dats; mais, pour prouver en mourant ce que

» peut l'amour de la liberté, mes trois cents hom-
» mes sont plus que suffisants. »

Il prévoyait si bien leur destinée, qu'avant de partir de Sparte il fit célébrer pour eux des jeux funèbres. Son généreux dessein eut tout le succès qu'entrevoyait son ame héroïque; et ce fut aux Thermopyles que la Grèce apprit qu'elle pourrait un jour faire trembler le grand roi sur les remparts de Suze et dans les murs de Babylone.

La flotte des Perses, maltraitée par une tempête, venait de perdre quatre cents vaisseaux : celle des Grecs l'attaqua près d'Artémise et du promontoire de l'Eubée; la victoire resta indécise après trois jours de combats. Cependant les vents, toujours funestes à Xercès, détruisirent sur la côte deux cents de ses navires; ce qui fit dire depuis à Hérodote que les dieux avaient voulu égaliser les forces des deux partis.

Thémistocle, qui commandait la flotte athénienne, ayant appris sur ces entrefaites la mort de Léonidas et la marche de Xercès au-delà des Thermopyles, fit sa retraite sur Salamine; mais pendant sa route il écrivit sur les rochers qui bordaient la côte : « Ioniens, souvenez-vous de vos
» pères; prenez le parti de la Grèce et de la li-
» berté, ou, si vous ne le pouvez pas ouvertement,
» jetez la confusion parmi les Perses, et faites-leur
» dans la mêlée le plus de mal que vous pourrez. »

Xercès, ne trouvant plus d'obstacle devant lui, traversa et saccagea la Doride et la Phocide.

Les peuples du Péloponèse, effrayés et ne songeant qu'à défendre leur presqu'île, abandonnèrent les Athéniens.

L'oracle de Delphes avait dit qu'Athènes ne trouverait son salut que dans des murailles de bois : les uns pensaient qu'il voulait parler de la citadelle, entourée de palissades ; Thémistocle soutenait que l'oracle désignait les vaisseaux comme seul refuge pour la liberté : il voulait qu'on évacuât la ville, et qu'on la livrât déserte à l'ennemi. Le peuple s'y opposait vivement.

La lutte fut violente; mais l'éloquence de Thémistocle triompha. Un décret plaça la ville sous la sauve-garde de Minerve, et ordonna que tous les hommes en état de porter les armes se retireraient sur les vaisseaux. Les autres devaient se sauver eux et leur famille, comme ils le pourraient.

Au milieu de la consternation générale, Cimon, fils de Miltiade, jeune encore, ranima les esprits en montant gaîment à la citadelle avec quelques jeunes Athéniens qui parcouraient la rue du Céramique, pour consacrer dans le temple de Minerve un mors de bride qu'il portait à la main, montrant par là qu'il ne s'agissait plus de combattre sur la terre, et que la mer était désormais leur seule ressource.

Rien ne peut peindre le désespoir des femmes,

des vieillards, des enfants, lorsqu'ils virent cette jeunesse guerrière s'embarquer et s'éloigner d'eux. L'air retentit de leurs gémissements, et les cris des animaux domestiques mêmes se confondaient avec leurs sanglots. Le chien de Xantippe, père de Périclès, ne pouvant se séparer de son maître, suivit à la nage son vaisseau, et mourut en arrivant sur le rivage de Salamine.

Toute la population d'Athènes, qui ne faisait point partie de l'armée, courut chercher un asile à Trézène, où elle fut accueillie et nourrie généreusement.

Tandis que le grand roi jouissait de la terreur qu'il répandait, et croyait la Grèce aux abois et prête à recevoir son joug, il apprit avec étonnement que les jeux d'Olympie se célébraient avec la tranquillité, l'affluence, les solennités ordinaires, et que les Grecs semblaient s'occuper moins de ses menaces que des couronnes d'olivier qu'ils se disputaient. « Quels ennemis m'a-t-on conseillé d'atta-
» quer? dit le monarque consterné; ils méprisent
» l'argent, et n'aiment que l'honneur. »

Dans ce même temps, sa cupidité lui fit entreprendre de piller le temple de Delphes : mais une tempête horrible s'éleva tout à coup; des rochers énormes écrasèrent en tombant un grand nombre de Perses.

Ce désastre augmenta la superstition, ranima la

confiance des Grecs, et força les Perses à se désister de cette entreprise.

Le roi, voulant assouvir sa vengeance, entra dans Athènes; il y mit le feu. Quelques vieillards, qui avaient voulu y mourir, défendirent bravement les restes de leur vie, et périrent dans les flammes. La ville et la citadelle furent réduites en cendres.

Xercès, n'ayant pu enchaîner des hommes libres, envoya à Suze les statues d'Harmodius et d'Aristogiton, qui avaient péri pour la liberté.

Après la ruine d'Athènes, il s'éleva parmi les alliés une vive discussion sur le parti qu'on devait prendre. Eurybiade voulait que la flotte s'approchât de Corinthe et de l'armée de terre commandée par Cléombrote, frère de Léonidas, afin de défendre le Péloponèse, puisque l'Attique était perdue sans ressource.

Thémistocle insistait pour qu'on n'abandonnât pas le poste avantageux de Salamine. La dispute fut vive à tel point qu'Eurybiade, dans un mouvement de colère, leva son bâton sur Thémistocle. L'Athénien, sans s'émouvoir, dit : « Frappe, mais écoute. » Il prouva ensuite que, si on se séparait des Athéniens, qui ne voulaient pas quitter leur patrie, la Grèce serait sans flottes; que chacun se disperserait dans ses foyers, et que le Péloponèse, qu'on prétendait défendre, serait bientôt la proie de l'ennemi.

Eurybiade, vaincu par tant de sang-froid et d'éloquence, se rendit à son avis.

Dans le camp des Perses, on délibérait avc autant de chaleur sur une autre question.

Xercès avait rassemblé son conseil pour décider s'il fallait temporiser ou combattre. Mardonius, les rois de Sidon, de Tyr, de Cilicie et de Chypre, voulaient qu'on finît promptement la guerre par un combat. Artémise, reine d'Halicarnasse, s'opposait à cette précipitation. « Seigneur, dit-elle à Xercès, » la marine grecque est plus exercée que la vôtre; » une bataille peut compromettre le succès de la » guerre. Vous êtes maître d'Athènes, et vous le » serez bientôt de la Grèce si vous savez atten- » dre; car la flotte ennemie ne peut renouveler » ses vivres à Salamine. Envoyez quelques vaisseaux » sur la côte du Péloponèse; chacun, tremblant » pour sa cité, y retournera, et la confédération » dispersée ne vous opposera plus de résistance. »

Le présomptueux Mardonius répliquait que l'inaction serait honteuse, découragerait les Perses et inspirerait une funeste confiance aux Grecs. Xercès se décida à combattre; mais en même temps, il suivit le conseil d'Artémise, et envoya quelques vaisseaux vers le Péloponèse.

Cette opération fut au moment d'amener la dispersion des confédérés qui revenaient déjà à l'avis d'Eurybiade, et voulaient courir au secours de leurs foyers.

Thémistocle, instruit de cette disposition, fit passer secrètement à Xercès un faux avis qui l'engagea à hâter le combat. La flotte des Perses entoura la rade et n'en permit plus la sortie à aucun navire.

Dans le même moment, Aristide arrivait d'Égine. Ce vertueux citoyen, sacrifiant de justes ressentiments, vint trouver Thémistocle et lui dit : « Oublions nos dissensions ; nous ne devons avoir » qu'un seul intérêt : sauvons la Grèce, vous, en » donnant des ordres, et moi en vous obéissant. » Avertissez le conseil que toute délibération pour » la fuite est inutile, que les Perses sont maîtres de » tous les passages, et qu'il n'y a plus de salut que » dans la victoire. »

Thémistocle, touché de sa générosité, lui avoua le stratagème dont il s'était servi, le fit entrer au conseil, et tous deux d'accord firent les dispositions du combat.

On attendit pourtant, d'après l'avis de Thémistocle, l'heure à laquelle devait s'élever un vent favorable aux Grecs ; alors on donna le signal : le choc fut violent ; mais la brise, contraire aux Perses, porta le désordre dans leurs vaisseaux.

La trahison des Ioniens augmenta la confusion ; la valeur athénienne et spartiate fit le reste.

Xercès, témoin du combat, qu'il regardait du haut d'une montagne, vit bientôt sa flotte battue, ses bâtiments pris ou coulés à fond, et ses alliés en fuite. Artémise seule opposa une résistance opiniâtre. Le roi dit lui-même que dans cette bataille une femme s'était conduite en homme.

Cependant, restée sans secours au milieu des ennemis, elle courait le plus grand danger, car sa vie était mise à prix. Un stratagème la sauva : elle fit arborer le pavillon grec sur son vaisseau, attaqua un bâtiment perse, le coula à fond, et, à la faveur de cette ruse, s'éloigna sans être poursuivie par les Grecs, qui prirent son navire pour un des leurs.

Xercès, malgré ses défaites, pouvait encore en peu de temps réunir des forces navales, et son armée de terre, intacte, devait lui laisser l'espoir d'écraser et de subjuguer la Grèce; mais les hommes les plus présomptueux avant le péril sont les plus lâches après un échec : la terreur qu'avait voulu inspirer Xercès, était entrée dans son ame.

Thémistocle, jugeant bien son caractère, le fit avertir secrètement que la flotte grecque voulait partir pour rompre les ponts et lui couper tout moyen de retraite.

Le roi résolut alors de se retirer avec la plus grande partie de ses troupes. Ses flatteurs lui dirent qu'il suffisait de laisser Mardonius en Grèce avec trois cent mille hommes : « Si ce général, disaient-ils,
» soumet les Grecs, vous aurez l'honneur du succès;
» s'il échoue, lui seul en aura la honte. »

Le grand roi, déterminé par ce conseil, se retira ou plutôt s'enfuit, emmenant avec lui cette foule d'esclaves qu'une poignée d'hommes libres avait vaincue, et laissant sur les côtes de Salamine les débris de deux cents de ses vaisseaux détruits ou brûlés.

En arrivant sur l'Hellespont, il apprit qu'une tempête venait de renverser ses ponts; et, n'osant point attendre les bâtiments nécessaires pour l'embarquement de ses troupes, ce fier monarque, qui avait récemment menacé la Grèce du poids de l'Asie entière, se vit obligé de passer seul la mer, sur une petite barque, comme un obscur banni.

Cette célèbre bataille de Salamine commença la gloire de Cimon, qui s'y distingua par une valeur brillante.

Une antique coutume voulait qu'après la victoire chaque capitaine écrivît sur un billet le nom du guerrier qui lui semblait mériter le prix du courage : chacun ne manqua pas de s'assigner à lui-même le premier rang; mais tous donnèrent sur leur billet le second rang à Thémistocle. Ainsi, chacun d'eux eut pour lui la voix de la vanité, et Thémistocle celle de la justice.

La république de Lacédémone décerna le prix de la valeur à Eurybiade, et celui de la sagesse à Thémistocle.

Lorsque le héros athénien parut aux jeux olympiques, tout le monde se leva pour lui faire honneur; et il avoua que ce triomphe avait été le plus beau de sa vie.

Athènes le chargea, pour réparer ses pertes, de parcourir les îles de la Grèce avec quelques vaisseaux, et de leur demander des contributions au nom de deux divinités, la Persuasion et la Force.

Les habitants d'Andros refusèrent d'obéir, au nom de la Pauvreté et de l'Impuissance.

Malgré la ruine presque générale des Grecs, ils déposèrent au temple de Delphes tout le butin fait sur les Perses. Ce grand désastre apprit au monde que l'Asie produisait des hommes, et la Grèce des soldats.

Les Thermopyles assurèrent à Sparte une gloire éternelle : chacun citait en Europe et en Asie les moindres mots de Léonidas et de ses braves compagnons; on rapportait qu'un Thessalien étant venu l'avertir que les Perses étaient près de lui, il répliqua : « Dites plutôt que nous sommes près d'eux. » Un prisonnier disait aux Spartiates que le nombre des flèches des Perses suffisait pour obscurcir le soleil. « Tant mieux, répondit Dénécès; nous com-
» battrons à l'ombre. »

Cependant, malgré le mauvais succès de cette invasion, la présence de Mardonius, avec trois cent mille hommes d'élite, effrayait et trompait encore quelques esprits timides; et la crainte de ses vengeances retenait dans son parti les Béotiens et les Thessaliens, qui redoutaient aussi le juste ressentiment de leurs compatriotes qu'ils avaient trahis.

Mardonius passa l'hiver en Thessalie. Avant d'ouvrir la campagne il essaya la voie des négociations. Alexandre, roi de Macédoine, vint, par ses ordres, proposer aux Athéniens d'éviter leur destruction totale, et de se soumettre à l'autorité d'un monarque dont les forces inépuisables se renouvelaient sans cesse; et il leur promit, s'ils voulaient se séparer de la confédération, de rebâtir leurs temples, leurs villes, d'accroître leur territoire, et d'étendre leur domination sur tous les autres peuples de la Grèce.

Les ambassadeurs de Lacédémone prirent la parole après Alexandre, et s'efforcèrent de démontrer aux Athéniens qu'ils se déshonoreraient en trahissant la cause commune; que leur ruine serait la suite de cette faiblesse; et que, ne pouvant pas les vaincre réunis, on cherchait à les diviser pour les détruire tous plus facilement.

Aristide, qui gouvernait alors la république, reprocha aux Lacédémoniens leur harangue inutile et leurs soupçons injurieux à la foi d'Athènes. Il déclara à Mardonius que le peuple athénien poursuivrait sa vengeance contre les Perses tant que le soleil continuerait sa marche ordinaire : il avertit le roi Alexandre que, s'il se chargeait encore de messages si peu convenables à son caractère et à son rang, on ne respecterait plus en lui les droits du trône, ni ceux de l'hospitalité.

Enfin on rendit un décret solennel pour dévouer aux dieux infernaux tous ceux qui entretiendraient quelque intelligence avec les Perses, ou qui proposeraient de traiter avec eux.

Mardonius, irrité de cette réponse altière, entra dans l'Attique et renouvela ses propositions, qu'il accompagna de violentes menaces. Un membre de l'aréopage, Licidas, proposa de négocier; le peuple furieux le lapida, et enveloppa dans son aveugle vengeance ses enfants et sa femme.

Les Athéniens se retirèrent de nouveau à Salamine : Mardonius entra dans la ville qu'il trouva déserte, détruisit ce que les flammes avaient épargné l'année précédente, et envoya un courrier à Suze pour annoncer, comme un triomphe, cette stérile victoire sur des débris. Il se retira ensuite prudemment en Béotie, où les plaines étaient plus favorables au développement de ses forces et de sa cavalerie.

Les alliés d'Athènes, au lieu de presser les secours promis, s'occupaient à fortifier l'isthme de Corinthe. Les ambassadeurs de l'Attique reprochèrent vivement à Sparte sa lenteur : on différa huit jours de leur répondre, afin d'achever les fortifications commencées.

Le soir du dernier jour, Pausanias partit pour la Béotie avec sept mille Spartiates, accompagnés chacun de cinq Ilotes armés; et le lendemain on déclara aux ambassadeurs athéniens que leurs plaintes étaient sans fondement, et que le secours promis était déjà sorti de la presqu'île.

Mardonius campait dans la plaine de Thèbes, le long du fleuve Asopus. Les Grecs occupèrent une position peu éloignée de son camp, au pied du mont Cythéron.

Aristide commandait les Athéniens, et Pausanias toute l'armée. Ces deux généraux firent prêter à tous les Grecs un serment qui exprimait les sentiments unanimes : « Je préférerai, disait chacun » de ces guerriers, je préférerai la mort à l'escla- » vage; je n'abandonnerai pas mes chefs, même » après leur mort; j'honorerai la mémoire des alliés » qui périront au champ d'honneur; je n'attaque- » rai aucune ville qui aura combattu pour nous; je » décimerai toutes celles qui se seront soumises à » l'ennemi. Je ne veux pas qu'on rebâtisse nos tem- » ples; il faut que leurs ruines rappellent sans cesse » à nos neveux la fureur des Barbares, et rallu- » ment leur juste haine contre eux. »

L'armée des Perses était de trois cent mille hommes; cinquante mille Béotiens et Thessaliens combattaient avec eux.

Les forces des alliés montaient à cent dix mille

hommes; car les victoires de Marathon et de Salamine avaient enfin décidé les timides à se joindre aux vaillants.

Mardonius, instruit de l'approche des Grecs, envoya contre eux sa nombreuse cavalerie, espérant les accabler par cette seule attaque. Les piques serrées des Athéniens et des Spartiates arrêtèrent l'impétuosité des Barbares. Masysthius, qui les commandait, fut tué; sa troupe se débanda, et ce premier échec présagea le triomphe de la liberté.

Cependant les Grecs, craignant de s'exposer à être enveloppés, se retranchèrent dans leurs positions, et y attendirent tranquillement l'ennemi.

On resta huit jours en présence. L'orgueil de Mardonius lui faisait regarder la prudence des alliés comme une lâcheté, et il les provoquait tous les jours par des insultes. Sa cavalerie s'empara d'un grand convoi. Artabaze lui conseillait d'attendre sans combattre, près de Thèbes, l'immanquable dispersion des alliés, que le défaut de subsistances devait bientôt forcer à se désunir.

Mardonius, toujours présomptueux, ne sentit pas la sagesse de cet avis, et résolut d'attaquer le lendemain. Au milieu de la nuit un cavalier arrive dans le camp des Grecs, appelle Aristide, et lui dit: « Malgré le silence des oracles et le conseil des gé- » néraux les plus sages, Mardonius veut combattre; » il vous attaquera demain à la pointe du jour. Sou-

» venez-vous après la victoire que j'ai risqué ma vie
» pour vous avertir : je suis Alexandre, roi de Ma-
» cédoine. »

La plupart des historiens citent ce trait sans le blâmer, comme si la trahison, dans quelque circonstance que ce soit, pouvait jamais cesser d'être infâme.

Au moment où cet avis parvint aux généraux, les Grecs, étant privés d'eau, parce que les Perses avaient comblé les fontaines, changeaient de position; les Lacédémoniens, qui commandaient l'aile droite, s'approchaient déjà de Platée, les Athéniens et la gauche de l'armée marchaient pour les suivre.

Mardonius, informé de ce mouvement, opposa les Béotiens et les Thessaliens aux troupes d'Athènes pour les arrêter et les couper. Il se mit ensuite lui-même à la tête de sa cavalerie, poursuivit les Lacédémoniens, les atteignit, et leur reprocha de manquer aux lois de Lycurgue en se retirant devant l'ennemi.

Les Spartiates, mécontents des auspices, se laissèrent quelque temps insulter et tuer sans combattre, tant était grand chez eux l'empire de la superstition. Mais enfin les Tégéates les entraînèrent; ils se précipitèrent sur les Barbares. La mêlée devint furieuse : Mardonius y fut tué, et sa mort jeta le désordre parmi les Perses, qui prirent la fuite pour regagner leur camp.

Les Athéniens de leur côté battirent les Thessaliens et les Béotiens qui leur étaient opposés; ils rejoignirent ensuite les Lacédémoniens.

Ceux-ci, très-braves dans les combats de plaine, étaient malhabiles pour forcer des retranchements, et attaquaient avec mollesse ceux des Perses. Aristide, à la tête des Athéniens, franchit les fossés et les remparts, et pénétra dans le camp des ennemis, qui se laissèrent égorger comme des victimes.

Tout y périt, excepté quatre mille hommes. Artabaze, apprenant la mort de Mardonius, s'était déjà retiré sur Byzance avec un corps de quarante mille Perses.

Cette victoire complète assura la liberté de la Grèce, et depuis la bataille de Platée aucune armée persane ne se montra en deçà de l'Hellespont.

Les Éginètes voulaient que Pausanias fit attacher le corps de Mardonius à une potence : il répondit qu'il préférait l'estime de sa patrie à la vengeance, et que les mânes de Léonidas étaient suffisamment apaisés par la mort de deux cent mille Perses.

Peu de jours après ce général fit préparer deux repas, l'un brillant de toute la magnificence asiatique, l'autre apprêté avec toute la simplicité spartiate. « Voyez, dit-il, combien Mardonius, ac-
» coutumé à de telles voluptés, était insensé en es-
» pérant vaincre des hommes qui savent se passer
» de tout. »

Les Lacédémoniens et les Athéniens se disputèrent l'honneur de cette grande journée. Un tel débat aurait pu avoir les résultats les plus funestes pour la paix publique; la sagesse d'Aristide en prévint les suites. D'après son avis, on s'en rapporta aux alliés, et on prit pour arbitres Cléocrite de Corinthe et Théogiton de Mégare, qui donnèrent le prix aux Platéens.

Le camp des Perses laissait à la merci du vainqueur un immense butin et toutes les richesses de l'Orient: on en consacra la dixième partie au temple de Delphes; le reste, partagé entre les villes grecques, y répandit l'amour de l'or et les germes de la corruption.

La bataille de Platée se donna la seconde année de la soixante-quinzième olympiade, quatre cent soixante-dix-neuf ans avant Jésus-Christ.

Après la victoire, les alliés, voulant se venger des Grecs déserteurs de leur cause, assiégèrent Thèbes, la prirent et firent périr les béotarques qui avaient conseillé cette défection.

Le même jour qui éclaira la défaite de Mardonius fut témoin d'un autre triomphe de la Grèce. La flotte des alliés, commandée par Leutichyde, roi de Sparte, et par l'Athénien Xantippe, poursuivait celle de Xercès. Les Perses, s'étant retirés à Cumes, près du promontoire de Mycale, avaient, suivant une ancienne coutume, traîné leurs navires sur la terre; ils y étaient à l'abri d'un bon rempart, et défendus par cent mille hommes revenus en Asie avec le roi.

Leutichyde, secondé par les Ioniens, enflamma l'esprit de ses troupes en faisant courir le bruit de la défaite de Mardonius, quoiqu'il l'ignorât encore; profitant de leur enthousiasme, il força les retranchements, extermina un grand nombre de Perses, mit le reste en fuite, et brûla leur flotte.

Xercès, apprenant à Sardes tous ces désastres, déchargea son inutile fureur sur les temples des villes grecques; il les détruisit d'après le conseil des mages, qui attribuaient ses malheurs à sa tolérance pour le culte ennemi. Il se retira ensuite à Suze, dévoré de honte et de regrets.

SUITE DE LA GUERRE CONTRE LES PERSES.

Reconstruction de la ville d'Athènes. — Ambassade de Thémistocle. — Sa déclaration au sénat de Sparte. — Son projet rejeté par les Athéniens. — Victoire de la flotte grecque. — Cupidité de Pausanias. — Sa disgrace. — Sa trahison. — Son accusation. — Son emprisonnement. — Sa mort. — Disgrace de Thémistocle. — Son arrêt. — Sa fuite. — Administration d'Aristide. — Haine d'Artaxerce contre Thémistocle. — Fuite de ce proscrit. — Son déguisement. — Générosité d'Artaxerce envers lui. — Administration de Cimon. — Ses exploits. — Sa protection pour les arts et les lettres. — Rivalité d'Eschyle et de Sophocle. — Mort d'Eschyle. — Politique et ruse de Cimon envers les alliés. — Armement d'Artaxerce. — Victoires de Cimon. — Courage des habitants de l'île de Thase assiégée. — Accusation contre Cimon. — Nouvelle tentative d'Artaxerce. — Mort de Thémistocle. — Révolte des Égyptiens contre les Perses. — Victoire de Charitimes sur les Perses. — Nouvelle armée envoyée en Égypte par Artaxerce. — Retraite et défense courageuse des Athéniens. — Époque de Périclès. — Son gouvernement. — Retour de Cimon en Attique. — Désastre à Sparte par un tremblement de terre. — Révolte et armement des Ilotes. — Exil de Cimon. — Haine entre Sparte et Athènes. — Guerre entre ces deux républiques. — Rappel de Cimon. — Ses victoires sur les Perses. — Traité entre les Grecs et les Perses. — Mort de Cimon. — Puissance de Périclès. — Bannissement de Thucydide par l'ostracisme. — Victoires de Périclès. — Trêve entre Athènes et Lacédémone. — Guerre entre Corcyre et Corinthe. — Défaite des Corinthiens. — Ambassade de Corinthe. — Délibérations à Sparte. — La guerre est résolue. — Ambassade à Athènes. — Déclaration de guerre par Périclès. — Vengeance des ennemis de Périclès. — Jugement et mort de Phidias, ami de Périclès. — Fuite d'Anaxagore. — Aspasie défendue par Périclès. — Tableau d'Athènes et de ses grands hommes — Anaxagore. — Pindare. — Eschyle. — Sophocle. — Euripide. — Aristophane. — Hérodote. — Thucydide. — Xénophon. — Isocrate. — Phidias. — Zeuxis. — Parrhasius. — Timante. — Empédocle. — Pythagore. — Zéleucus et Carondas.

Les Athéniens, délivrés des Perses, rebâtirent leur ville, relevèrent leurs temples, travaillèrent avec activité à fortifier la citadelle et à entourer Athènes de fortes murailles. Mais les Lacédémoniens virent avec peine ces travaux. Leur vaillance et leur vertu avaient porté tous les peuples de la Grèce à reconnaître leur supériorité et à leur céder le commandement de la confédération ; toujours on avait nommé pour généralissime un Spartiate : c'était assez pour l'honneur, mais non pour l'orgueil : il est insatiable ; il ne se contente pas d'être au-dessus, il veut être seul.

L'éclat d'Athènes blessait Sparte, et cette fière république espérait que sa rivale ne relèverait jamais ses murs abattus par Xercès. Elle envoya donc des ambassadeurs à Athènes ; ils représentèrent au sénat et au peuple le danger de construire, hors du Péloponèse, une forteresse qui pourrait servir de place d'armes aux Perses, s'ils renouvelaient leur invasion. Ils annoncèrent avec fierté l'intention de s'opposer à l'achèvement des travaux commencés.

Thémistocle occupait alors une des premières charges de l'état ; cet adroit politique sentit que, dans la position des Athéniens, ils ne pouvaient pas encore opposer la force à l'insolence; il répondit avec adresse, obtint des délais, représenta la nécessité de délibérer mûrement sur une affaire d'une si grande importance pour Athènes et pour toute la Grèce. Il proposa modestement de décider cette grande question à Lacédémone. Les Athéniens nommèrent des députés : Thémistocle, nommé le premier, précéda ses collègues, et partit pour Sparte avec les ambassadeurs de cette république. Lorsqu'il y fut arrivé, il différa de jour en jour la discussion, sous prétexte qu'il ne pouvait rien prendre sur lui dans l'absence de ses collègues qu'il attendait, et dont il avait secrètement retardé le départ.

Pendant ce temps tout le peuple d'Athènes, jusqu'aux femmes et jusqu'aux enfants, travaillait sans relâche aux fortifications. La nouvelle en vint à Sparte : les éphores se plaignirent de la lenteur affectée de Thémistocle et de l'activité des Athéniens.

Thémistocle soutint qu'ils étaient mal informés, qu'ils prenaient mal à propos l'alarme sur un faux bruit. Il leur proposa d'envoyer des députés pour s'assurer de la vérité de ces nouvelles.

Enfin ses collègues arrivèrent; mais les travaux étaient achevés : alors, levant le masque, il déclara en plein sénat qu'Athènes avait résolu de veiller à sa sûreté; qu'aucun des alliés ne pouvait, avec justice, la priver de son indépendance; que les Lacédémoniens voulaient à tort fonder leur force sur la faiblesse des autres peuples de la Grèce; qu'au reste les ouvrages étaient finis, et que les Athéniens sauraient les défendre contre tous ceux qui voudraient les attaquer.

Sparte, étonnée, se tut et n'eut d'autre résultat de ses mauvais desseins que d'avoir dévoilé sa jalousie et son ambition.

Athènes, ayant fortifié ses ports, les remplit avec activité, et ordonna de construire tous les ans vingt vaisseaux.

Thémistocle, qui combattait avec tant de raison l'ambition de Sparte, n'en avait pas une moindre pour sa patrie : il déclara au peuple qu'il avait conçu un projet d'une haute importance; mais qu'il ne pouvait l'expliquer publiquement, puisque son succès exigeait le plus profond secret. Les Athéniens lui dirent de le confier à Aristide seul : alors Thémistocle, le prenant à part, lui avoua que son dessein était de rendre Athènes maîtresse de la Grèce en brûlant toute la flotte grecque, qui se trouvait dans un port voisin. Aristide revint à l'assemblée, et dit : « Rien n'est plus utile pour Athènes que » le projet de Thémistocle; mais rien n'est plus in» juste. »

Cet arrêt d'un homme vertueux suffit pour décider les Athéniens à rejeter la proposition. Athènes alors méritait sa gloire et sa puissance; cependant on pourrait dire que la distinction d'Aristide n'était pas exacte, car ce qui est injuste ne peut jamais être utile.

Quelque temps après, Lacédémone proposa au conseil des amphictyons d'exclure de l'alliance générale les villes qui n'avaient point contribué par leurs secours aux victoires remportées sur les Perses. Par ce moyen, la confédération aurait été réduite à trente villes d'une médiocre puissance, et l'exclusion d'Argos et de Thèbes aurait assuré la domination des Lacédémoniens. Thémistocle rompit ce projet en prouvant que cette rigueur exciterait la discorde, donnerait des alliés aux ennemis, et qu'il fallait fortifier la confédération au lieu de l'affaiblir.

Le peuple d'Athènes, inclinant toujours vers la démocratie, voyait avec peine les priviléges que les lois assuraient à l'opulence : il fallait avoir un revenu de cinq cents médimnes pour être éligible aux places d'archontes. La ville était au moment de se voir la proie des dissensions civiles; Aristide, plus vertueux que politique, fit rendre un décret qui accordait à tous les citoyens le droit d'être élu : cette loi, trop populaire, préparait de longs troubles pour obtenir un calme passager.

Après avoir repoussé si glorieusement l'invasion

des Perses, les Grecs voulurent se venger des maux qu'ils avaient soufferts : leur flotte, commandée par Pausanias de Sparte, par Aristide et par Cimon d'Athènes, partit dans le dessein de rendre la liberté aux villes grecques de l'Asie-Mineure; elle rencontra, près de l'île de Chypre, l'armée navale des Perses, la battit complétement, en détruisit une partie, prit toutes les villes de la côte d'Asie, et s'empara même de Byzance.

Dans cette dernière ville, on trouva un butin immense, et on fit beaucoup de riches satrapes prisonniers; mais, gagné par leurs présents, le généralissime Pausanias les laissa échapper.

Le héros de Platée ne put défendre sa vertu contre les piéges de la fortune et de l'ambition, et la rigide Sparte donna le premier exemple aux Grecs de la trahison et de la cupidité.

La hauteur et les injustices de ce général excitaient les plaintes des alliés; ils le dépouillèrent du commandement pour le donner à Aristide. Ainsi la vertu d'un Athénien et la corruption d'un Spartiate firent passer dans les mains d'Athènes l'autorité dont Lacédémone avait joui jusqu'alors dans la Grèce.

Cependant Pausanias, qui n'était plus généralissime, mais qui commandait encore les Lacédémoniens, irrité de l'affront qu'il avait reçu, oublia ce qu'il devait à sa patrie, et n'écouta plus que son ressentiment et son ambition. Il écrivit à Xercès, et offrit de lui livrer Sparte et toute la Grèce s'il voulait lui accorder sa fille en mariage. Le roi lui fit de riches présents, lui laissa l'espoir d'obtenir ce qu'il désirait, et donna le gouvernement de l'Asie-Mineure à Artabaze, afin de le mettre à portée de suivre cette négociation.

Ces messages, qu'envoyait et que recevait Pausanias, inspirèrent des soupçons. Sa hauteur avec les Grecs, le mépris qu'il montrait pour leurs mœurs, jusqu'au point de prendre l'habillement et le faste des Perses, présentaient un contraste choquant avec la modestie d'Aristide et de Cimon. Une haine générale éclata contre lui; il fut appelé à Sparte, accusé, et absous faute de preuves.

Étant retourné en Asie pour suivre ses projets, un nouvel ordre le ramena à Lacédémone. On le mit en prison : mais son crédit était considérable; il était tuteur du jeune roi Plistarque, fils de Léonidas; les éphores, quoique convaincus de son crime, ne purent le prouver, et se virent contraints de lui rendre la liberté.

Sur ces entrefaites un de ses esclaves, nommé l'Argilien, remarquant que tous ceux que son maître envoyait en Asie n'en revenaient jamais, soupçonna qu'on les y tuait pour assurer le secret de leur mission. Chargé à son tour par son maître d'y porter une lettre, au lieu de partir il la remit aux éphores, et se retira à Ténare, dans le temple de Neptune. Pausanias, apprenant que son esclave s'était réfugié dans ce temple, y courut. Les éphores et quelques citoyens s'y tenaient cachés. L'esclave avoua à son maître que, craignant la mort, il avait ouvert la lettre. Pausanias, voyant son secret compromis, fit beaucoup de promesses à l'Argilien pour l'engager à le garder, le mit totalement dans sa confidence et le quitta. Les éphores, armés de toutes les preuves nécessaires, rendirent un décret pour l'arrêter et le punir. Instruit de cet ordre, il se retira dans le temple de Pallas. La sainteté de cet asile empêchait de l'en arracher; mais le peuple furieux en mura l'entrée : on dit que sa mère y porta la première pierre. On découvrit le toit de cet édifice, pour qu'il n'eût aucun abri, et il y mourut de faim, exposé aux injures de l'air.

Le peuple craignait d'avoir offensé la divinité, et l'oracle de Delphes ordonna, pour apaiser la déesse, d'ériger dans son temple une statue à Pausanias. La lecture des lettres interceptées donna quelques soupçons sur la fidélité de Thémistocle : il avait refusé de seconder l'entreprise du perfide Spartiate, mais il en avait reçu la confidence, et les Lacédémoniens, irrités depuis long-temps contre lui, et jaloux de sa gloire, le discréditèrent à Athènes. Sa vanité, qui blessait ses concitoyens, seconda ses ennemis. Il avait bâti près de sa maison un temple à Diane, et y avait placé sa propre statue; elle existait encore du temps de Plutarque. Il rabaissait le mérite des autres généraux, et se vantait à tout propos de ses services. Comme on lui reprochait un jour d'en trop parler : « Athéniens, dit-il, vous » vous lassez d'entendre dire du bien de moi; mais » vous ne vous lassez pas d'en recevoir. »

Toujours opposé à Aristide, il soutenait les grands et les riches contre le peuple, dont il s'attirait l'animadversion. Comme il s'était montré peu scrupuleux dans l'administration des finances, on se plaisait à vanter devant lui l'incorruptibilité d'Aristide : « Je n'y vois, répondit-il, d'autre mérite que » celui d'un coffre-fort qui garde ce qu'on lui con- » fie. — Thémistocle doit pourtant savoir, répliqua » Aristide, que ce n'est pas un mérite commun d'a- » voir les mains pures et nettes. »

Dans cette disposition des esprits, ses ennemis obtinrent facilement son exil. Les Lacédémoniens ne s'en contentèrent pas, et produisirent des lettres équivoques de Pausanias qui promettait au roi de Perse de l'engager dans son parti.

Thémistocle écrivit avec force pour réfuter ces calomnies; mais on donna l'ordre de le poursuivre, de l'arrêter et de le faire périr. Il en fut instruit; il se sauva d'abord à Corcyre et de là en Épire : ne trouvant de sûreté dans aucun de ces asiles, il eut l'audace de se réfugier chez Admète, roi des Molosses, dont il avait autrefois combattu les intérêts.

Ce monarque était absent; la reine l'accueillit avec bienveillance. Il prit dans ses bras le fils du roi, s'assit près de ses dieux domestiques, et, le voyant arriver, il se leva et lui dit qu'il venait remettre sa vie entre ses mains.

Le généreux Admète lui accorda l'hospitalité, et refusa de le livrer aux Athéniens. Peu de temps après, un de ses amis enleva d'Athènes sa femme et ses enfants, et les lui amena avec une faible partie de ses biens; le reste fut confisqué. Thémistocle dut se souvenir alors des paroles de son père, qui, lui montrant, dans son enfance, une vieille galère brisée et abandonnée sur le rivage, lui dit : « Voilà comme le peuple traite ses serviteurs lors- » qu'il croit n'avoir plus besoin de leurs services. »

Athènes succédait alors totalement à Sparte dans le commandement de la Grèce. La sévérité spartiate avait rendu son joug trop pesant; celui d'Athènes parut d'abord plus léger. Les Lacédémoniens voulaient trop favoriser partout l'aristocratie, et dans toutes les villes grecques le parti populaire se déclarait pour les Athéniens : les contributions sur les alliés avaient été réglées d'une manière illégale et arbitraire; on établit une taxe juste et proportionnelle. Le trésor commun fut placé dans l'île de Délos : il fallait trouver un homme intègre pour administrer les revenus de la confédération; tous les alliés choisirent unanimement Aristide, éclatant et juste hommage rendu à sa probité. Aussi Plutarque disait : « Thémistocle, Cimon et Péri- » clès ont rempli Athènes de monuments et de ri- » chesses; Aristide l'a remplie de vertus. » La sagesse de son administration justifia ce choix.

On ignore le lieu, le genre et le temps de la mort de ce grand homme; ce qu'on sait, c'est qu'il ne laissa pas de quoi se faire enterrer. Callias, son parent, homme très-opulent, fut accusé de n'avoir pas secouru sa pauvreté; mais il prouva qu'Aristide avait refusé tous les dons qu'il avait voulu lui faire. Lysimaque, son fils, fut nourri au prytanée; sa fille fut dotée par l'état. Le plus beau des titres de la gloire humaine, le surnom de *juste*, est resté inséparablement attaché au nom d'Aristide.

La cour de Perse, qui avait voulu bouleverser l'Europe, était devenue le théâtre des plus sanglantes révolutions. Les folies et les crimes de Xercès lui aliénaient le cœur de ses sujets. Artabane, l'un des grands du royaume, l'assassina, attribua son crime à Darius, fils de ce malheureux roi, et le fit tuer par son frère Artaxerce. Ce prince, découvrant la vérité et de nouveaux complots d'Artabane, s'affermit sur le trône par sa mort.

Artaxerce hérita de la haine de son père contre les Grecs, et ne fut pas plus heureux que lui. Il haïssait surtout Thémistocle, qu'il regardait comme le principal auteur des désastres éprouvés par les Perses en Europe et en Asie; et, croyant qu'il pourrait être forcé de se réfugier dans quelques pays de sa dépendance, il fit mettre partout sa tête à prix.

Cependant les Athéniens poursuivaient toujours leurs projets de vengeance contre cet illustre proscrit, et menaçaient Admète de lui faire la guerre s'il continuait de le protéger. Thémistocle, ne voulant pas que ce prince fût puni de sa générosité, sortit de ses états, et vint en Éolie, où il se cacha chez un Grec, nommé Nicogène: là il apprit que le roi de Perse avait promis deux cents talents à celui qui le tuerait; mais il savait que, dans les extrêmes périls, il n'y a souvent de remède qu'une extrême audace. S'étant déguisé en femme, il se rendit à Suze dans une voiture couverte, et se fit annoncer au roi de Perse comme un Grec obscur, mais qui voulait lui parler d'une affaire importante. Admis à l'audience, il dit avec une noble hardiesse : « Seigneur, » je suis Thémistocle; banni par les Athéniens, je » cherche un asile ou la mort; vous pouvez sauver » un suppliant, ou faire périr un homme regardé » par les Grecs comme leur plus grand ennemi. »

Le roi ne lui fit d'abord aucune réponse; mais, dans les transports de la joie que lui causait la possession d'un si redoutable adversaire, on l'entendit plusieurs fois s'écrier la nuit : « Enfin j'ai Thémisto-

» cle l'Athénien ! » Le lendemain il lui fit donner les deux cents talents promis à celui qui lui livrerait sa tête, lui assura un état splendide, assigna plusieurs villes à son entretien et à sa nourriture, lui fit épouser une des plus riches femmes de la Perse et le combla de faveurs.

Dans cette prospérité inattendue, Thémistocle disait quelquefois à ses enfants, en leur faisant entrevoir les malheurs auxquels ils auraient été exposés dans Athènes : « Mes amis, nous périssions si » nous n'eussions péri. »

Cimon, qui s'était formé aux vertus et à la gloire sous la conduite d'Aristide, hérita de son crédit et administra la république. Sa jeunesse orageuse n'avait annoncé que des vices; ils disparurent et firent place à toutes les grandes qualités qu'on peut désirer dans un homme d'état : on retrouva en lui le courage de Miltiade, la prudence de Thémistocle et la justice d'Aristide. Chef de l'armée et de la flotte athéniennes, il fit la conquête d'Éione sur le Strymon, d'Amphipolis et d'une partie de la Thrace : il y plaça une colonie de dix mille Athéniens. Quelques-uns de ses succès furent vivement disputés : car, malgré la supériorité des Lacédémoniens et des Athéniens, l'esprit et le courage grec se retrouvaient partout, même en servant contre leur patrie.

Quelques Perses rivalisaient de dévouement avec

les Grecs : Bogès, gouverneur d'Éione, après une longue défense, jeta dans le Strymon toutes les richesses de la ville, poignarda sa femme, ses enfants, et périt dans les flammes de leur bûcher.

Cimon rapporta de Scyros à Athènes les os de Thésée, et lui fit rendre de grands honneurs : les héros ne sont jamais mieux honorés que par ceux qui les imitent. Cimon ne se contentait pas d'illustrer sa patrie par ses exploits ; il protégeait et encourageait les beaux-arts et les lettres qui commençaient à faire une grande partie de la gloire d'Athènes. Eschyle jusqu'alors avait été le premier des auteurs tragiques ; Sophocle lui disputa la palme du théâtre. Les suffrages se partagèrent entre eux ; on prit pour juge Cimon et quelques généraux ses collègues, aussi éclairés que vaillants : ils donnèrent le prix au jeune Sophocle. Eschyle ne put supporter cette disgrace ; il s'exila en Sicile et y mourut, tant était violent chez les Athéniens l'amour de toute espèce de triomphe.

Jusque-là on avait exigé avec rigueur des alliés les troupes qu'ils devaient fournir pour leur contingent. Cimon, plus habile que ses prédécesseurs, ne leur demanda que de l'argent, afin qu'ils perdissent le goût des armes : ils s'amollirent dans la paix, de sorte qu'au lieu d'alliés ils devinrent presque sujets des Athéniens.

Cet infatigable guerrier, commandant deux cents

voiles, poursuivait toujours les Perses, épuisait leurs ressources, minait leurs forces, et détachait beaucoup de villes de leur alliance : en peu de temps il ne laissa pas au grand roi une seule possession dans l'Asie-Mineure, depuis l'Ionie jusqu'à la Pamphilie.

Après la prise de Sestos et de Byzance, il s'était élevé parmi les alliés une contestation sur le partage du butin et des captifs. Cimon, plus fin que ses adversaires, leur donna le butin, et garda pour Athènes les prisonniers. On le railla d'abord sur un partage qui semblait si désavantageux; mais enfin les rançons des prisonniers arrivèrent, et leur produit surpassa tellement celui du butin, qu'Athènes en retira les sommes nécessaires pour entretenir sa flotte et son armée pendant quatre mois.

Artaxerce, irrité de tant de revers, et décidé à tenter un grand effort, avait rassemblé toutes ses forces maritimes, composées de trois cent cinquante voiles : elles se réunirent à l'embouchure de l'Eurymédon. Une armée de terre les soutenait. Cimon défit la flotte, prit deux cents vaisseaux, et en coula bas un grand nombre. Il descendit ensuite à terre, mit les Perses en déroute, en fit un grand carnage, et rapporta un butin immense. Apprenant en même temps qu'une flotte phénicienne de quatre-vingts voiles arrivait de Chypre, il courut au-devant d'elle et la détruisit presque totalement.

Après ces victoires, que la renommée égale à celles de Salamine et de Platée, il revint triomphant dans Athènes.

Toutes les richesses qu'il avait conquises furent employées à l'embellissement de la ville et aux fortifications du port. L'année suivante, il marcha vers l'Hellespont, chassa les Perses de la Chersonèse de Thrace, et, quoique son père en eût été souverain, il la donna à Athènes. Les habitants de l'île de Thase se révoltèrent : Cimon détruisit leur flotte et assiégea leur ville. Ce siége dura trois ans. Les assiégés s'opiniâtraient à la résistance ; les femmes mêmes combattaient et faisaient des cordes pour les machines avec les tresses de leurs cheveux. La plus affreuse famine se joignit enfin à tous les maux de la guerre ; tout allait périr, et aucun n'osait élever la voix pour la paix, parce qu'une loi menaçait de la mort tout homme qui parlerait de traiter.

Dans cette extrémité, un citoyen, nommé Hégétoride, s'étant attaché une corde au cou, proposa de capituler pour sauver le peuple : ce courageux dévouement toucha et changea les esprits ; on capitula ; les Athéniens épargnèrent la ville et se contentèrent de la démanteler.

Cimon enrichit encore Athènes par la conquête de toute la Thrace, très-abondante en mines. Les Athéniens, enorgueillis par toutes ces victoires, espéraient que la Macédoine serait aussi conquise; mais Cimon s'arrêta aux frontières de ce royaume.

L'ingratitude populaire oublie les services et n'épargne aucune vertu pour peu qu'elle croie ses intérêts blessés : Cimon fut accusé de s'être laissé corrompre par le roi de Macédoine. Il se justifia en rappelant la conduite d'Alexandre, qui avait été constamment amicale et pacifique. Il représenta aux Athéniens qu'ils soulèveraient toute la terre contre eux s'ils portaient leurs armes contre les princes et les peuples qui ne les avaient point attaqués. Le reproche de corruption parut improbable; la vie entière de Cimon plaidait pour lui.

Cependant Artaxerce, effrayé de la gloire d'Athènes, voulait encore tenter une invasion et détruire un peuple qui lui faisait tant de mal : il ordonna à Thémistocle de prendre le commandement de son armée, et de marcher contre les Athéniens. Cet illustre citoyen résolut de mourir pour éviter d'être ingrat ou traître : il offrit un sacrifice solennel aux dieux, donna un grand festin à ses amis, leur fit de touchants adieux, et s'empoisonna. La ville de Magnésie lui éleva une statue.

Thucydide nie ce fait, et prétend que sa mort fut naturelle. Son refus de servir contre sa patrie n'en serait que plus noble s'il n'avait pas taché l'héroïsme de cette action par le suicide. Ce qui est certain, c'est qu'à la fin de sa carrière, Thémistocle, corrigé de son orgueil et de sa cupidité, ne montra plus que des vertus.

Sa fille était recherchée par un citoyen pauvre et vertueux et par un homme opulent, mais de mauvaises mœurs; il préféra le mérite sans biens à la richesse sans mérite.

L'entreprise que méditait Artaxerce contre la Grèce fut arrêtée par une puissante diversion qui donna aux Athéniens de nouveaux moyens de vengeance.

Les Égyptiens, souffrant impatiemment le joug des Perses, se révoltèrent et prirent pour roi Inarus, prince de Libye. Athènes envoya au secours d'Inarus une flotte et une armée : Charitimes les commandait. Ce général détruisit, à l'embouchure du Nil, cinquante vaisseaux perses, remonta le fleuve, débarqua, et, s'étant joint à Inarus, attaqua le prince Achéménides, frère d'Artaxerce, qui était entré en Égypte à la tête de trois cent mille hommes.

La bataille fut longue et sanglante : les Perses vaincus y perdirent cent mille guerriers; le reste de leur armée se réfugia dans Memphis, et s'y défendit trois ans.

Artaxerce voulut en vain gagner les Lacédémoniens, et les engager à faire la guerre aux Athéniens. La jalousie qui existait entre ces deux républiques ne les avait pas encore aveuglées, comme elle le fit depuis, sur leurs intérêts communs.

Le roi de Perse, renonçant pour le moment à l'espoir de diviser les Grecs, envoya en Égypte une nouvelle armée sous les ordres d'Artabaze et de Mégabyse. Ces généraux, plus habiles ou plus heureux que leurs prédécesseurs, forcèrent les alliés à lever le siége de Memphis. Inarus fut battu : les Athéniens, forcés à la retraite, se renfermèrent dans l'île de Prosopytis, qu'entouraient deux bras du Nil. Ils s'y défendirent dix-huit mois, et restèrent ainsi seuls en armes après que l'Égypte se fut soumise aux Perses.

Les généraux d'Artaxerce creusèrent des canaux et mirent à sec les bras du Nil. Six mille Athéniens, restés sans défense, voulurent égaler la gloire des Lacédémoniens aux Thermopyles : ils brûlèrent leurs vaisseaux, et se montrèrent décidés à subir plutôt la mort que la captivité.

Cette résolution courageuse imposa aux Perses, qui leur permirent de retourner librement à Athènes.

Ce fut à cette époque qu'Artaxerce fit partir Esdras pour Jérusalem, en le chargeant d'y rétablir la loi de Moïse et le temple de Salomon. Dans ce même temps, Rome rendit un éclatant hommage aux lumières et aux vertus de la Grèce en envoyant demander à l'aréopage les lois qui devaient la gouverner.

Périclès commençait alors à prendre part aux

affaires publiques. Cet homme fameux, qui donna son nom à son siècle, était destiné à répandre à la fois sur sa patrie le plus grand éclat et les germes de la corruption qui causa sa décadence.

Il était fils de Xantippe, le vainqueur de Mycale, et par sa mère, il descendait de Clysthène. Son instituteur fut Anaxagore de Clazomène, ce sage philosophe auquel on avait donné le surnom d'*intelligence*, parce qu'il attribuait à un seul dieu la création et le gouvernement du monde.

Périclès était armé de la force la plus puissante dans les républiques, celle de l'éloquence: la sienne était si séduisante qu'on disait que les graces et la persuasion résidaient sur ses lèvres, et quelquefois elle paraissait si forte qu'on la comparait à la foudre. Son rival Thucydide, qui lutta long-temps contre lui dans les combats de la tribune, disait: « Quand j'ai renversé Périclès par terre, son élo- » quence est si adroite qu'elle prouve aux assistants » que c'est moi qui suis tombé. »

Jamais homme ne connut mieux son temps et son pays. Avant d'élever la voix, on tient de lui-même qu'il se disait toujours: « Songe, Périclès, » que tu vas parler à des hommes libres, à des » Grecs, à des Athéniens. » Et il priait les dieux de le préserver de toute inconvenance et de toute pensée contraire à la dignité et au bonheur de sa patrie.

On trouvait dans sa jeunesse qu'il ressemblait à Pisistrate ; ce qui était d'un bon augure pour son ambition, mais très-dangereux chez un peuple jaloux de sa liberté. Cachant adroitement l'amour du pouvoir sous les dehors de la popularité, il évita soigneusement d'abord tout ce qui pouvait donner de l'ombrage ; il parut pendant plusieurs années livré aux plaisirs, aux lettres, aux arts et aux sciences ; et, lorsque les devoirs de citoyen l'appelèrent à la guerre, il sut cacher son ambition tout en montrant sa bravoure.

Ayant peu à peu gagné les affections du peuple, l'absence de Cimon lui parut enfin une circonstance favorable pour marcher à son but : alors il changea tout à coup de formes ; il devint grave, sévère ; se mêla activement des affaires publiques, évitant avec soin, d'une part, l'orgueil choquant de Thémistocle, et, de l'autre, cette familiarité qui diminue le respect. On le voyait rarement en public. Ses amis et ses confidents se chargeaient sous sa direction des affaires de détail : pour lui, semblable à Jupiter, il ne s'occupait que des plus importantes ; mais alors son éloquence entraînante soumettait le peuple à ses volontés.

On le porta rapidement aux plus hautes magistratures. La confiance devint une habitude et se changea en obéissance, de sorte qu'au milieu d'une république, il devint presque monarque. Habile à lire au fond du cœur des hommes, il satisfaisait le peuple par le partage des terres conquises, payait les spectacles avec les deniers publics, amollissait les mœurs des Athéniens pour les gouverner plus facilement, et se servait des jeux, des arts, des talents et des plaisirs pour les éloigner des affaires.

Souffrant la licence à la comédie, il permettait sans se fâcher qu'on le jouât sur la scène : il ôtait ainsi la liberté réelle au peuple dans l'administration, et lui en laissait le fantôme au théâtre. Le sort ne l'avait nommé ni archonte ni polémarque, et il fallait avoir occupé ces emplois pour être membre de l'aréopage. Ne pouvant donc entrer dans ce corps auguste et sévère, dont il redoutait l'autorité, il lui enleva peu à peu ses plus importantes attributions, et les donna aux tribunaux inférieurs qu'il gouvernait. Ce fut ainsi qu'il se rendit le maître de la république.

Cimon revint alors dans l'Attique, et voulut rétablir l'aristocratie pour renverser le pouvoir populaire, qui faisait la base de l'autorité de Périclès ; mais son opposition balança seulement la puissance de son rival sans pouvoir la détruire.

La vertu de Cimon faisait la gloire de son pays ; mais son austérité déplaisait aux Athéniens : partisan déclaré des lois de Lycurgue, il vantait toujours Sparte aux dépens d'Athènes, et par cette partialité il choquait la vanité de ses concitoyens.

La république de Lacédémone éprouva dans ce temps de grands malheurs, et se vit au moment d'une ruine totale : un affreux tremblement de terre renversa toutes les maisons de Sparte; il n'y en eut que cinq qui échappèrent à ce fléau. Le sommet du mont Taygète, arraché de ses fondements, s'écroula, tomba sur la ville et l'écrasa. Les Ilotes, profitant de ce malheur public, brisèrent leurs chaînes et prirent les armes, dans l'espoir de détruire les habitants dispersés. Mais le roi Archidamus avait rassemblé les citoyens, il repoussa les Ilotes. Ceux-ci appelèrent les Messéniens, qui les appuyèrent de toutes leurs forces.

Dans ce danger pressant, les Lacédémoniens demandèrent des secours à Athènes. Le peuple s'assembla : Éphialte, ami et confident de Périclès, voulait qu'on refusât toute assistance et qu'on laissât périr une république dont la seule rivalité empêchait Athènes de dominer la Grèce. Mais le vertueux Cimon représenta avec tant de force la lâcheté de cet abandon, il fit sentir avec tant de sagesse qu'on ne devait pas laisser « la Grèce boiteuse et » Athènes sans contre-poids, » qu'il entraîna tous les suffrages. L'antique générosité l'emporta sur une politique ambitieuse; les secours furent accordés : Cimon marcha avec quatre mille hommes en Laconie, et délivra Sparte du péril qui la menaçait.

Peu de temps après, les Messéniens et les Ilotes

recommencèrent la guerre. Cimon entra de nouveau dans le Péloponèse : mais les Lacédémoniens, trouvant cette fois leurs forces suffisantes pour battre seuls leurs ennemis, prirent ombrage du secours qu'on leur offrait, le refusèrent et le renvoyèrent en Attique. Les Athéniens, irrités de cette injure, regardèrent Cimon comme la cause de l'affront qu'ils avaient reçu, et le bannirent pour dix ans.

Délivré d'un rival si redoutable, Périclès devint plus puissant que jamais. Les Spartiates vainquirent leurs ennemis et subjuguèrent totalement Ithome et la Messénie; Mégare, qui depuis quelque temps suivait l'influence d'Athènes, se rangea sous celle de Sparte. La jalousie des deux républiques, si utile à la gloire commune tant qu'elle n'avait été qu'une noble émulation, devint une haine violente qui s'aigrissait de jour en jour; chacune, prévoyant une rupture prochaine, cherchait et trouvait des alliés.

Si la Grèce avait été autrefois fatiguée de la dure autorité de Lacédémone, elle ne l'était pas moins alors de l'ambition turbulente des Athéniens.

Tandis que Cimon combattait les Perses, Myronide et d'autres généraux d'Athènes attaquaient en Europe Corinthe, Épidaure, Thèbes; ils démolissaient Égine et brûlaient ses vaisseaux. Leurs armes avaient conquis la Thessalie, et forcé ses habitants à rentrer sous le joug d'Oreste.

Tant qu'Athènes eut à craindre l'invasion des Perses, elle montra toutes les vertus qui font le salut et la gloire des républiques : la pudeur, la modestie, le désintéressement y régnaient, et les plus héroïques travaux n'avaient d'autre but, d'autre prix que l'estime publique. On n'accorda des statues à Harmodius et à Aristogiton qu'après leur mort; Aristide et Thémistocle n'obtinrent pas même une couronne de laurier : Miltiade en demanda une après la bataille de Marathon : un simple citoyen lui répondit : « Vous ne l'obtiendrez que lorsque » vous aurez battu tout seul les ennemis. »

Les inscriptions destinées à perpétuer le souvenir des victoires de Cimon donnaient de grands éloges aux troupes, mais n'en accordaient à personne en particulier.

La défaite des Perses, en laissant aux Athéniens une grande sécurité, leur fit perdre une partie de leurs vertus. Leur flotte nombreuse, qui avait d'abord fait leur salut, les corrompit ensuite en étendant leur puissance et en accroissant leurs richesses. On s'était armé dans le principe pour défendre la liberté; par la suite on ne combattit que pour piller. Enfin le décret de Thémistocle, en appelant une foule d'étrangers dans Athènes pour en augmenter la population, y changea les mœurs en mêlant la mollesse asiatique à la simplicité grecque.

Sparte, plus sévère, avait un peux mieux résisté

à la séduction des richesses : mais les victoires enflèrent son orgueil; et, si elle n'égalait pas Athènes en cupidité, elle la surpassait peut-être en ambition.

La guerre ne tarda pas à éclater entre les deux républiques. Un corps de Lacédémoniens rencontra des troupes athéniennes à Tanagre en Béotie, les attaqua et les battit. Cimon, quoique exilé, se trouvant près du lieu du combat, voulut y prendre part : on refusa les services de ce généreux citoyen. En s'éloignant, il exhorta les compagnons qu'il avait amenés à remplir leur devoir, ils obéirent et se firent tous tuer.

Les mobiles Athéniens, inquiets des suites de cette guerre, commencèrent à se plaindre de Périclès et à regretter Cimon : Périclès, trop adroit pour irriter le peuple par une résistance intempestive, fit lui-même ce qu'il ne pouvait empêcher, et provoqua le décret qui rappelait son rival.

Cimon, de retour, et se trouvant de nouveau à la tête du gouvernement, conçut la grande idée d'éloigner la discorde de la Grèce en occupant ses armes contre l'ennemi commun : il envoya cinquante vaisseaux au secours d'Amyrthée, chef d'une nouvelle révolte en Égypte, et marcha lui-même avec deux cents voiles contre Artabaze, qui était alors près de l'île de Chypre. Il attaqua l'armée des Perses : la victoire lui fut fidèle; il prit cent vaisseaux aux ennemis et en détruisit un grand nombre. Étant ensuite débarqué en Cilicie, il attaqua Mégabyse, le battit et détruisit une partie de son armée. Son projet était de passer de là en Égypte; mais il voulut auparavant s'emparer de l'île de Chypre : il y descendit et assiégea Sicyone.

Cependant l'orgueil d'Artaxerce, abaissé par tant de défaites, s'humilia devant la fortune des Grecs; et, craignant de voir l'Asie consumée par le feu qu'il avait voulu porter en Europe, il envoya Mégabyse et Artabaze à Athènes pour demander la paix. L'Athénien Callias fut chargé par les alliés de conduire cette négociation : elle fut prompte, et se termina par un traité aussi glorieux pour les Grecs qu'humiliant pour les Perses.

La liberté fut assurée à toutes les villes de l'Asie-Mineure : les Perses promirent qu'aucun vaisseau de leur nation ne paraîtrait sur la mer depuis le Pont-Euxin jusqu'aux côtes de Pamphilie, et il fut défendu à toutes les troupes du roi de Perse d'approcher à plus de trois journées des côtes de l'Ionie et de l'Hellespont.

Telle fut la fin de la guerre des Perses, qui avait duré cinquante-un ans.

Tandis qu'on négociait ce traité, Cimon mourut d'une blessure qu'il avait reçue à Sicyone. Par ses ordres ses officiers cachèrent sa mort aux ennemis, et ramenèrent à Athènes sa flotte victorieuse, que son ombre et son nom commandaient encore.

Périclès, délivré de ce rival, affermit de jour en jour sa puissance, malgré les efforts de l'aristocratie qui lui opposa vainement Thucydide, beau-frère de Cimon.

Maître de l'état, il gouvernait avec beaucoup de prudence une si nombreuse et si active population; équipant tous les ans soixante vaisseaux, il soudoyait et occupait un grand nombre de pauvres.

Athènes envoya plusieurs colonies dans la Chersonèse, dans l'Archipel, en Thrace et en Italie, où ses colons bâtirent la ville de Thurium. Protecteur éclairé des lettres, des sciences et des arts, Périclès remplit la ville de statues, de tableaux et de monuments : sa magnificence, son urbanité attiraient une foule d'étrangers qui venaient verser les richesses du monde dans les murs d'Athènes.

On l'accusa enfin de tyrannie : on prétendit qu'il prodiguait arbitrairement l'argent des étrangers pour la construction dispendieuse de tant d'édifices publics. Périclès offrit de payer de ses deniers tous ces monuments, pourvu qu'on inscrivît sur leurs colonnes que lui seul les avait érigés. La vanité athénienne refusa cette offre, et laissa tomber l'accusation.

Phidias, le plus célèbre des sculpteurs, avait fait une statue de Pallas, d'ivoire et d'or, et haute de trente-neuf pieds. L'Odéon, théâtre immense, fut construit sur le modèle du magnifique pavillon dressé pour Xercès sur la montagne d'où il vit la défaite de son armée à Salamine.

Périclès, éblouissant ainsi le peuple athénien par l'éclat qu'il répandait sur lui, ne tarda pas à triompher de l'opposition de Thucydide, et le fit bannir par l'ostracisme. Voulant étendre de plus en plus la domination de sa patrie, il proposa aux amphictyons un décret pour engager toutes les villes grecques d'Europe et d'Asie à envoyer des députés à Athènes, afin d'y délibérer sur les moyens de réparer les maux, les dommages de la guerre, et de relever les temples détruits. Sparte aperçut le but de ce projet, et le déjoua en faisant sentir que son exécution rendrait Athènes la capitale et la souveraine de la Grèce.

Périclès ne tarda pas à s'apercevoir que la tranquillité extérieure porterait l'activité des Athéniens à s'occuper de leur administration et de leur liberté; il vit qu'il fallait les faire combattre pour les gouverner, et qu'il devait ajouter à sa considération la gloire des armes. L'ambition du peuple favorisait ses intentions; il fit la guerre avec succès en Thrace, porta la terreur sur les côtes du Péloponèse, pénétra dans le Pont, et menaça de ses armes l'Égypte, la Sicile et Carthage.

Une guerre, qu'on appela *sacrée*, éclata bientôt dans la Grèce. Sparte avait enlevé la surveillance du temple de Delphes aux Phocéens; Périclès les y rétablit : l'Eubée s'était révoltée, il y marcha et la soumit. Sparte, appuyée de l'alliance de Mégare, attaqua l'Attique. Périclès remporta une victoire sur les Spartiates, et conclut, entre Athènes et Lacédémone, une trêve qui devait durer trente ans. Mais l'ambition et l'animosité des deux peuples ne tardèrent pas à la rompre, et à commencer cette longue et fatale guerre, appelée la guerre du Péloponèse.

Tous les alliés d'Athènes se plaignaient de Périclès, et l'accusaient d'employer le trésor public aux monuments dont il décorait sa patrie. Sans s'effrayer de ces reproches, il leur opposait les succès de la confédération, et prétendait qu'il ne devait à la Grèce aucun compte des contributions, lorsqu'il prouvait suffisamment que l'objet pour lequel elles avaient été levées se trouvait si glorieusement rempli. Son éloquence terrassa ses adversaires, et son armée triompha de ses ennemis.

Il ferma d'une forte muraille l'isthme de Corinthe, pour le défendre des attaques des Thraces. Partout, sous son administration (on pourrait presque dire sous son règne), la puissance d'Athènes fut respectée. Pour étendre sa domination il profita habilement des discordes des pays voisins. Samos et Milet étaient en guerre : Périclès prit le parti des Milésiens, entra deux fois dans Samos, et y établit deux fois le gouvernement démocratique. Une flotte phénicienne, qui voulait s'opposer à cette entreprise, fut battue et presque détruite.

Une querelle plus difficile à terminer, et dont les suites furent longues et plus funestes, eut lieu entre Corcyre et Corinthe, son ancienne métropole. Les Athéniens se déclarèrent pour Corcyre, et livrèrent aux Corinthiens plusieurs combats, dont le succès fut indécis.

La ville de Potidée était alors une colonie corinthienne. Athènes voulut qu'elle démolît ses murs, et chassât ses magistrats nommés par Corinthe. Une bataille eut lieu près des murs de Potidée : les Corinthiens furent vaincus. Le sage Socrate, qui s'était couvert de gloire dans ce combat, fit adjuger le prix de la valeur au jeune Alcibiade, dont il présageait les hautes destinées.

Sparte, jalouse de cette victoire, embrassa la défense de Potidée, et engagea Perdiccas, roi de Macédoine, dans son parti.

Les deux armées se rencontrèrent, et l'infanterie macédonienne fut mise en déroute par les Athéniens, qui assiégèrent ensuite Potidée.

Cet événement porta au plus haut point la haine de la plus grande partie des Grecs contre Athènes : ils l'accusaient de s'attribuer tout l'honneur de leurs triomphes communs, et lui reprochaient surtout d'attenter à l'indépendance des autres peuples.

Corinthe, qui avait déjà déclaré l'alliance rompue, envoya des ambassadeurs à Lacédémone pour invoquer la vengeance publique contre les Athéniens. On délibéra dans le sénat de Sparte, et ensuite en présence du peuple, sur cette grande affaire, dont la décision était si importante, d'une part pour le repos, et de l'autre pour la liberté de la Grèce.

Les Corinthiens et leurs alliés exposaient leurs griefs et demandaient la guerre. Les députés d'Athènes rappelaient les services rendus à la cause commune, et citaient avec orgueil leur dévouement, leur ville abandonnée, leurs murs détruits, et les victoires de Marathon et de Salamine.

Le roi de Sparte, Archidamus, conseillait la paix, et faisait prévoir tous les malheurs d'une longue guerre qui déchirerait la Grèce, et laisserait respirer l'ennemi commun.

Les émissaires du roi de Perse soufflaient le feu de la discorde : l'orgueil blessé parlait pour eux; la guerre fut résolue. Cependant, avant de combattre, on envoya à Athènes des ambassadeurs qui exigèrent que cette république remît en pleine liberté toutes les villes grecques qui étaient sous sa domination ou sous son influence; on demandait particulièrement la révocation d'un décret qui interdisait à la ville de Mégare tout commerce avec Athènes.

Les plus riches et les plus sages des Athéniens

voulaient que la république consentît à des sacrifices; ils craignaient la ruine de leurs propriétés en Attique, et voyaient avec effroi tous les maux que cette guerre intestine devait attirer sur la Grèce. Mais, malgré les efforts de Thucydide et de son parti, le système dominateur de Périclès prévalut. Il flatta la vanité du peuple en lui rappelant ses trophées, en lui présentant un tableau séduisant des forces militaires et de l'état des finances.

Athènes avait alors trois cents galères, trente mille hommes de troupes, et, dans le trésor, neuf mille six cents talents, ou vingt-huit millions. Les contributions des alliés se montaient à quinze cent mille francs par an. Il rassura les citoyens sur les ravages que l'Attique pouvait avoir à redouter. « Ce serait, dit-il, un mal passager. Abandonnez la
» campagne à l'ennemi, ne défendez que la ville;
» vos flottes et vos troupes iront porter la terreur
» dans les foyers de vos ennemis, qui seront obligés
» de rappeler leurs armées pour se défendre contre
» des attaques multipliées que la rapidité de nos
» voiles dirigera de tous côtés. L'orgueil de Sparte
» vaincu ne pourra vous résister, et il cessera de
» vous disputer l'empire qui vous est dû, et que
» vous avez si glorieusement mérité. »

Sûr des dispositions de ses concitoyens, et chargé de répondre pour eux, il rétorqua tous les arguments des ambassadeurs de Lacédémone, en leur reprochant d'avoir fait peser sur la Grèce un joug bien plus dur et beaucoup moins populaire que celui d'Athènes. Enfin il déclara qu'Athènes ne consentirait à se départir de son autorité sur les villes qui reconnaissaient sa domination, que si Sparte en donnait l'exemple en rendant la liberté aux Ilotes, aux Messéniens et à toutes les villes qui gémissaient sous sa puissance.

Aucun des deux partis ne voulait sincèrement la liberté; Sparte et Athènes prétendaient réellement à la domination: aussi les discours n'étaient que de vaines formes; et le glaive seul pouvait décider cette question. La guerre fut donc définitivement déclarée.

Elle était nécessaire au repos de Périclès, comme à son ambition; car ses ennemis s'agitaient sans cesse pour détruire son autorité. N'osant l'accuser directement, ils attaquèrent les objets qui lui étaient les plus chers : ils mirent en jugement le célèbre Phidias, son ami. On lui reprochait d'avoir dérobé une partie de l'or destiné à la statue de Minerve, et d'avoir commis une impiété en plaçant le portrait de Périclès sur le bouclier de Pallas. Phidias se disculpa du vol; mais, convaincu de l'autre délit, il fut jeté en prison et y mourut.

Anaxagore, accusé également d'impiété, savait que la raison ne peut résister au fanatisme; il se déroba par la fuite aux passions du peuple.

Aspasie était également célèbre par sa beauté, par sa science, par son esprit et par sa galanterie. Le sage Socrate disait qu'il avait appris d'elle la rhétorique. Les plus illustres philosophes, les plus respectables magistrats écoutaient ses leçons et suivaient ses conseils. Périclès prétendait lui devoir son éloquence. Il l'avait épousée; il plaida sa cause, et quelques auteurs disent qu'il entraîna les juges moins par la force de son discours que par la puissance des charmes d'Aspasie, qu'il fit paraître sans voile à leurs yeux.

Athènes alors offrait le plus singulier et le plus brillant mélange de sagesse et de folie, d'enthousiasme et d'ingratitude, de lumières et de superstitions, de cruauté et d'urbanité, de vertus publiques et de licence privée : on y voyait à la fois de sages politiques, des orateurs turbulents, des guerriers vaillants et généreux, une populace insolente et timide, des épouses pudiques et laborieuses, des courtisanes spirituelles et corruptrices, des artistes et des poètes célèbres, déchirés par une foule de sophistes et de satiriques obscurs et envieux, enfin des philosophes éloquents et sévères, entourés d'une jeunesse ardente et légère, qui n'écoutait leurs leçons que pour orner son esprit, sans les graver dans son cœur constamment livré à l'ambition et aux voluptés. Ainsi, à cette époque mémorable, se trouvaient réunis tous les éléments de gloire et de corruption qui annoncent à un peuple qu'il est au faîte de sa grandeur, et qu'il touche au premier degré de sa décadence.

Parmi les principaux personnages qui illustraient alors Athènes, était Anaxagore, l'instituteur, l'ami, le conseiller de Périclès. Il avait renoncé à la fortune pour s'adonner à la philosophie. Ferme dans le dogme de l'immortalité de l'ame, et croyant tout soumis aux lois d'une intelligence suprême, il regardait le ciel comme sa vraie patrie, et s'occupait si peu de la terre, qu'il finit, à Lampsaque, ses jours dans la misère. Les habitants de cette ville le priant de leur faire connaître ce qu'il désirait d'eux après sa mort, il demanda un jour de congé pour les jeunes gens.

Périclès l'avait laissé sans secours : l'ambition fait oublier l'amitié. Apprenant qu'il touchait à sa fin, il lui fit des offres tardives : le philosophe répondit : « Il n'est plus temps; vous deviez savoir » que, lorsqu'on aime sa lampe, on y verse de » l'huile. »

Pindare, né à Thèbes, brillait alors : on le regarde comme le premier des poètes lyriques. Horace avertit les poètes qu'on ne peut, sans folie, prétendre l'égaler.

Le poète Eschyle, fondateur du théâtre d'Athènes, donna aux acteurs la robe, le brodequin, le cothurne, les masques. Il posa les règles antiques de la tragédie. Il plaça les chœurs entre les actes. On admirait la gravité de son style. Il savait exciter la terreur, émouvoir la pitié. Avant de chanter les héros, il les avait imités, et s'était distingué par sa valeur à Marathon et à Salamine.

Sophocle, né à Colone, fut le rival d'Eschyle : plus éloquent, plus doux, plus harmonieux, on lui donna le surnom d'*abeille*. Couronné vingt fois et presque centenaire, il mourut de joie d'un dernier succès.

Euripide de Salamine, moins hardi, moins élevé que les deux premiers, avait un style encore plus parfait et plus généralement admiré. On comparait sa poésie à la marche noble et douce d'un fleuve, et celle de Sophocle à la course d'un torrent. Euripide, philosophe dans ses écrits, parlait à la raison comme à l'âme. Pendant la guerre de Sicile, quelques Athéniens captifs obtinrent leur liberté en récitant ses vers.

Aristophane fut le plus célèbre des poètes comiques. Son style était élégant, ses plaisanteries mordantes, ses bouffonneries grossières. Il frondait sans crainte le gouvernement, et ridiculisait sans pudeur sur la scène les plus graves personnages.

Hérodote d'Halicarnasse est regardé comme le père de l'histoire. Son dialecte était l'ionique. Il composa l'histoire des Grecs, des Perses et des Égyptiens. Trop admirateur des poètes, il mêla trop de fable à la vérité. Son ouvrage, lu aux jeux Olympiques, excita un enthousiasme général. Thucydide avoue qu'il en pleura d'admiration. Chacun de ses livres reçut le nom d'une muse. Un long exil à Samos mûrit son talent : les disgraces de la fortune sont souvent aussi utiles à l'esprit qu'au caractère.

Thucydide, guerrier vaillant, orateur estimé, rival de Périclès, fut banni vingt ans. Nous devons à cet exil l'histoire de la guerre du Péloponèse, écrite dans le dialecte attique. Cet ouvrage, très-estimé pour son exactitude, et très-détaillé, fait mieux connaître qu'aucun autre les mœurs, les lois et la politique du temps. Il est peut-être trop rempli de harangues; mais plusieurs sont des modèles de logique et d'éloquence. Le style en est véhément, mâle et sévère. L'histoire de Thucydide, selon l'opinion commune, fut achevée par Théopompe et Xénophon.

Xénophon, Athénien, aussi célèbre comme historien que comme général, dirigea la fameuse retraite de dix mille Grecs qui avaient voulu placer le jeune Cyrus sur le trône. Son estime, trop hautement avouée, pour les lois et pour les mœurs de Sparte, lui attira la haine des Athéniens : il fut banni, et composa dans son exil la *Cyropédie*, ainsi que l'histoire de la guerre du Péloponèse, depuis le retour d'Alcibiade jusqu'à la bataille de Mantinée. Cicéron dit qu'en lisant ses écrits on croit entendre les muses.

Isocrate se faisait admirer, comme orateur, par une éloquence douce, agréable, brillante, et par une morale pure. Il introduisit le premier la cadence et l'harmonie dans la prose : on le trouvait plus propre à flatter l'oreille qu'à convaincre les esprits. Plutarque lui reprochait d'arranger mieux les phrases que les affaires. Nicoclès, roi de Chypre, le combla de présents. Il se lia imprudemment avec Philippe, roi de Macédoine, ne pénétra pas son ambition qui devait asservir la Grèce, et mourut de chagrin après la bataille de Chéronée.

Phidias s'immortalisa par ses ouvrages. La statue de Minerve fit sa gloire et ses malheurs. Son Jupiter Olympien, haut de soixante pieds, fut mis au nombre des sept merveilles du monde. Il excellait aussi dans la peinture. Myron acquit également comme sculpteur beaucoup de gloire : sa vache en cuivre fut son chef-d'œuvre.

Zeuxis, peintre fameux, se distinguait par la vivacité de son coloris. On dit que les oiseaux venaient becqueter les raisins de ses tableaux.

Parrhasius, peintre d'Éphèse, fit illusion à Zeuxis lui-même par un rideau si bien peint que celui-ci lui dit de le tirer pour découvrir le tableau.

Timante de Sicyone était célèbre par l'esprit de ses compositions. Dans le tableau qui représentait le sacrifice d'Iphigénie, sentant que le génie même ne pouvait exprimer la douleur d'un père qui voit immoler sa fille, il peignit Agamemnon se couvrant la tête de son manteau.

Dans le même temps Empédocle d'Agrigente jouit par ses talents d'une grande autorité dans sa patrie, et d'une juste estime dans la Grèce. On chantait aux jeux Olympiques ses vers sur les devoirs de la vie civile. On raconte que, voulant passer pour un dieu, il disparut aux yeux de ses concitoyens, et se précipita dans les gouffres de l'Etna : Aristote le nie ; il le fait mourir tranquillement dans le Péloponèse. Il était de la secte de Pythagore, qui avait illustré l'Italie six cents ans avant Jésus-Christ.

Pythagore, né à Samos, était le fils d'un sculpteur. Sa force physique égala sa force morale; car il fit d'abord le métier d'athlète. Les leçons de Phérécide sur l'immortalité de l'ame le portèrent à la philosophie. Il quitta ses biens et sa famille pour se livrer à l'étude des sciences et des hommes. Il parcourut l'Égypte et l'Asie. La tyrannie de Polycrate lui fit abandonner Samos. Il se fixa enfin dans la grande Grèce, à Tarente, et surtout à Crotone. Sa secte fut appelée *l'italique*. Il eut quatre ou cinq cents disciples qui subissaient un noviciat de deux jusqu'à cinq ans, pendant lequel on les obligeait à observer un silence absolu. Son éloquence était entraînante et ses mœurs fort sévères. Il pacifia les peuples d'Italie, et réforma les mœurs dans plusieurs villes. Les magistrats écoutaient et suivaient ses conseils avec vénération.

On prétend qu'il s'enferma long-temps dans une caverne, et qu'il fit croire au peuple qu'il avait été dans les enfers. Il interdisait à sa secte la nourriture des fèves; on ignore le motif de cette singularité.

Zéleucus et Carondas, qui devinrent par la suite des législateurs fameux, furent ses principaux disciples. Savant pour son temps, dans les mathématiques, il trouva les démonstrations du carré de l'hypothénuse; et, dans la joie de cette découverte, il offrit une hécatombe aux dieux.

On lui attribue le système de la métempsycose, c'est-à-dire de la transmigration des ames. Il prétendait avoir vécu dans le temps du siége de Troie, sous le nom et les traits de cet Euphorbe qui fut blessé par Ménélas. M. l'abbé Barthélemy croit que Pythagore n'admettait ce dogme que comme une image symbolique des reproductions et des métamorphoses des trois règnes de la nature. Dans son système, l'ame de l'homme était une intelligence émanée de l'intelligence suprême, à laquelle elle se réunissait quand elle était dégagée du corps. L'harmonie du monde lui paraissant un résultat des proportions qui existaient entre ses parties, il attachait une grande importance à la connaissance des nombres. Cette science lui semblait celle de Dieu même, et le plus puissant de ses moyens pour créer et conserver ses œuvres.

Ce philosophe disait qu'il ne fallait faire la guerre qu'à cinq choses : aux maladies du corps, à l'ignorance de l'esprit, aux passions du cœur, aux séditions des villes, à la discorde des familles.

Il présentait sa morale sous le voile des allégories : par exemple, pour conseiller une activité continuelle, il disait : « Ne tuez jamais le coq; » pour préserver des vœux et des serments téméraires : « Ne portez pas au doigt la bague qui vous « gêne; » pour détourner d'irriter un homme déjà en colère : « N'attisez pas le feu avec votre épée. »

On croit qu'il mourut tranquillement à Métaponte, âgé de quatre-vingt-dix ans. Il fut honoré après sa mort comme un dieu. Ses disciples avaient tant de foi à ses paroles qu'ils se contentaient de répondre à leurs adversaires : « Le maître l'a dit. »

Les Grecs firent sur lui, comme sur tous leurs grands hommes, beaucoup de fables : on raconte qu'il parut avec une cuisse d'or aux jeux Olympiques, qu'il possédait des secrets magiques et prédisait l'avenir, qu'il arrêta le vol d'un aigle, et qu'on le vit le même jour et à la même heure à Crotone et à Métaponte.

GUERRE DU PÉLOPONÈSE.

(An du monde 3574. — Avant Jésus-Christ 430.)

Armement de la Grèce pour la liberté. — Forces militaires de la Grèce. — Commencement des hostilités. — Expédition de Périclès. — Éclipse de soleil. — Honneurs funèbres après la première campagne. — Peste dans l'Attique. — Description de cette peste. — Courage d'Hippocrate. — Disgrace de Périclès. — Mort de son fils Xantippe. — Rappel de Périclès. — Sa mort. — Gouvernement de Cléon et de Nicias. — Renouvellement de la guerre. — Siége et reddition de Mitylène et de Platée. — Guerre civile à Corcyre. — Expédition de Démosthène. — Proposition de paix rejetée à Athènes. — Défaite des Spartiates. — Expédition de Nicias. — Révolte à Mégare. — Bannissement de Thucydide. — Défaite et mort de Cléon. — Gouvernement de Nicias. — Trêve de cinquante ans troublée par Alcibiade.

Riche de talents, de sciences, d'arts et de grands hommes, la Grèce aurait pu jouir en paix de sa splendeur, et devenir par son urbanité le centre du monde civilisé. L'empire des lumières est le plus doux à conquérir et le plus facile à conserver; mais l'ambition des armes et du pouvoir égara tous les esprits : plus dangereuse que les Perses, elle brisa le faisceau qui avait résisté à l'Asie, et prépara la ruine des peuples qui se livrèrent à ses illusions. Jamais une guerre n'éclata dans un moment qui dût faire prévoir plus de passions et de désastres. L'amour de la liberté avait armé toute la Grèce; la nécessité d'opposer l'héroïsme au nombre, et de vaincre ou de périr sous la masse des Perses, avait électrisé toutes les ames.

Après la victoire, la jalousie des villes les unes contre les autres alimenta le feu qu'une longue guerre aurait pu éteindre. L'esprit guerrier se soutint et changea seulement de direction. On n'avait plus à combattre pour l'indépendance, on courait aux armes pour se disputer la prééminence, et les plus petites cités, ne pouvant prétendre, comme Athènes et Sparte, à dominer la Grèce, se groupaient autour de ces deux villes, et leur prêtaient des armes pour déchirer la commune patrie.

Thèbes seule souffrait impatiemment cette suprématie, et leur disputa bientôt le premier rang. Nous avons présenté plus haut le tableau des forces d'Athènes. Sparte pouvait armer huit mille citoyens, dont chacun se faisait suivre par plusieurs Ilotes armés. On faisait combattre les esclaves dans une extrême nécessité.

Dans toute la Grèce, les citoyens étaient conscrits et obligés de servir depuis l'âge de trente ans jusqu'à celui de soixante.

L'infanterie pesante portait de grands boucliers, des lances, des javelots et des sabres. L'infanterie légère combattait avec l'arc et la fronde : ces troupes étaient divisées en corps de cinq cents hommes, et chacun de ces corps en quatre compagnies. On voyait dans ces armées peu de cavalerie; les plus riches citoyens la composaient.

La marine consistait en vaisseaux de charge allant à la voile, et en vaisseaux de guerre ou galères allant à la rame. Ces galères étaient appelées *birèmes*, *trirèmes*, *quinquérèmes*, suivant le nombre des rangs de rames. Les rameurs étaient disposés obliquement par rang et par étage. On appelait *éperon* une poutre armée d'une pointe de fer, et placée à la proue du vaisseau pour enfoncer les vaisseaux ennemis.

Les matelots, rameurs et soldats, recevaient une paie de cinq sous par jour; on en donnait une plus forte au pilote. Les plus riches citoyens armaient ces vaisseaux.

Démosthène fit ordonner que tout citoyen possédant dix talents équiperait une galère. Celui qui la commandait s'appelait *triérarque*.

La jeunesse se préparait aux travaux de la guerre, dans les gymnases, par des exercices qui donnaient à la fois de la force et de la grace au corps. La musique était fort honorée : on l'employait, pendant la guerre, à exciter les courages; elle servait, pendant la paix, à calmer les passions, à rendre les fêtes plus augustes, les festins plus joyeux, les mœurs plus douces. Le théâtre la corrompit en s'en servant presque exclusivement pour peindre et pour inspirer l'amour et la volupté.

Jaloux de tout genre de gloire, les jeunes gens étudiaient les arts, récitaient des vers, s'appliquaient à l'étude de la philosophie, et cultivaient surtout l'éloquence qui, dans ces anciens temps, pouvait ouvrir la porte des plus grands emplois, et placer à la tête du gouvernement ceux qui en étaient doués.

Toutes les écoles étaient tenues par différents maîtres, qu'on appela *sophistes,* nom qu'ils devaient justifier par une grande sagesse; mais la présomption, la subtilité, les paradoxes et la cupidité de la plupart d'entre eux, justement tournés en ridicule par Socrate, firent depuis regarder le nom de *sophiste* comme une injure.

Les hostilités ne tardèrent pas à suivre la rupture entre Athènes et Sparte. Les Lacédémoniens avaient pour eux toutes les villes du Péloponèse, excepté Argos, et, hors de la presqu'île, les Mégariens, les Locriens et les Béotiens.

Athènes avait pour elle Chio, Lesbos, Platée, l'Ionie, les peuples de l'Hellespont, les villes de la Thrace.

Une armée béotienne attaqua la ville de Platée; les troupes athéniennes marchèrent à son secours. Archidamus, roi de Sparte, vint à Corinthe, où il rassembla une armée, que les secours de ses alliés portèrent au nombre de soixante mille hommes.

Il envoya encore un député à Athènes pour engager la république à renoncer à ses prétentions; il fut congédié sans être entendu.

Les Spartiates et leurs alliés entrèrent dans l'Attique. Les Athéniens n'avaient que dix-huit mille hommes à leur opposer; mais trois cents galères faisaient à la fois leur force et leur espérance.

On suivit le plan de Périclès, et, sans opposer dans la plaine une résistance inutile, tous les habitants de la campagne se réfugièrent dans la ville.

Les Spartiates firent le siége d'une forteresse nommée Ænoé; mais la résistance des assiégés trompa leurs efforts : ils renoncèrent à cette entreprise, ravagèrent sans obstacle l'Attique, et vinrent camper à une demi-lieue d'Athènes. De là ils provoquèrent les Athéniens par des railleries insultantes, se moquant de la timidité qui les retenait derrière leurs murailles.

Périclès eut besoin de tout son talent pour apaiser les murmures et contenir l'indignation du peuple. Bravant les outrages de l'ennemi, il poursuivit tranquillement son plan, mena sa flotte sur les côtes de la Laconie, y fit une descente, ravagea le territoire de Sparte; et, comme il l'avait prédit, il obligea par ce moyen les Lacédémoniens à se retirer de l'Attique.

Pendant qu'il dirigeait cette expédition, il survint une éclipse de soleil qui effraya les matelots.

Le pilote de Périclès, consterné, quittait le gouvernail : celui-ci, pour dissiper son effroi et lui expliquer ce phénomène, lui jeta son manteau sur les yeux en lui disant que la lune s'interposait ainsi entre nous et le soleil, ce qui nous privait momentanément de sa lumière.

Les Athéniens, délivrés de leurs ennemis, ordonnèrent par un décret qu'on mettrait toujours en réserve cent talents et cent vaisseaux, et défendirent, sous peine de mort, de s'en servir hors le cas d'une nouvelle invasion.

Ces premiers succès leur donnèrent des alliés : ils conclurent un traité avec les rois de Thrace et de Macédoine, s'emparèrent de Céphalonie, du port de Nysée, et ravagèrent le territoire de Mégare.

Tels furent les événements de la première campagne. On rendit de grands honneurs aux guerriers qui avaient péri : leurs os, rassemblés sous une tente, furent couverts de fleurs; on les porta ensuite au monument élevé dans le Céramique et destiné à les conserver. Périclès, pour immortaliser la mémoire de ces généreux citoyens, prononça une oraison funèbre que Thucydide nous a transmise.

L'année suivante, l'Attique se vit une seconde fois ravagée. Périclès conduisit de nouveau quatre mille hommes d'infanterie et trois cents chevaux dans le Péloponèse, qu'il dévasta, et l'Attique fut encore évacuée. On proposa la paix aux Lacédémoniens, qui la refusèrent. Pendant cette campagne, la peste se joignit à tous les malheurs de la guerre. Jamais ce fléau terrible n'étendit si loin ses ravages: sorti de l'Éthiopie, après avoir parcouru l'Afrique et l'Asie, il vint dépeupler la Grèce.

Thucydide nous en a laissé une horrible description. Ce mal attaquait successivement tous les organes; ses symptômes inspiraient l'effroi; ses rapides progrès étaient presque toujours suivis de la mort. Dès la première atteinte, l'ame était accablée; le corps semblait redoubler de forces pour sentir plus vivement la douleur. Les malades, tourmentés par de violentes convulsions que ne calmait aucun repos, faisaient retentir l'air de leurs cris. Les ulcères de leurs corps, la couleur sanglante de leurs yeux frappaient d'horreur. Un feu cruel déchirait leurs entrailles; une odeur fétide s'exhalait de leur bouche, et éloignait les secours qu'elle invoquait; ils se traînaient en gémissant dans les rues, et se précipitaient dans les puits et dans les rivières pour éteindre la soif qui les dévorait.

D'abord l'amour et l'amitié se dévouèrent pour arracher des victimes à ce fléau; mais une prompte mort qui suivait ces sacrifices les rendit bientôt trop rares : la terreur l'emporta sur tout autre sentiment; les plus doux et les plus forts liens de la nature furent rompus; la mort fit un désert autour d'elle, et la plupart des mourants expirèrent au sein de leur patrie dans la plus affreuse solitude.

Non-seulement la peur éteignit la pitié, mais elle eut encore des suites plus funestes ; elle corrompit les cœurs : on ne crut plus à la justice des dieux qui frappaient également le vice et la vertu ; et les hommes, voyant que leur nature était si fragile, et leur vie si courte, en conclurent qu'ils devaient se hâter de jouir et de livrer sans contrainte à toutes leurs passions les courts moments de leur existence.

Le célèbre Hippocrate, dont tous les médecins modernes suivent encore les leçons et qu'aucun n'a encore surpassé, existait alors à Cos. Le roi de Perse invoqua ses secours et lui offrit ses trésors. Hippocrate répondit qu'il devait ses services à ses concitoyens plutôt qu'à leurs ennemis, et il partit pour Athènes, où sa présence fut regardée comme l'apparition d'un dieu.

Luttant sans relâche contre l'horrible fléau, il exposait sans crainte sa vie pour lui arracher quelques victimes, et il ne quitta l'Attique qu'après la cessation de la peste. Le peuple athénien lui décerna le droit de citoyen, une couronne d'or de cinq mille livres, et on ordonna qu'il serait entretenu aux dépens du Prytanée.

Cependant l'Attique ravagée, les pertes causées par la guerre, la dépopulation effrayante qu'augmentait sans cesse la contagion, avaient dissipé les illusions des citoyens les plus ambitieux : le peuple regrettait les douceurs de la paix, et accusait Périclès de l'avoir rompue. Il fut mis en jugement, condamné à une amende et privé de ses emplois.

Tout se réunissait alors pour l'accabler : son fils Xantippe, qu'il chérissait malgré ses vices et son ingratitude, fut enlevé par la peste : la plupart de ses amis périrent victimes de ce fléau, et l'injustice de ses concitoyens ne laissait aucune consolation à son cœur. Mais bientôt les Athéniens, attaqués de nouveau par leurs ennemis, sentirent vivement combien les lumières de Périclès leur étaient nécessaires; ce peuple inconstant le rappela avec enthousiasme, comme il l'avait chassé avec légèreté.

La prise de Potidée couronna encore cette année les armes d'Athènes. A l'ouverture de la troisième campagne, les Lacédémoniens attaquèrent la ville de Platée, qui se signala par une défense digne de sa réputation : on put reconnaître pendant ce siége les progrès des Grecs dans l'art militaire; les assiégeants et les assiégés déployèrent pour l'attaque et pour la défense une grande industrie, et employèrent un grand nombre de machines.

Les habitants de Chalcis, attaqués par les Athéniens, les battirent et les poursuivirent jusqu'aux portes d'Athènes.

Sparte et ses alliés, voulant garantir le Péloponèse des ravages auxquels la marine athénienne l'exposait annuellement, venaient de créer une armée navale forte de quarante-six vaisseaux. La flotte des Athéniens, commandée par Phormion, mit en déroute celle du Péloponèse, et lui prit douze navires.

Cette victoire fut le dernier triomphe qui signala l'administration de Périclès : ce grand homme mourut, selon Plutarque, de la peste, et, selon d'autres, de la consomption. La fin de sa vie avait été troublée par de grands chagrins : la contagion, qui s'était renouvelée, avait enlevé toute sa famille et une grande partie de ses amis ; victime de l'ingratitude d'un peuple auquel il avait consacré ses jours, il s'était vu dégradé par lui et condamné à une amende. Le repentir tardif de cette nation légère l'avait rappelé ; mais, s'il pardonna à ses concitoyens leur injustice, il ne put reprendre avec le commandement son ancienne confiance et ses premières illusions. Aux portes de la mort et respirant à peine, il entendait les magistrats d'Athènes, près de son lit, exhaler leur douleur, rappeler les actes de son administration, et compter ses nombreux trophées : « Mes victoires, dit-il en faisant un » dernier effort, sont l'ouvrage de ma fortune et » la gloire de mes compagnons d'armes : le mérite » dont je m'honore le plus est celui de n'avoir fait » prendre le deuil à aucun citoyen. »

Tant il est vrai qu'à l'heure dernière le prestige des actions éclatantes disparaît : le cœur ne conserve que le souvenir des bienfaits, et la vertu reste seule pour consoler la gloire.

Périclès avait gouverné quarante ans le plus inconstant des peuples; Athènes fut florissante tant qu'il dirigea ses conseils. On peut le regarder comme un des plus célèbres orateurs, puisque Cicéron, qui leur sert de modèle, dit qu'il donna le goût de la parfaite éloquence. Sa politique sage était plus adroite qu'audacieuse : économe dans son intérieur, fastueux pour l'état, il n'employa les richesses qu'il avait conquises qu'à l'accroissement des forces de la république et à l'embellissement d'Athènes. Il la remplit de monuments magnifiques, et elle devint par ses soins l'ornement et la merveille du monde.

La renommée des grands hommes s'augmente par la médiocrité de leurs successeurs : l'envie se tait alors, et laisse sentir plus vivement leur perte. Après la mort de Périclès deux citoyens se disputèrent l'autorité, et prirent tour à tour les rênes du gouvernement.

L'un était Cléon, homme vain, téméraire et agréable au peuple, parce qu'il parlait à ses passions et les partageait. Il exaltait toujours la puissance d'Athènes et méprisait celle de Lacédémone. La liberté, la justice étaient toujours sur ses lèvres, l'injustice et la cupidité dans son cœur.

L'aristocratie lui opposait Nicias, qui avait commandé les armées avec quelques succès. Ses libéralités captivaient pour un temps la multitude ; mais sa raison et ses talents étaient éclipsés par la timidité de son caractère. Le peuple veut être fortement ému, et le froid langage de Nicias pouvait rarement le retenir et le détourner des entreprises téméraires où Cléon l'entraînait par la violence de ses déclamations.

Les sages conseils de Périclès furent oubliés : si on les avait suivis, le Péloponèse, toujours attaqué par la flotte athénienne, se serait vu forcé de reconnaître la supériorité d'Athènes. Mais, ne se bornant plus à une défense légitime, la république révolta ses voisins par son ambition, sacrifia sa sûreté à des projets de conquêtes, et prépara sa ruine en voulant porter trop loin ses armes et sa domination ; car, en fait de puissance, tout ce qui se divise et s'étend trop s'affaiblit.

L'Attique se vit ravagée une troisième fois : Lesbos se révolta ; une victoire des Athéniens sur la flotte de Mitylène amena une suspension d'armes. On envoya de part et d'autre des députés aux jeux olympiques : les ambassadeurs athéniens n'y montrèrent que leur injustice, opposant sans pudeur l'intérêt à la raison, et le droit de la force au droit des gens.

Lesbos entra dans l'alliance de Sparte. Un grand armement des Athéniens répandit l'effroi dans le

Péloponèse. Mitylène fut assiégée : les secours n'arrivèrent point à temps; elle se rendit. On prit mille des principaux citoyens de cette ville malheureuse, et le peuple athénien, abusant de sa victoire, les mit à mort; un décret barbare ordonna même le massacre du reste des habitants : on le révoqua au moment de l'exécution, mais le territoire de Lesbos fut partagé entre les citoyens d'Athènes.

Les Lacédémoniens ne montrèrent pas plus de générosité pour leurs ennemis : ils assiégeaient depuis long-temps Platée; cette place, dénuée de vivres, ne pouvait plus prolonger sa défense; une partie de ses habitants chercha son salut dans la fuite; le reste se rendit aux Spartiates qui les firent égorger, emmenèrent leurs femmes en captivité, et détruisirent de fond en comble une ville dont le nom sacré rappelait la défaite des Perses et la gloire de la Grèce.

Corcyre fut dans ce temps le théâtre de pareilles horreurs. Les magistrats et les plus riches citoyens de cette ville avaient pris le parti de Corinthe : le peuple, voyant arriver soixante vaisseaux athéniens, massacra tous les partisans de l'aristocratie; pendant un jour entier on se battit, on se tua dans toutes les maisons, et le sang coula jusqu'au pied des autels.

La cinquième et la sixième années de la guerre furent marquées par plusieurs incursions des Spartiates dans l'Attique et des Athéniens dans le Péloponèse. Athènes envoya Démosthène avec trente vaisseaux en Étolie : il y fut d'abord battu ; mais, revenant avec de nouvelles forces, il s'empara de Pyle en Messénie.

Les Lacédémoniens l'y attaquèrent par terre et par mer. Un corps considérable, composé de l'élite des citoyens de Sparte, descendit imprudemment dans la petite île de Sphactérie. Il y fut bloqué par les forces athéniennes. Les Lacédémoniens, sans vivres et sans espoir de secours, se virent contraints, pour sauver l'élite de Sparte, d'envoyer demander la paix à Athènes : c'était le moment le plus glorieux pour cette république; elle pouvait consolider sa puissance, et terminer les maux de la Grèce. Nicias voulait qu'on signât la paix : l'impétuosité de Cléon entraîna le peuple, et la fit refuser.

Lacédémone, au désespoir, arma toute sa population et même les esclaves pour secourir les assiégés. Cléon se joignit à Démosthène, et entra dans Sphactérie. Les Spartiates se défendirent avec un courage digne de leur nom : mais on est toujours trahi par ceux qu'on opprime. Les Messéniens, leurs tributaires, les prirent à dos, et ils furent enfin obligés d'abaisser leurs boucliers et de se rendre.

Les Athéniens dressèrent un trophée, et le souillèrent en massacrant cent vingt-huit des braves guerriers qu'ils avaient vaincus. Les autres furent conduits à Athènes et gardés en otage.

Ce fut dans ce temps qu'Artaxerce mourut. Xercès II lui succéda, et fut bientôt tué par Sogdien. Celui-ci se rendit par ses vices l'objet de la haine de ses sujets; on l'égorgea. Ochus, son frère, monta sur le trône, et prit le nom de Darius-Nothus. Sous son règne la Perse perdit son éclat et son repos : les eunuques gouvernèrent; les troubles éclatèrent de toutes parts, l'Égypte se révolta, et les Perses en furent chassés.

Depuis huit ans la Grèce, déchirée par la guerre intestine, était loin encore d'en prévoir la fin. Nicias, à la tête des forces athéniennes, s'empara de Cythère, de Thyrée, et mit à mort les Éginètes qui s'y étaient réfugiés. On peut dater de cette époque le commencement de la guerre de Sicile.

Les habitants de Léontium avaient envoyé demander des secours à Athènes contre Syracuse : on leur envoya vingt vaisseaux. Mais les Grecs de Sicile, craignant que des alliés si puissants ne devinssent leurs maîtres, prévinrent ce danger en faisant la paix.

Il s'était élevé dans Mégare un parti en faveur des Athéniens : le peuple soulevé voulait leur ouvrir ses portes. Brasidas, l'un des meilleurs généraux de Sparte, accéléra sa marche, et arriva dans Mégare assez promptement pour réprimer cette sédition et en prévenir les suites funestes. Il prit ensuite plusieurs villes de Thrace, et s'empara d'Amphipolis.

Thucydide, envoyé par Athènes pour la sauver, arriva trop tard. Cléon lui en fit un crime, et obtint son bannissement.

Les Athéniens éprouvèrent encore un autre échec. Les généraux Démosthène et Hippocrate se laissèrent battre près de Délie par les Thébains, qui se rendirent maîtres de cette place.

Les trois années suivantes furent marquées par des pertes réciproques et des avantages balancés. Cette égalité de position porta les deux républiques à conclure une trève d'un an. La paix aurait pu la suivre; mais l'orgueil des deux peuples, les prétentions des alliés, et surtout l'ambition de Brasidas et de Cléon, firent recommencer la guerre. Cléon marcha avec une armée pour reprendre Amphipolis. Brasidas, qui connaissait son impétuosité, tendit un piége à son imprudence, l'attira dans une embuscade, le surprit, tomba sur son aile gauche, le mit en déroute, et lui tua six cents hommes. Cléon, obligé de prendre la fuite, fut atteint et tué par l'ennemi.

La victoire des Spartiates leur coûta peu d'hommes; mais ils firent une grande perte : Brasidas périt dans le combat. Sa mémoire fut honorée par des regrets universels; on le vantait comme un

héros devant sa mère : « Oui, dit cette femme plus
» citoyenne que mère, mon fils avait du courage;
» mais Sparte a beaucoup de citoyens aussi braves
» que lui. »

Les Spartiates donnèrent dans ce temps un affreux exemple de la dureté de leurs mœurs. La population des Ilotes augmentait et leur donnait de l'ombrage : ils firent appeler à Sparte les plus braves d'entre eux, sous prétexte de les mettre en liberté, et les égorgèrent sans pitié.

La mort de Cléon avait placé Nicias à la tête de l'administration : ses talents pour la guerre ne l'empêchaient pas d'aimer la paix. Les conjonctures étaient favorables à ses vues; Lacédémone voulait rendre la liberté à ses principaux citoyens pris à Sphactérie. La vanité des Athéniens était abattue par la victoire de Brasidas. Dans ces dispositions on négocia, et Nicias parvint à conclure un traité de paix et d'alliance pour cinquante ans : mais ce calme ne fut que passager; et l'ambition du jeune Alcibiade, toublant bientôt la tranquillité publique, devint la cause d'une nouvelle guerre et de la ruine de sa patrie.

SUITE DE LA GUERRE DU PÉLOPONÈSE.

(An du monde 3572. — Avant Jésus-Christ 432.)

Repos et allégresse des Athéniens. — Caractère d'Alcibiade. — Entretien de Socrate et d'Alcibiade. — Rupture de la paix par les intrigues et la ruse d'Alcibiade. — Bannissement d'Hyperbolus. — Députation des Éginètes à Athènes. — Armement en leur faveur. — Sacrilége attribué à Alcibiade. — Départ de l'armée athénienne. — Jugement d'Alcibiade en son absence. — Sa condamnation à mort. — Sa trahison envers sa patrie. — Siége de Syracuse. — Tableau de cette ville. — Commandement d'Hermocrate. — État de siége de Syracuse. — Arrivée d'Alcibiade en Laconie. — Commandement de Gylippe. — Victoire d'Hermocrate. — Victoire de Nicias. — Son échec. — Sa demande de secours à Athènes. — Disette dans cette ville. — Nouvelle victoire de Gylippe et d'Hermocrate. — Arrivée de Démosthène avec des secours. — Défaite des Athéniens. — Leur retraite. — Reddition de Démosthène et de Nicias. — Leur mort. — Intrigues d'Alcibiade. — Sa fuite à Sardes. — Révolution dans Athènes. — Rappel d'Alcibiade. — Sa victoire sur les Lacédémoniens. — Son arrestation à Sardes. — Sa fuite. — Sa victoire sur Tissapherne. — Son entrée triomphale dans Athènes. — Sa nomination de généralissime. — Marche religieuse en présence de l'ennemi. — Commandement de Lysandre. — Échec de la flotte athénienne. — Accusation de Thrasybule. — Bannissement d'Alcibiade. — Disgrace de Lysandre. — Commandement de Callicratidas. — Vingt-sixième année de la guerre du Péloponèse. — Mort de Callicratidas. — Rappel de Lysandre. — Conseil d'Alcibiade. — Prise de la flotte athénienne et de trois mille Athéniens avec les généraux. — Massacre de ces prisonniers. — Siége d'Athènes. — Traité de paix. — Fin de la guerre du Péloponèse. — Exil de Gylippe pour vol. — Honneurs rendus à Lysandre.

En ne consultant que les intérêts des peuples, on aurait cru qu'éclairés par de si longs malheurs, ils ne renouvelleraient jamais cette guerre désastreuse. La cessation de ce fléau portait le calme et la joie dans toutes les familles; on célébrait cette pacification sur tous les théâtres; les Athéniens faisaient dire aux chœurs de leurs tragédies que désormais les araignées fileraient leurs toiles sur leurs lances et sur leurs boucliers : mais l'amour-propre et l'ambition n'égarent pas moins les nations que les particuliers, et sont la source de presque toutes leurs fautes et de toutes leurs calamités.

Les armes étaient posées, mais le principe de la guerre existait toujours : l'orgueil de Sparte et la vanité d'Athènes ne leur permettaient pas de renoncer au désir de la domination; et malgré les efforts des citoyens prévoyants et sages, tels que Nicias, Socrate et Pausanias, l'ambition et les passions du jeune Alcibiade troublèrent continuellement la paix par des querelles, des intrigues et des hostilités, et renouvelèrent bientôt l'embrasement général.

Alcibiade, cet homme trop célèbre pour le malheur de son pays, porta au plus haut degré beaucoup de vices et quelques vertus. Il était fils de Clinias; il descendait par son père d'Ajax, et par sa mère d'Alcméon. Dès son enfance il montra le courage d'un homme : on lui reprochait un jour d'avoir, en luttant, mordu comme une femme son adversaire; il répondit : « Je l'ai mordu, non comme
» une femme, mais comme un lion. »

ALCIBIADE.

PUBLIÉ PAR FURNE, À PARIS.

Dans sa première jeunesse, son audace annonçait sa destinée; il bravait les mœurs et les lois comme les ennemis : étant entré dans une école, il demanda un ouvrage d'Homère; le maître lui ayant dit qu'il n'en avait pas, il lui donna un soufflet. Entrant chez un autre professeur, le pédant se vanta d'avoir un Homère corrigé de sa main : il le maltraita encore plus, en lui disant qu'un homme qui enseignait les premières lettres aux enfants ne devait point avoir l'insolence de corriger le prince des poètes.

Ses folles débauches, ses dépenses sans mesure, ses scandaleuses amours faisaient le malheur de sa femme Hyparète : elle se retira chez ses parents, et s'adressa aux magistrats pour divorcer. Alcibiade, en plein jour, viola son asile, la prit dans ses bras, et l'emporta en traversant la place publique sans que personne osât l'arrêter.

Mais, s'il bravait l'opinion pour satisfaire ses passions, il savait vaincre la volupté et changer ses mœurs quand l'intérêt de son ambition l'exigeait : il couchait sur la dure et se nourrissait de brouet noir avec les Spartiates; il passait les jours à cheval et les nuits à boire avec les Thraces; en Perse, il éclipsait les satrapes par sa magnificence, et surpassait les Ioniens en mollesse.

Sa principale passion fut le désir de dominer : l'éclat de sa naissance et de ses richesses, les graces de sa figure, la chaleur et l'adresse de son éloquence, son courage et ses talents pour la guerre, ses prodigalités surtout lui donnaient tous les moyens d'éblouir les esprits et de maîtriser les penchants d'un peuple dont il était l'idole. Comment n'aurait-il pas séduit la Grèce, puisqu'il séduisit le plus sage des hommes, Socrate!

Ce grand philosophe fit de vains efforts pour conduire à la sagesse cet indomptable caractère : il éclaira son esprit sans pouvoir réformer son cœur. Il connaissait tous ses vices, et prévoyait, dès la bataille de Potidée, qu'il ferait à la fois la gloire et le malheur d'Athènes ; mais il ne put résister au charme que répandaient sur son élève tant de talents, d'éloquence, de graces, de courage, d'esprit et de gaieté.

Il le fit souvent pleurer sur ses erreurs, mais sans pouvoir l'empêcher d'y retomber. Platon nous a conservé un de ses entretiens, dans lequel il cherchait à corriger la présomption de ce jeune ambitieux. Alcibiade, enivré de ses premiers exploits, se croyait déjà propre à commander l'armée : à peine sorti de l'enfance, il parlait de la conquête de la Perse, de la Sicile et de Carthage. Socrate, suivant son usage, après avoir caressé ironiquement son amour-propre, le força, par plusieurs questions, à avouer son ignorance complète sur les forces de la république et des autres pays, sur les moyens de faire subsister une armée, sur les principes et les détails de l'administration et de la politique; et le voyant déconcerté : « Que penserait, lui dit-il, la » reine de Perse, la fière Amestris, si on lui disait qu'il » existe dans Athènes un citoyen qui veut lui faire » déclarer la guerre et détrôner son fils? Elle croi- » rait sans doute que c'est un homme d'état habile, » un vieux général, intrépide et consommé, qui a » mûri tous ses plans, qui a prévu toutes les diffi- » cultés, et dont les moyens sont tout prêts. Mais » combien ne rirait-elle pas si elle apprenait que » l'auteur de ce vaste projet est un jeune homme de » vingt ans, fier de sa bravoure, qui ignore les élé- » ments de la tactique et de l'administration, et qui » croit que le gouvernement des peuples est une » science infuse qu'on possède sans l'avoir ap- » prise! »

Alcibiade, humilié, mais non découragé, ajourna les projets de son ambition, étudia, travailla sans relâche, apprit l'art de tout vaincre, excepté lui-même, et devint aussi habile que dangereux. Dès qu'il parut dans les assemblées du peuple, il y fut écouté avec beaucoup de faveur. Mais l'expérience et la sagesse de Nicias balançaient son crédit et traversaient ses desseins : cet ancien capitaine détestait la guerre, quoiqu'il l'eût faite avec succès ; tous ses efforts tendaient au maintien de la paix. Alcibiade voulait la guerre, parce qu'elle lui offrait seule des moyens de gloire et d'autorité. Il parvint, par ses intrigués à détacher les Argiens et les Éléens de l'alliance de Lacédémone. Athènes les soutint, et, dès ce premier manque de foi et ces hostilités indirectes, on put regarder la paix comme rompue.

Sparte lui fournit bientôt un meilleur prétexte pour faire éclater la rupture. Les Lacédémoniens avaient promis de rendre le fort de Panacte : ils exécutèrent cette clause du traité ; mais ils rendirent ce fort après l'avoir démoli. Les Athéniens en furent irrités. Alcibiade aigrissait le mécontentement ; mais Sparte envoya des ambassadeurs à Athènes pour terminer ce différend.

Nicias parvenait à calmer les esprits, quand une ruse d'Alcibiade fit tout échouer. Paraissant tout à coup changer de sentiment, il accueillit avec amitié les ambassadeurs de Lacédémone, s'attira leur confiance, et promit de les appuyer.

Ils lui apprirent qu'ils avaient des pleins pouvoirs pour signer un traité. Alcibiade, les trompant alors, leur dit : « Vous ne connaissez pas le peuple » athénien ; s'il sait que vous avez des pleins pou- » voirs pour conclure, il pensera que vous voulez la » paix à tout prix, et se croira en droit d'exiger de » dures conditions. Croyez-moi, soyez plus pru- » dents, et demain, dans l'assemblée du peuple, » montrez un simple désir de pacification ; faites » quelques ouvertures comme de vous-mêmes, et » prévenez le peuple que vous n'avez point d'auto-

» risation pour signer : je seconderai de mon mieux
» vos propositions. »

Ils le crurent, et le lendemain ils firent les ouvertures dont ils étaient convenus. Nicias ne manqua pas d'exhorter le peuple à la paix, de vanter la loyauté de Sparte, qui voulait prévenir la guerre par des conditions raisonnables que ses députés étaient autorisés à accepter.

Les ambassadeurs alors, suivant le conseil qui leur avait été donné, déclarèrent qu'ils n'avaient point de pleins pouvoirs pour terminer. Alcibiade, montant à la tribune, s'emporta contre eux, et leur reprocha d'être venus pour amuser les Athéniens par de fausses démonstrations et par des paroles de paix sans vouloir la conclure.

Les députés confus ne pouvaient plus rétracter ce qu'ils avaient dit publiquement. Nicias, déconcerté, croyait qu'ils l'avaient trompé. Le peuple était furieux : la conférence fut rompue; on renvoya les ambassadeurs, et la guerre recommença.

Les Athéniens se liguèrent avec les villes de Mantinée et d'Élée. Alcibiade, nommé général, fit des dégâts dans la Laconie. Cette campagne se passa en petits combats qui n'amenèrent aucun événement décisif.

Cependant les plus sages citoyens d'Athènes regrettaient la paix. Nicias leur déplaisait par le peu de force que montrait sa vertu; car il était austère dans ses principes et timide dans sa conduite. On craignait la témérité d'Alcibiade, et on lui reprochait la dissolution de ses mœurs.

Un citoyen ambitieux et méchant, nommé Hyperbolus, connaissant cette disposition des esprits, crut le moment favorable pour les perdre tous deux et s'élever sur leur ruine; mais les deux partis se réunirent contre lui, et le firent bannir par l'ostracisme. Cette loi, créée pour écarter les hommes dont le trop grand mérite pourrait faire ombrage, tomba en désuétude dès qu'on l'eut appliquée à un citoyen aussi obscur qu'Hyperbolus.

Alcibiade prêtait trop, par sa conduite, par ses intrigues et par ses débauches, aux reproches de l'opinion publique pour ne point craindre les dispositions que montrait le peuple à s'occuper de ses moindres actions. Ce fut alors qu'il se servit, pour faire diversion aux attaques de ses ennemis, d'un moyen puéril en apparence, mais qui prouve à quel point il connaissait la légèreté des Athéniens: il avait un chien superbe et de grand prix; il lui fit couper la queue; et comme on lui disait qu'il était blâmé généralement pour avoir si ridiculement mutilé ce bel animal: « J'aime mieux, répondit-il, puis-
» que le peuple s'occupe de moi, qu'il me raille de
» cette action, et qu'il se taise sur le reste. » Au surplus, il donna bientôt à ses compatriotes des matières plus graves d'intérêt et de critique.

Les Éginètes, peuple de Sicile, envoyèrent des députés à Athènes pour demander des secours contre la ville de Sélinonte, alliée de Syracuse : ils offraient de payer les troupes qu'on leur prêterait.

Cette demande augmenta la division des partis dans Athènes. Tous les hommes sages voulaient qu'on refusât les secours demandés. Nicias s'efforça de prouver au peuple toutes les difficultés et tous les dangers de cette expédition; il lui annonça qu'elle aurait les suites les plus funestes. « Si nos ar-
» mes sont heureuses, disait-il, leur succès même
» excitera la jalousie des autres nations, donnera
» des alliés à Sparte, et fera réunir contre vous tant
» de forces qu'elles renverseront votre puissance.
» D'un autre côté, si le sort nous est contraire,
» vous serez affaiblis par vos pertes, vous ne pour-
» rez résister à l'ennemi qui est près de vous, et
» vous aurez préparé votre destruction de votre
» propre main. Pourquoi aller chercher si loin des
» maux dont à peine on est guéri? Faut-il enfin rui-
» ner la république pour payer les profusions d'Al-
» cibiade, les sept attelages qu'il envoie aux jeux
» olympiques, les meubles de son palais et le luxe
» de sa table royale? La guerre qu'on vous propose
» est injuste; elle n'est ni utile ni nécessaire, et je
» n'y vois d'autre avantage que celui de relever la
» fortune épuisée d'Alcibiade. »

« Je n'ai point mérité, répondit le fils de Clinias,

» les reproches qu'on m'adresse. Ma vie a été dé-
» vouée jusqu'ici à mes concitoyens; elle le sera
» toujours. Depuis le combat de Potidée, il n'est
» pas de champ de bataille où je n'aie versé mon
» sang pour ma patrie : je n'ai d'ambition que pour
» elle, et je mets ma gloire à augmenter sa force,
» sa puissance et sa renommée. On veut me faire
» un crime de mes richesses : tout ce que j'ai est à
» mes concitoyens; ma maison est la leur; ma table
» leur est ouverte; ma fortune est un souvenir des
» victoires d'Athènes et le fruit des services de mes
» ancêtres. Si l'on m'accuse d'un peu de faste, j'ai
» toujours pensé, je l'avoue, que la magnificence
» des particuliers faisait une partie de la gloire de
» l'état : le luxe et l'urbanité d'Athènes lui ont at-
» tiré autant d'amis que Sparte s'est fait d'ennemis
» par sa dure, insolente et triste austérité. J'appuie
» la proposition des Éginètes, et je conseille la
» guerre, parce qu'elle est toujours juste lorsqu'elle
» est entreprise pour la liberté contre la tyrannie.

» Cette guerre sera utile à votre fortune comme
» à votre gloire : elle ne me fait point craindre les
» difficultés dont on vous effraie; toutes les villes
» de Sicile, lasses de leurs princes et de l'ambition
» de Syracuse, vous attendent, vous ouvrent leurs
» portes, et vous recevront comme des libérateurs.

» C'est en étendant au loin le bruit de vos ar-
» mes, c'est en prouvant, jusqu'à l'extrémité de

» l'Europe, votre puissance sur les mers, que vous
» effraierez vos ennemis les plus proches. Ce n'est
» point la pâle lumière d'une fausse sagesse et d'une
» timidité déguisée en prudence, c'est l'éclat de la
» victoire qui peut seul frapper les yeux de vos ri-
» vaux, et les forcer à reconnaître votre domina-
» tion. Enfin, puisque vous m'avez nommé géné-
» ral, si l'on craint que l'ardeur de ma jeunesse ne
» me porte dans cette entreprise à quelques dé-
» marches imprudentes, associez-moi Nicias, et
» vous n'aurez plus rien à redouter lorsque mon
» courage sera éclairé par la prudence d'un guer-
» rier consommé, qui jusqu'à présent a réussi dans
» toutes ses entreprises. »

Le peuple, insensible aux froids raisonnements de Nicias, et enthousiasmé par les flatteries et par l'éloquence d'Alcibiade, accéda aux demandes des Éginètes, ordonna l'armement destiné à les secourir, et nomma pour généraux Nicias, Alcibiade et Lamachus.

On fit avec célérité tous les préparatifs nécessaires; mais le jour fixé pour le départ de la flotte se montrait sous un sinistre augure; il coïncidait avec les fêtes de la mort d'Adonis. Toutes les femmes athéniennes, pour rappeler la douleur de Vénus, remplissaient la ville de leurs gémissements, et semblaient prédire les désastres dont Athènes était menacée.

Au moment où le peuple s'attristait déjà du choix qu'on avait fait par mégarde d'un jour si fatal, il apprit avec consternation que les statues de Mercure, placées aux portes des maisons, venaient d'être toutes mutilées dans la nuit. Les magistrats, excités par la clameur publique, firent de diligentes recherches pour découvrir l'auteur de ce sacrilége. Un esclave leur déclara qu'Alcibiade, plongé dans l'ivresse, avait commis cette impiété. Ils voulaient l'arrêter et le mettre en jugement; mais les matelots et les soldats, soulevés, jurèrent qu'ils ne partiraient pas sans lui.

Alcibiade demandait hautement qu'on lui fît son procès, protestant de son innocence, et représentant combien il serait injuste d'exiger qu'un citoyen, sous le poids et l'inquiétude d'une accusation, se chargeât de la conduite d'une entreprise qui demandait d'une part tant de confiance, et de l'autre tant de liberté d'esprit. Mais le peuple, ne voulant pas différer le départ de l'armée, ajourna le jugement d'Alcibiade jusqu'à son retour.

La vanité des Athéniens eut une grande jouissance au départ de la flotte. L'armée était composée de six à sept mille hommes d'élite, portés sur cent trente-six vaisseaux de guerre; près de mille bâtiments marchands les suivaient. L'audace d'Alcibiade animait toutes ses troupes : leur ardeur, leur hilarité, leurs chants de guerre, qu'accompagnait le son des instruments, donnaient à ce spectacle l'air d'un triomphe. On était loin de prévoir que tous ces guerriers ne trouveraient en Sicile que leurs tombeaux, et que le rêve de la conquête de Syracuse serait terminé par la ruine d'Athènes.

L'armée arriva à Rhège : on n'y trouva pas l'argent promis par les Éginètes. Nicias, mécontent, voulait négocier au lieu de combattre. Lamachus prétendait qu'on pouvait terminer la guerre promptement en profitant du premier effroi des ennemis et en marchant droit à Syracuse. Alcibiade proposa de s'étendre en Sicile pour grossir ses forces par le secours des Grecs établis dans cette île. Son avis l'emporta : il débarqua le premier, et par une attaque vive il se rendit maître de Catane.

Mais ses plus redoutables ennemis n'étaient pas en Sicile : ceux qu'il laissait dans Athènes profitaient de son absence pour le perdre. Les magistrats poursuivaient toujours leurs informations sur le sacrilége. Plusieurs esclaves déposèrent qu'avant de mutiler les statues de Mercure, Alcibiade, à la suite d'un festin, avait parodié les mystères de Cérès; que dans cette scène scandaleuse il remplissait les fonctions de prêtre, ordonnant à Théodore de faire les proclamations sacrées, et à Polystion de porter la torche.

Ces aveux, arrachés par les tortures ou payés par la haine, étaient reçus par la crédulité. Cependant un des amis de l'accusé demandant à ces esclaves comment, dans l'obscurité de la nuit ils avaient pu voir les coupables, ils prétendirent les avoir reconnus à la clarté de la lune. Il se trouva précisément qu'il n'y en avait pas eu à cette époque. L'imposture était évidente; mais en vain la raison voulut la prouver : on n'écoute plus sa voix dès que celle du fanatisme se fait entendre.

Le peuple était furieux; il voulait impatiemment une victime, et la galère de Salamine fut expédiée en Sicile pour ramener Alcibiade.

Il feignit d'obéir, demanda seulement de faire la traversée sur un bâtiment qui lui appartenait, arriva à Thurium, s'y cacha, et trouva les moyens d'échapper aux poursuites de ses ennemis.

On raconte que, lorsqu'il marchait déguisé dans cette ville, un Athénien le reconnut et lui dit : « Eh » quoi! Alcibiade, tu ne te fies pas à la justice de » ton pays?—Je le ferais, répondit-il, s'il était ques- » tion de tout autre chose; mais pour ma vie je ne » m'en fierais pas à ma propre mère, craignant que, » par mégarde, elle ne mît dans l'urne la fève noire au » lieu de la blanche. »

Lorsque le peuple athénien apprit sa fuite, la fureur fut au comble. On le condamna à mort, on confisqua ses biens, on ordonna à tous les prêtres et à toutes les prêtresses de le maudire. Une seule, nommée Théano, plus digne que les autres du sacerdoce, s'y refusa, disant « qu'elle était prêtresse des dieux pour faire des prières et non des imprécations, pour bénir les hommes et non pour les maudire. »

Alcibiade s'était réfugié dans Argos. Lorsqu'il apprit son arrêt, il dit : « Je saurai bien prouver aux Athéniens que je suis encore en vie. »

Il ne remplit que trop cette fatale promesse, et pour se venger d'une injuste condamnation, il commit le plus grand des crimes, celui de trahir sa patrie, et s'associa à ses ennemis pour sa ruine.

Comme l'élévation de son ame venait d'orgueil et non de vertu, il était loin de sentir que se venger de l'injustice de son pays, c'est la justifier.

La lenteur de Nicias n'étant plus aiguillonnée par l'activité d'Alcibiade, lui fit perdre un temps précieux à Catane, et laissa renaître la confiance des ennemis, que l'arrivée de forces si imposantes avait d'abord troublés.

La campagne se passa en incursions et en petits combats sans importance. Les Syracusains, rassurés, attaquaient eux-mêmes les Athéniens, les provoquaient et se moquaient de leur apparente timidité. Nicias, piqué de leurs railleries, s'irrita enfin, marcha avec toutes ses forces, et fit le siége de Syracuse.

Cette ville fameuse, située sur la côte orientale de Sicile, avait été fondée par Archias de Corinthe;

sa population était nombreuse, son commerce étendu, ses troupes aguerries. Dans sa naissance elle avait été gouvernée républicainement; l'industrie et le courage de ses citoyens étendirent peu à peu sa puissance.

Gélon, qui s'illustra d'abord par des exploits, s'empara de l'autorité, se fit pardonner son usurpation par ses vertus et par la douceur de son règne; il étendit sa domination sur plusieurs contrées voisines, et consolida sa gloire par sa sagesse.

Ses successeurs ne l'imitèrent pas; ils firent haïr la tyrannie, et Syracuse reprit sa liberté. Lorsque les Athéniens l'attaquèrent, Hermocrate brillait dans son sénat et commandait ses troupes. Il se montra par ses talents et par son courage, dans cette grande circonstance, digne de sa place et de la confiance de sa patrie.

En admirant les merveilles que produisait l'esprit inventif des Grecs, leur amour pour la gloire et leur courage héroïque, on ne peut que déplorer l'aveuglement des hommes : ils abusent des dons les plus précieux, et, aveuglés par leurs passions, ils se servent de leurs propres armes pour se détruire.

La Grèce, si riche en talents, en législateurs, en sages, en héros, délivrée de Xercès, faisait trembler l'Asie, et semblait devoir éclairer l'Europe qu'elle couvrait de ses brillantes colonies. Une partie de l'Italie et toute la Sicile étaient devenues grecques;

les arts et la liberté se répandaient partout : leur union devait consolider ces conquêtes de la civilisation; mais l'ambition, la discorde et le luxe détruisirent l'ouvrage des lumières, introduisirent dans un lieu la mollesse, dans l'autre la tyrannie, partout l'égoïsme, et préparèrent de loin le triomphe de la puissance romaine, qui soumit successivement à son joug tous ces peuples divisés.

Nous avons vu que Syracuse, ne mettant point de bornes à son ambition, voulait assujettir Léontium, Égeste et toute la Sicile, et qu'elle avait attiré par là dans son sein les armes d'Athènes. Elle n'avait point de secours à espérer des Grecs de l'Italie, moins ambitieux, mais dont la force était perdue et minée par les voluptés.

La célèbre Sybaris, fondée par les Achéens, dominant autrefois sur vingt-cinq villes, s'était laissé corrompre par la richesse. Son seul nom est resté immortalisé par ses vices; sa mollesse fut telle qu'on y décernait des prix à ceux qui inventaient de nouvelles voluptés. Ses lâches habitants, facilement vaincus par les Crotoniates, virent leur cité détruite. Les Athéniens bâtirent sur ses débris la ville de Thurium, qui reçut ses lois de Charondas, disciple de Pythagore.

La morale de ce législateur était très-sévère : il excluait du sénat tout homme qui se serait marié deux fois; la calomnie était soumise à des peines infamantes; on punissait d'une amende toute liaison avec les méchants; les poltrons étaient condamnés à paraître en public avec des habits de femme. Charondas, frappé du danger des innovations et des révolutions, avait ordonné que tout homme qui voudrait proposer une nouvelle loi se présentât dans l'assemblée du peuple une corde au cou; et on le pendait si la loi n'était pas jugée bonne, nécessaire et adoptée. Revenant un jour de poursuivre des voleurs, il entra, par mégarde, tout armé dans l'assemblée du peuple, ce qui était défendu. Les citoyens lui reprochèrent d'enfreindre lui-même ses lois. « Loin de les violer, répondit-il, je les scellerai » de mon sang; » et il se tua.

Thurium relâcha peu à peu les liens de cette législation rigide : ses mœurs s'amollirent; mais elle conserva long-temps la haine des innovations, l'amour de la paix, et resta tranquille au milieu des querelles qui agitaient les peuples voisins.

Un autre disciple de Pythagore, Zéleucus, avait été le législateur des Locriens. Conduisant les hommes à la connaissance de la Divinité par la contemplation de ses œuvres et par l'admiration de l'ordre qui règne dans l'univers, il prescrivait, pour honorer les dieux, plus de vertus que de sacrifices. Son code de lois était un code de morale. Voulant éteindre l'esprit de haine qui éternise les discordes civiles, il recommandait à ses concitoyens de se conduire à l'égard de leurs ennemis comme devant les avoir bientôt pour amis. Pour bannir le luxe de la république, il ne le permit qu'aux courtisanes.

Tous les peuples de la Grande-Grèce vivant dans ces dispositions pacifiques, les Syracusains ne devaient en attendre aucun secours considérable. Ils pouvaient en espérer davantage de quelques peuples de la Sicile; mais, s'ils y trouvaient des alliés, ils y trouvaient aussi des ennemis que leur esprit de domination avait irrités. D'ailleurs les colonies grecques, en Sicile, suivaient assez ordinairement les passions de leurs métropoles : la discorde, qui agitait celles-ci dans la Grèce, et qui les rangeait dans le parti de Sparte ou d'Athènes, s'étendait au loin, et portait en Sicile les mêmes dissentiments et des haines pareilles.

Les anciens habitants de la Sicile furent les Lestrigons et les Cyclopes. Quelques Troyens y fondèrent la ville d'Égeste, que les Latins nomment Ségeste. Les Phéniciens établirent des colonies sur la côte qui regarde Carthage ; ce qui donna dans la suite de grands moyens aux Carthaginois pour étendre leur puissance dans cette île.

Les premiers Grecs établis en Sicile furent les Chalcidiens, de l'Eubée, qui fondèrent Naxos, Léontium et Catane. Les Corinthiens, comme nous l'avons vu, jetèrent les fondements de Syracuse.

Les Mégariens bâtirent Mégare ou Hybla, dont le miel était si renommé, et ensuite Sélinonte et Agrigente. Les Messéniens fondèrent la ville de Messine, et les Syracusains celles d'Acre, de Clazomène et de Camarine.

On peut juger par ce tableau que Syracuse, ayant à ses portes moins d'alliés que d'ennemis, se trouvait livrée à ses propres forces, et devait s'attendre à succomber sous la puissance d'Athènes, si Sparte ne lui envoyait un prompt secours.

Cependant sa nombreuse population, la force de ses remparts, une armée aguerrie et une flotte nombreuse, présentaient aux efforts de Nicias des obstacles imposants, et qui exigeaient de ce général beaucoup d'activité et de courage. La ville était divisée en trois quartiers : celui qu'on appelait l'Ile, situé au midi, communiquait au continent par un pont; les maisons de l'Achradine se prolongeaient sur le bord de la mer; derrière ce quartier, celui d'Étique s'étendait parallélement. Tous deux étaient défendus par de hautes murailles flanquées de tours et par des fossés profonds. Syracuse avait deux ports ; le circuit du plus grand était d'une étendue de deux lieues. Nicias, ayant par une fausse attaque attiré l'ennemi du côté de Catane, débarqua à Olympie, et arriva sans obstacles devant les murs de Syracuse. Mais bientôt les Syracusains, réunissant toutes leurs forces, sortirent de leurs portes, et livrèrent bataille à Nicias : elle fut longue et sanglante; les Athéniens remportèrent la victoire, et forcèrent les ennemis à se renfermer dans leurs murs.

Nicias, au lieu de profiter de l'épouvante que cette défaite répandait dans la ville, se retira à Catane pour y réparer ses forces, et envoya demander à Athènes de l'argent et des vivres.

Cette lenteur laissa aux Syracusains le temps de se rassurer. Leur général, Hermocrate, raffermit leur courage, et l'on fit partir des députés pour implorer le secours de Sparte et de Corinthe. Le moment était favorable; Alcibiade, enflammé du désir de la vengeance, avait quitté Argos pour offrir ses services à Lacédémone contre sa patrie. Arrivé en Laconie, il acquit bientôt un inconcevable crédit sur les Lacédémoniens, dont il prit les mœurs. Ce n'était plus ce brillant Athénien, entouré de courtisanes dans un palais somptueux, éblouissant les regards par sa parure, passant les nuits dans des festins; mais un dur Spartiate, vêtu grossièrement, nourri de brouet, luttant avec la jeunesse, méditant avec les vieillards, grave dans son maintien, laconique dans ses discours, et plus animé contre Athènes que ses vieux ennemis.

Il persuada aux Lacédémoniens d'envoyer promptement une armée en Sicile sous le commandement de Gylippe, d'attaquer en même temps Athènes, et, pour ne point rendre cette invasion aussi infructueuse que les précédentes, de fortifier le poste de Décélie, dont il connaissait mieux que personne la position.

Ce fut ainsi que sa funeste et perfide habileté prépara et décida la ruine d'Athènes; il y contribua même par ses armes comme par ses conseils.

Les Syracusains, ranimés par l'espoir d'être secourus, redoublèrent d'activité; et, tandis que leurs travailleurs ajoutaient des fortifications nouvelles aux anciennes, Hermocrate exécuta une vive attaque contre les Athéniens près de Catane, les surprit et brûla leur camp.

Il ne fallait rien moins qu'un pareil échec pour tirer Nicias de sa léthargie. Ce général, toujours lent à se décider, mais ardent dès qu'il était en action, réunit ses forces, repoussa les ennemis, marcha sur Syracuse, établit sa flotte à Thapsa près de cette ville, livra une nouvelle bataille, défit les ennemis, éleva un trophée, et entoura Syracuse de retranchements qui la privaient de toute communication avec le dehors.

Continuant à pousser ses avantages, il s'empara du fort de l'Épipole, situé sur une montagne qui dominait la ville. En vain les Syracusains voulurent le reprendre; il repoussa leurs efforts. Les deux flottes se battirent: Lamachus périt dans ce combat;

mais les Athéniens furent vainqueurs, et Nicias se rendit maître du grand port.

Le succès décide les faibles; la victoire trouve toujours des alliés : plusieurs peuples de Sicile vinrent augmenter les forces des assiégeants. Syracuse, consternée et se croyant perdue, demanda à capituler. Les articles étaient réglés; on était près de les signer, lorsque tout à coup Gylippe parut avec l'armée lacédémonienne.

Nicias avait négligé d'opposer des obstacles à leur débarquement : l'ardeur et le courage des Syracusains se ranimèrent à la vue de leurs libérateurs : ils sortirent en foule de leurs murs, renversèrent tout ce qu'ils trouvèrent sur leur passage, et se réunirent aux Spartiates : alors tous ensemble marchèrent avec impétuosité contre l'Épipole et le prirent d'assaut.

Nicias perdit beaucoup de monde dans ce combat, et se retira sur le cap de Plemmyre, qu'il fortifia. Les flottes se livrèrent bientôt deux batailles sanglantes. Dans un premier combat, les Athéniens eurent l'avantage; mais dans le second leur aile gauche fut enfoncée et mise en déroute.

Malheureusement la morale est presque toujours exclue de la politique, et les états se croient plus dispensés que les particuliers de garder leur foi. La victoire de Gylippe changea les dispositions des peuples de Sicile, et la plupart des alliés d'Athènes passèrent dans le parti de Sparte, et se déclarèrent pour Syracuse.

Nicias écrivit des lettres pressantes à Athènes pour demander son rappel ou du secours : on refusa sa démission. Ménandre et Euthydème partirent pour le soulager dans ses travaux. Eurymédon lui amena dix galères chargées de vivres et d'argent; enfin on annonça que Démosthène, destiné à remplacer Lamachus, allait partir incessamment avec des forces considérables.

Cependant Agis, roi de Sparte, suivant les conseils d'Alcibiade, entra dans l'Attique, la ravagea, fortifia Décélie à six lieues d'Athènes, et, dans cette position, ôta aux Athéniens toute possibilité de recevoir les produits de leurs mines et les revenus de leurs terres.

Athènes souffrit tous les maux de la plus extrême disette. Les esclaves désertaient en foule; le peuple éclatait en plaintes; l'ennemi menaçant la ville par des attaques continuelles, les citoyens se voyaient obligés de monter la garde jour et nuit.

Pendant ce temps Gylippe et ses alliés redoublèrent d'efforts contre Nicias : ils attaquèrent d'abord Plemmyre avec quatre-vingts galères; elles soutinrent un grand combat qui ne fut point encore décisif : mais le lendemain Gylippe prit le fort d'assaut, et s'empara de tout l'argent et des munitions qu'il renfermait.

Les Athéniens se vengèrent de cet échec en détruisant onze galères ennemies, et se retirèrent dans une petite île près de la côte. Le moment qui devait décider du sort d'Athènes et de Syracuse était arrivé. Hermocrate, Gylippe et leurs alliés, ayant réuni toutes leurs forces, vinrent présenter la bataille aux Athéniens. Nicias voulait attendre l'arrivée des secours promis : pour cette fois la temporisation était sage; mais la jalousie de Ménandre et d'Euthydème les porta à s'opposer à son avis. L'impatience athénienne les seconda; Nicias se vit forcé de combattre : il fut défait, perdit ses galères, et sa flotte découragée prit la fuite. Le lendemain celle de Démosthène parut; il amenait soixante-treize galères et huit mille hommes.

Syracuse, effrayée, se montrait disposée à traiter : Nicias l'apprit par des intelligences qu'il avait dans la ville; il conseilla d'attendre et de négocier. Mais Démosthène ne voulait pas être venu de si loin sans combattre; il reprocha à Nicias sa timidité, enflamma par sa véhémence les esprits de l'armée, et fit décider l'assaut.

On enfonça d'abord les ennemis; mais, au moment où l'on se croyait sûr de la victoire, les troupes de Thèbes survinrent et rétablirent le combat. Une terreur panique s'empara des Athéniens; là nuit augmenta le désordre; ce ne fut plus qu'une déroute : les soldats, poursuivis par l'ennemi, jetaient leurs armes et se laissaient massacrer sans résistance. Le carnage fut affreux; la perte se monta à plus de huit mille hommes; le reste de l'armée se sauva dans des marais.

Un nouveau secours, arrivé à Gylippe sur ces entrefaites, augmenta le découragement. On voulait se retirer; mais les Syracusains coupaient la retraite par terre et par mer. Eurymédon périt en livrant un combat; ses galères échouèrent dans le fond du golfe.

L'intrépidité de Nicias redoublait avec le péril; il repoussa les efforts de Gylippe. Cependant, pour lui enlever sa dernière ressource, les Syracusains avaient fermé le grand port avec des chaînes de fer. Les Athéniens, se voyant investis et sans vivres, se déterminèrent à livrer un dernier combat. Nicias remplit cent dix galères de soldats, et jeta le reste de ses troupes sur le rivage.

Les galères athéniennes se précipitèrent sur les chaînes pour les briser; celles de Syracuse accoururent pour s'y opposer. Les deux armées se mêlèrent et s'entassèrent tellement dans un lieu étroit que toute manœuvre devint alors impossible : on se joignait bord à bord, on combattait corps à corps comme sur terre.

Après plusieurs heures d'une mêlée furieuse et d'une lutte opiniâtre, la flotte des Athéniens, battue, fut repoussée et poursuivie sur le rivage, où ils abandonnèrent tous leurs vaisseaux.

L'armée voulut alors se retirer par terre; mais

on prit trop tardivement ce parti; tous les passages étaient gardés. Bravant ces obstacles, après avoir abandonné en gémissant les malades et les blessés à la fureur de l'ennemi, on se mit en marche : malgré la consternation que causait cet affreux désastre, la retraite se fit d'abord en bon ordre, quoiqu'on fût toujours harcelé par la cavalerie.

La nuit on crut devoir changer de route : l'arrière-garde, commandée par Démosthène, s'égara dans l'obscurité; elle fut attaquée, investie; et, après une longue défense, Démosthène se vit contraint de se rendre avec les six mille hommes qu'il conduisait.

Nicias, poursuivant sa marche, traversa une rivière, et établit son camp sur une hauteur. Bientôt, entouré par les forces ennemies, il négocia, offrit de payer les frais de la guerre, et de donner des otages. Pour toute réponse on l'attaqua : ne cherchant plus de salut que dans son courage, il enfonça les ennemis, et se retira sur les bords du fleuve Asinare.

Là, les soldats, accablés de fatigue et de soif, voulant se désaltérer, furent massacrés en grand nombre dans le fleuve par les Syracusains qui les poursuivaient. Nicias, ne pouvant plus rétablir l'ordre, se rendit à Gylippe, à condition qu'on épargnerait le reste des troupes.

Le nombre des prisonniers était prodigieux. Les

Syracusains retournèrent en triomphe dans leur capitale : tous les arbres de la route furent érigés en trophées, et chargés des armes des vaincus.

Le sénat et le peuple de Syracuse délibérèrent sur leur sort. La foule demandait la mort des captifs : Nicolaüs, vieillard vénérable, fit un discours touchant pour prouver aux Syracusains qu'une vengeance si atroce déshonorerait leur victoire. Dioclès entraîna les suffrages, et fit envoyer au supplice Nicias et Démosthène.

On renferma les autres captifs dans de vastes carrières, où ils ne recevaient pour toute nourriture qu'un peu de farine et d'eau. La plus grande partie mourut de misère; on vendit le reste comme esclave.

Tel fut le dénouement de cette fatale guerre, conseillée par la vanité d'Alcibiade, et rendue si funeste par sa trahison. Elle ne justifia que trop le mot de Timon, fameux par sa haine contre les hommes : ce misanthrope farouche, voyant les progrès du crédit d'Alcibiade dans sa patrie, lui dit un jour : « Courage, mon fils; continue de t'agran-
» dir, et je te devrai la perte des Athéniens! »

Au moment où Athènes voyait ses campagnes ravagées, ses mines envahies, ses murs menacés par les Spartiates, elle apprit la mort de Nicias, de Démosthène, et la destruction totale de ses flottes et de ses armées.

Le peuple, consterné, sans galères, sans argent, sans soldats, ne pouvait compter sur l'appui de ses alliés, qui n'avaient subi que forcément son joug, et qui n'étaient attachés qu'à sa fortune : aussi ils abandonnèrent Athènes dès qu'ils la virent vaincue. Les peuples de Thrace, d'Ionie, ceux de l'Eubée, de Chio, de Lesbos, se mirent sous la protection de Lacédémone, et trouvèrent son parti le plus juste, parce qu'il devenait le plus fort.

Quelques villes d'Asie, plus courageuses et plus clairvoyantes, demeurèrent fidèles.

Tissapherne, gouverneur de Lydie pour le roi de Perse, et Pharnabaze, satrape de l'Hellespont, promirent des subsides aux Spartiates s'ils voulaient les aider à priver ces villes de leur liberté, et détruire ainsi les derniers alliés d'Athènes.

Sparte y consentit au mépris des lois de Lycurgue : le désir de dominer lui fit recevoir l'or étranger, et elle s'arma contre la liberté grecque. C'est ainsi que la cour de Perse, vaincue par les armes de la Grèce, mais triomphante par l'intrigue, profita des divisions de ses ennemis pour les corrompre et les abaisser.

Alcibiade se voyait plus vengé qu'il ne l'avait espéré : la vengeance n'est une jouissance que dans l'éloignement ; dès qu'elle est satisfaite, elle déchire l'ame dans laquelle elle n'a pas effacé toutes traces de vertu.

Dès qu'Alcibiade vit Athènes au bord de sa ruine, son amour pour son pays se réveilla : pour empêcher le triomphe complet de Sparte, il traversa les négociations de Tissapherne, et multiplia les intrigues pour en retarder le succès. Il y serait peut-être parvenu, tant il avait de crédit sur le peuple lacédémonien; mais il s'était attiré la haine d'Agis, roi de Sparte, dont il avait séduit la femme, Timéa. Cette reine, trop passionnée pour être prudente, fit éclater cette coupable liaison : son scandaleux aveuglement fut tel que, devant ses amis, elle donnait à son enfant, Léotychide, le nom de son amant. Agis, justement irrité, profita pour perdre Alcibiade de ces imprudences et de l'enthousiasme que le peuple montrait pour lui : il parvint à exciter la jalousie du sénat, celle des éphores, et prit avec eux des mesures pour se défaire d'un homme si remuant.

Alcibiade, averti du danger qui le menaçait, se sauva à Sardes, et, changeant tout à coup de système, de mœurs, de costume et de langage, il devint en peu de temps le favori de Tissapherne.

Maître de l'esprit de ce satrape, il l'engagea à tenir la balance entre Athènes et Sparte, en lui prouvant que la ruine d'une de ces villes mettrait l'autre en état de disposer de toutes les forces de la Grèce contre la Perse.

Ces intrigues laissant aux Athéniens le temps de respirer, ils levèrent des soldats, construisirent des galères, et firent rentrer plusieurs villes dans l'obéissance. Ils apprirent alors que Tissapherne faisait venir cent cinquante vaisseaux phéniciens pour les joindre à la flotte persane : une force si considérable pouvait, suivant le parti que prendrait le satrape, écraser Athènes, ou la délivrer des Lacédémoniens.

Le peuple athénien se repentit alors d'avoir maltraité Alcibiade, dont il redoutait la dangereuse influence. Celui-ci profita de cette circonstance, et fit dire secrètement à ses concitoyens qu'il leur procurerait l'alliance de Tissapherne, pourvu qu'on détruisît la démocratie dans Athènes.

Le peuple, indigné, s'opposa d'abord vivement à cette révolution; mais le danger était imminent, les ressources nulles, et le parti démocratique fut obligé de consentir à tout pour sauver l'état.

On envoya Pisandre et dix députés à Sardes pour traiter avec Tissapherne et avec Alcibiade. Le satrape exigeait impérieusement qu'Athènes abandonnât toute l'Ionie : les Athéniens n'y voulaient pas consentir. Fatigué de ces lenteurs, Tissapherne conclut une alliance avec Lacédémone, qui promit formellement de céder au roi de Perse les provinces grecques d'Asie.

Cependant la révolution commencée dans Athènes s'acheva : la démocratie fit place à l'oligarchie, et le gouvernement de la république fut confié, avec un pouvoir absolu, à quatre cents citoyens pris dans la classe la plus opulente. Le sénat résistait encore; mais les quatre cents magistrats nommés entrèrent dans le lieu des séances, armés de poignards, et forcèrent les sénateurs à se disperser.

Cet acte de violence fut suivi d'une cruelle proscription : on emprisonnait, on égorgeait les partisans de la démocratie, on pillait leurs biens, et les nouveaux magistrats se montraient plus cruels pour le peuple que ses ennemis.

L'armée qui était à Samos, apprenant ces atrocités, se révolta, déposa ses chefs, et mit à leur place Thazile et Thrasybule. Ils rappelèrent Alcibiade, qu'ils nommèrent leur général.

Les Lacédémoniens, au lieu de profiter de ces troubles, et d'attaquer promptement Athènes, portèrent leurs armes dans l'Eubée, et s'en emparèrent. Cette faute sauva, pour le moment, les Athéniens : ils reprirent courage, confirmèrent le rappel d'Alcibiade, et déposèrent les quatre cents magistrats qui avaient tant abusé de leur pouvoir précaire.

Alcibiade ne voulut point rentrer dans Athènes avant d'avoir réparé ses torts par des services, et ses trahisons par des victoires : à la tête de quelques vaisseaux ioniens, il se joignit à la flotte athénienne, attaqua impétueusement les Lacédémoniens près d'Abydos, les défit complétement, et leur prit plus de trente vaisseaux.

Après cette victoire, il courut à Sardes avec son audace et son imprudence accoutumées, pour voir Tissapherne, et pour jouir devant lui de son triomphe. Le satrape le fit arrêter; mais il corrompit quelques gardes, en tua d'autres, se sauva, remonta sur sa flotte, et, après s'être réuni à Théramène et à Thrasybule, il marcha vers Cyzique avec quarante vaisseaux.

Le satrape Pharnabaze et Mindare de Sparte commandaient dans ces parages des forces très-supérieures aux siennes. Il n'approcha d'abord des ennemis qu'avec la moitié de ses vaisseaux, pour les attirer loin de la côte en leur inspirant une trompeuse confiance.

Ce qu'il avait prévu arriva : voyant le petit nombre de ses bâtiments, ils coururent sur lui en désordre, comptant sur une victoire prompte et facile; mais, peu de temps après que le combat fut commencé, le reste de la flotte athénienne parut, tomba sur les Perses et les Spartiates, et les mit en fuite. Profitant de cet avantage, Alcibiade débarqua promptement sur la côte, battit Pharnabaze, fit un grand carnage des ennemis, et tua de sa propre main Mindare, général des Lacédémoniens.

Cependant le roi Agis s'était avancé avec une flotte près d'Athènes. Thazile le combattit et le força à se retirer. Mais, quelque temps après, la flotte de Tissapherne lui fit éprouver un échec, et il prit le parti de rejoindre Alcibiade : dans sa route il s'empara de quatre vaisseaux syracusains.

Alcibiade, ayant ainsi réuni toutes les forces d'Athènes, marcha contre Tissapherne, et lui livra une grande bataille : l'armée persane et phénicienne fut battue et presque détruite.

Cette victoire rendit les Athéniens maîtres de la mer de l'Hellespont, et répandit un tel effroi dans Lacédémone qu'elle demanda la paix.

La haine des Athéniens était trop animée pour être prudente; ils manquèrent cette occasion de relever solidement leur puissance, et refusèrent toute négociation.

L'année suivante, Alcibiade fit la conquête de Chalcédoine, de plusieurs autres places, battit encore Pharnabaze, et revint enfin à Athènes avec des vaisseaux chargés de lauriers, de captifs et de butin.

Rien ne peut se comparer à l'éclat de cette entrée triomphale. Athènes, qui s'était crue perdue, se retrouvait victorieuse : les hommes faisaient éclater violemment leurs transports par des cris; les femmes, les vieillards, les enfants exprimaient leur joie par des larmes. Alcibiade fut reçu comme un héros, comme un libérateur et presque comme un dieu.

Rassemblant le peuple, il voulut se justifier de l'ancienne accusation portée contre lui; mais la fortune l'avait absous : on cassa le décret qui l'avait banni, et on ordonna aux prêtres de révoquer leurs malédictions. Un seul s'y refusa, disant qu'il n'avait maudit qu'un sacrilége, et que, si Alcibiade était innocent, l'anathème ne tombait pas sur lui.

Le peuple, dans son ivresse, ne se contenta pas de rendre au vainqueur ses droits et ses biens; oubliant que Miltiade n'avait pu obtenir une couronne de laurier, il donna au banni une couronne d'or, et lui confia le commandement général des forces de terre et de mer.

L'enthousiasme pour Alcibiade allait toujours croissant : on pensait à le faire roi; mais les plus sages citoyens, redoutant cette nouvelle tyrannie qui détruirait à jamais la liberté, pressèrent le départ des cent vaisseaux qu'il commandait. Comme il aimait encore plus la gloire que l'autorité, il obéit; mais, avant de s'embarquer, il fit une action digne de son audace et très-agréable aux Athéniens.

Depuis long-temps les Lacédémoniens occupaient la campagne; on était obligé de se rendre par mer à Éleusis pour y célébrer les mystères : l'époque de ces fêtes arrivée, Alcibiade, bravant les ennemis, voulut qu'on suivît l'ancienne coutume, et fit passer dans la plaine les pontifes, le peuple et le cortége au milieu d'une haie de soldats. Cette pompe religieuse et cette témérité guerrière imposèrent aux

Spartiates, qui n'osèrent ni interrompre la marche ni troubler la cérémonie.

Une si heureuse hardiesse redoubla l'enthousiasme du peuple pour son héros; mais il ne tarda pas à éprouver de nouveau l'inconstance de ce peuple frivole, qui passait si rapidement de la colère à la tendresse et de l'amour à la haine.

Lacédémone, menacée de se voir attaquée à son tour, voulut opposer à Alcibiade un adversaire digne de lui, et donna le commandement de ses flottes à Lysandre, de la famille des Héraclides.

Il était brave, habile, ambitieux, insinuant et fait pour arriver au plus haut degré de gloire si ses vertus avaient égalé ses talents.

Dans ce temps le roi de Perse, Darius, animé contre Athènes, envoya son fils, le jeune Cyrus, à Sardes, avec l'ordre de surveiller la conduite de Tissapherne, dont le système tendait à protéger tantôt Sparte, tantôt Athènes, afin de prolonger leurs divisions pour augmenter leur faiblesse.

Lysandre, informé de ces circonstances, arriva à Sardes, flatta l'amour-propre du jeune Cyrus, et gagna sa faveur par son adresse. Le prince, qui voulait s'assurer d'un appui pour monter au trône, se déclara ouvertement en faveur de Sparte, et prodigua ses trésors, afin d'augmenter la paie de l'armée de Lysandre.

Cette augmentation de solde lui attira beaucoup

de monde, et fit même déserter un grand nombre de matelots athéniens.

Lysandre, trouvant de cette sorte en Asie toutes les ressources nécessaires, établit son arsenal à Éphèse.

Alcibiade, obligé de chercher des secours, débarqua en Ionie pour y ramasser quelque argent; et comme il laissait le commandement de la flotte à Antiochus, dont les talents lui inspiraient peu de confiance, il lui défendit de combattre pendant son absence. Antiochus n'exécuta pas cet ordre; il s'approcha avec sa galère des Lacédémoniens et les provoqua par des railleries et par des menaces : ils sortirent de la rade et coururent sur lui. Ses vaisseaux marchèrent à son secours; l'affaire devint générale : il fut battu et perdit quinze galères.

Alcibiade, irrité de cet échec, voulut prendre sa revanche, rassembla des vaisseaux à Samos, et présenta la bataille à Lysandre, qui l'évita avec prudence. Les ennemis d'Alcibiade dans Athènes n'avaient été que comprimés; leur haine profita de la défaite de la flotte pour éclater : Thrasybule l'accusa devant le peuple; il lui reprocha d'avoir abandonné ses vaisseaux, et d'entretenir des intelligences coupables avec les satrapes.

Le peuple, toujours crédule quand l'envie parle, et toujours sévère contre le malheur, condamna de nouveau au bannissement le guerrier qu'il avait voulu, peu de temps avant, porter au trône. On refusa d'entendre sa défense, et il fut obligé de se réfugier dans la Chersonèse.

Lysandre profita de cet événement, conquit plusieurs villes et y établit le gouvernement aristocratique. Ses services furent presque aussi mal récompensés à Sparte que ceux d'Alcibiade l'avaient été à Athènes. Les républiques sont ingrates, parce qu'elles craignent tout ce qui s'élève. Le commandement de la flotte lui fut ôté et donné à Callicratidas. Les Athéniens remplacèrent Alcibiade par Conon. Lysandre se vengea bassement de l'injustice qu'il éprouvait, et renvoya dans la ville de Sardes tout ce qui restait d'argent pour la paie des troupes. Cyrus l'approuva, comme s'il avait prêté ce secours à un homme et non à la république. En vain Callicratidas voulut lui faire des représentations; le prince les rejeta avec une hauteur humiliante. Callicratidas, blessé par l'orgueil persan, forma le projet de réconcilier les Grecs, afin de tourner leurs armes contre l'ennemi commun. Mais il faut plus de temps et d'efforts pour éteindre la haine que pour l'allumer, et le sort ne lui permit pas de consommer cette heureuse révolution.

La vingt-sixième année de la guerre du Péloponèse commença. Conon se vit bloqué par Callicratidas dans la baie de Mitylène. Athènes envoya à son secours cent cinquante vaisseaux. Callicratidas, quoique beaucoup moins fort, les attaqua : son premier choc fut si impétueux qu'il en coula bas plusieurs; mais, le sien se trouvant accroché par celui du fils de Périclès, il fut entouré et tué après avoir fait des prodiges de valeur.

Sa mort découragea ses troupes : le désordre se mit dans l'armée lacédémonienne; elle prit la fuite après avoir perdu cinquante vaisseaux.

Ce combat, donné près des Arginuses, releva les espérances des Athéniens; ils dressèrent un trophée sur la côte. Leurs généraux, trop pressés de suivre leurs opérations, négligèrent d'exécuter les ordres de Conon et d'enterrer les morts. Le peuple d'Athènes, à la fois léger, superstitieux et cruel, mit en jugement ces braves guerriers, et dix d'entre eux furent condamnés à mort.

Sparte se consola de sa défaite par la gloire que ses guerriers s'étaient acquise en combattant hardiment des forces aussi supérieures en nombre.

Avant la bataille, quelques amis de Callicratidas le blâmaient de ne pas se retirer au lieu de combattre; il leur répondit : « La perte d'une flotte » est un mal que Sparte peut réparer; mais la » fuite serait une honte irréparable pour elle et » pour moi. »

Lysandre n'avait pas cette antique rudesse : une de ses maximes était qu'il fallait coudre la peau du renard où la peau du lion ne pouvait pas suffire.

Ses talents devenant plus nécessaires que jamais, on lui rendit le commandement. Il obtint de Cyrus tout l'argent et les secours qu'il désirait, ouvrit la campagne avec activité, s'empara de Lampsaque et la livra au pillage.

L'armée athénienne, qui marchait pour la secourir, arriva trop tard à Ægos-Potamos, près de cette ville. Alcibiade, qui habitait dans le voisinage, vint trouver secrètement les généraux, et les avertit des dangers qu'ils couraient s'ils voulaient combattre dans une position si désavantageuse : il leur conseilla d'attendre, et leur offrit d'attaquer lui-même, par terre, l'ennemi avec des troupes de Thrace qui étaient à sa disposition.

On méprisa ses conseils et on refusa ses offres. Lysandre, dissimulant ses desseins, semblait éviter le combat : son apparente timidité inspira une funeste confiance aux Athéniens; leurs équipages quittèrent leurs vaisseaux, et descendirent à terre pour se livrer au repos et aux plaisirs. Lysandre, saisissant le moment favorable, attaqua la flotte à l'improviste et s'en empara. Conon put à peine se sauver avec neuf galères. Les Lacédémoniens, étant débarqués, forcèrent le camp, le pillèrent, et firent prisonniers les généraux et trois mille Athéniens, dont Sparte ordonna sans pitié le massacre.

La suite du désastre d'Ægos-Potamos fut terrible, Lysandre s'empara de toutes les villes maritimes, et vint bloquer le port du Pirée. Agis et Pausanias assiégèrent Athènes. Cette malheureuse ville, cernée de tous côtés et ne pouvant réparer la destruction de sa flotte et de son armée, proposa d'abandonner ses prétentions, ses droits, ses alliés et l'Attique même, pourvu qu'on laissât le port libre et la ville indépendante : mais les éphores exigèrent qu'on la démantelât.

Théramène, envoyé par les Athéniens pour négocier avec Lysandre, ne put rien conclure : le sort de cette république fut soumis dans Sparte à la décision du sénat et du peuple.

Les Thébains demandaient vivement sa ruine : Lysandre s'y opposa et prétendit « qu'en détruisant cette superbe ville, on crevait un des yeux » de la Grèce. » Enfin la paix fut accordée aux conditions suivantes : les fortifications devaient être démolies ; on ne laissait à Athènes que douze galères ; elle rendait la liberté à toutes les villes qui étaient sous sa dépendance, et se soumettait elle-même aux Lacédémoniens en promettant de les servir dans toutes leurs guerres.

La famine força les Athéniens de ratifier ce honteux traité. Lysandre, arrivant en vainqueur dans le Pirée, en fit raser les fortifications au bruit des instruments; entrant ensuite dans Athènes, il y parla en maître, obligea le peuple à dissoudre l'oligarchie, et nomma pour gouverner la république trente archontes qui méritèrent, par leurs crimes, une funeste immortalité sous le nom des *trente tyrans*.

Après ce traité, qui termina la guerre du Péloponèse, Sparte, sans rivale, ne trouva plus d'ennemis dans la Grèce : toutes les îles se soumirent. Lysandre, ne rencontrant aucun obstacle dans sa marche, n'eut qu'à paraître devant les villes; elles lui ouvrirent leurs portes et reçurent ses lois. Il en changea le gouvernement à son gré, abolit la démocratie, et établit partout des décemvirs de son choix, et qui lui étaient dévoués. Il ordonna ensuite à Gylippe de le précéder et de porter à Sparte des sommes immenses d'or et d'argent, fruit de ses conquêtes.

Le héros de la Sicile, qui avait triomphé des plus illustres généraux d'Athènes, vaincu par l'avarice, ne put résister à l'appât de l'or, et déroba, pendant la nuit, un cinquième des trésors qui lui étaient confiés. Ce vol fut découvert; et Gylippe, sans attendre son jugement, se condamna lui-même à l'exil.

Cependant on délibérait à Sparte si l'on recevrait dans la ville ces richesses proscrites par les lois. Les débats furent vifs entre la morale et la cupidité : les éphores, invoquant l'ombre de Lycurgue, voulaient qu'on refusât ces funestes présents; tout autre ennemi aurait été repoussé avec fierté; mais on capitula avec l'or.

Le peuple décida qu'il serait reçu, mais non partagé; que les particuliers ne pourraient en faire aucun usage, et qu'on ne l'emploierait qu'aux dépenses publiques.

C'est ainsi que la richesse pénétra dans les murs de Sparte. Bientôt elle changea ses mœurs; et Lysandre fut à la fois le destructeur d'Athènes et le corrupteur de Lacédémone.

La faiblesse est toujours condamnée, et la force déifiée : les Grecs accablèrent d'éloges le victorieux Lysandre; leur flatterie lui dressa des autels. Enivré d'orgueil, il s'érigea lui-même une statue. Les poètes chantaient ses louanges; et, sur tous les théâtres, les peuples, subjugués par lui, célébraient ses triomphes qui avaient délivré la Grèce de l'ambition d'Athènes.

Il est vrai que les Athéniens déguisaient si peu leurs désirs immodérés de domination, que dans le bourg d'Agraule ils faisaient faire serment à la jeunesse d'étendre partout la puissance d'Athènes, et de ne reconnaître d'autres bornes à la république que celles des pays où l'on ne trouverait ni vignes, ni grains, ni oliviers. Mais, si Athènes était ambitieuse, Sparte n'était pas plus modeste, et tout prouva bientôt qu'on n'avait fait que changer de maître.

NOUVEAUX ÉVÉNEMENTS

DANS

LES RÉPUBLIQUES D'ATHÈNES ET DE SPARTE.

(An du monde 3600. — Avant Jésus-Christ 404.)

Nomination des trente archontes par Lysandre. — Leur tyrannie. — Mort de l'archonte Théramène. — Mort courageuse d'Alcibiade. — Dévouement de Thrasybule. — Chute des archontes, remplacés par des décemvirs. — Chute et mort des décemvirs. — Tyrannie de Lysandre. — Son rappel, sa disgrace et son exil. — Son retour à Lacédémone. — Expédition de Cyrus contre son frère Artaxerce. — Force de son armée. — Force de l'armée d'Artaxerce. — Bataille de Cunaxa. — Mort de Cyrus. — Défaite de son armée. — Résistance des Grecs. — Perfidie d'Artaxerce envers eux. — Harangue de Xénophon. — Fameuse retraite des Grecs. — Tableau de la vie de Socrate. — Accusation de Mélitus envers Socrate. — Défense de ce sage. — Sa condamnation. — Sa mort. — Repentir des Athéniens. — Mort de Mélitus.

Les trente archontes, nommés par Lysandre pour gouverner Athènes, éprouvèrent promptement la crainte qui accompagne toute domination établie contre l'opinion publique par une force étrangère.

Dans de pareilles circonstances, le génie seul sait se mettre au-dessus du danger; il parvient par la douceur à se faire pardonner l'usurpation. Les hommes vulgaires se font tyrans pour rester maîtres; ils veulent inspirer la peur qu'ils éprouvent, s'entourent de gardes, parce qu'ils sont environnés d'ennemis, et ne se rassurent que par des supplices. Dès que le gouvernement montre sa crainte, les citoyens pervers en profitent pour marcher au pouvoir et à la fortune; les délations se multiplient, et les proscriptions s'accumulent; chaque acte de rigueur, produisant de nouveaux mécontentements, inspire de nouvelles terreurs, et nécessite de nouvelles cruautés : alors la tyrannie, entraînée par un mouvement rapide, ne peut plus s'arrêter jusqu'à sa chute.

Tel fut en effet le sort des trente archontes et le malheur d'Athènes : ces magistrats, tremblants et cruels, s'étaient pour ainsi dire associé trois mille hommes sans pudeur et sans réputation, qui leur semblaient d'autant plus dévoués qu'ils étaient plus violents.

Cette tourbe, avide d'emplois et de fortune, épiait les écrits, les paroles, les regards et jusqu'au silence : à leurs yeux, la richesse était un délit, et la vertu un crime. Le sang coulait dans toutes les rues : le deuil était dans toutes les maisons. Critias, le plus fougueux des trente archontes, ne mit bientôt plus de bornes à ses fureurs, et n'épargna pas même ses collègues. L'un d'eux, Théramène, osa élever sa voix pour la justice et pour la pitié. Il fut accusé de trahison; et Critias, voyant les juges balancer, les environna d'hommes armés, et les menaça de son poignard.

Dans la consternation universelle, Socrate seul eut l'audace de plaider pour Théramène. Son éloquence fut inutile : les juges condamnèrent l'accusé à mort; et, comme ils craignaient la contagion de la vertu, ils défendirent à Socrate de donner des leçons à la jeunesse.

Théramène soutint son sort avec courage; et, après avoir bu la plus grande partie de la ciguë qu'on lui présentait, imitant les libations qu'on fait dans les festins, il jeta le reste du poison, et dit : « Ceci est pour l'illustre Critias. »

Accablée de tant de calamités, Athènes, repentante de ses injustices, portait ses tristes regards sur les lieux qu'habitait Alcibiade, et concevait un faible espoir de lui devoir sa délivrance; mais sa destinée lui enleva bientôt cette dernière ressource.

Le roi de Perse, Darius-Nothus, venait de mourir : vainement sa femme Parysatis avait voulu lui faire désigner pour successeur Cyrus, le deuxième de ses enfants; Arsame, l'aîné de ses fils, monta sur le trône, et régna sous le nom d'Artaxerce-Mnémon.

Cyrus, furieux de voir ses prétentions trompées, voulut assassiner son frère. Le complot fut découvert : un juste supplice attendait le coupable; mais Parysatis eut encore le crédit d'obtenir sa grace. Artaxerce ajouta à sa générosité l'imprudence de lui donner le gouvernement de Sardes. Cyrus profita de sa confiance pour le trahir : à peine arrivé dans son gouvernement, il prétexta la nécessité de soumettre quelques peuples voisins, et engagea Cléarque à lever pour lui un corps de troupes grecques. En même temps, il gagna Lysandre par ses largesses, et s'assura de son appui.

Alcibiade, retiré en Phrygie, pénétra promptement les vues secrètes du prince, et se rendit dans la province où commandait Pharnabaze, afin d'instruire Artaxerce des mesures que Cyrus prenait pour le détrôner. Il espérait qu'en reconnaissance de ce service, le roi de Perse lui donnerait les moyens de délivrer Athènes de la tyrannie des archontes et du joug de Lacédémone. Mais ses intelligences avec sa patrie ne furent pas assez secrètes : les opprimés ne savent pas dissimuler leurs espérances. Les tyrans, alarmés, écrivirent à Lysandre que le fruit de ses victoires serait perdu s'il ne traversait promptement les projets d'Alcibiade.

Lysandre partagea leurs craintes, et exigea de Pharnabaze la mort de ce héros.

Le satrape obéissant envoya des gardes dans la maison qu'il habitait. Sa gloire était sa seule défense; mais elle imposait encore à ses ennemis : ils n'osèrent l'attaquer ouvertement; ils entourèrent sa maison, et y mirent le feu. L'intrépide Alcibiade s'élança du milieu des flammes l'épée à la main, se précipita sur les Barbares, en tua plusieurs, épouvanta le reste qui ne put soutenir sa vue; mais tous, en fuyant, lui lancèrent leurs dards et le tuèrent.

Ainsi mourut, à quarante ans, cet homme célèbre qui fut tour à tour la gloire et le fléau de sa patrie.

Les Athéniens, privés de son bras et désolés de sa perte, tombaient sans force et sans espoir sous les coups des tyrans. Au milieu de cette ville épouvantée, Socrate seul bravait les assassins et consolait les victimes.

Les citoyens les plus distingués et les plus courageux se dispersèrent dans la Grèce; mais l'implacable Sparte, les poursuivant partout, les faisait chasser des villes soumises à son influence, voulait les forcer à rentrer dans les murs d'Athènes et dans les cachots qui les attendaient. Mégare et Thèbes osèrent seules donner asile aux bannis. Thrasybule les y rassembla. L'orateur Lysias leva à ses dépens cinq cents soldats; tous jurèrent de mourir ou de délivrer leur pays.

Thrasybule, à la tête de cette poignée de guerriers intrépides, attaqua sans hésiter trois mille hommes commandés par les archontes, les enfonça, les mit en déroute, et extermina un corps de Spartiates qui défendaient le poste de Phyle.

Ce premier succès réveilla les courages et ranima les espérances : sept cents hommes vinrent augmenter ses forces. Les tyrans, craignant une défection générale, massacrèrent dans la ville les jeunes citoyens en état de porter les armes, qui refusaient de suivre leurs drapeaux. En même temps, joignant la ruse à la violence, ils essayèrent de négocier avec Thrasybule, et lui proposèrent de l'associer à leur pouvoir.

Il refusa leurs propositions avec mépris. A la tête de mille hommes il entra dans le Pirée, força les ennemis à la fuite, et tua Critias dans le combat.

En poursuivant ses concitoyens, il leur reprochait de servir la tyrannie qui les égorgeait. Enfin sa voix fut écoutée ; le peuple soulevé déposa et chassa les archontes : mais, pour plaire à Sparte, il nomma à leur place des décemvirs qui suivirent le système de leurs prédécesseurs, et voulurent chasser Thrasybule du Pirée où il s'était retranché.

Lysandre et Pausanias accoururent pour appuyer les décemvirs, battirent quelques corps athéniens venus au devant d'eux, et les forcèrent à rentrer dans la ville.

Thrasybule, qu'aucun danger n'arrêtait, parut

tout à coup au milieu du peuple; au lieu de plaindre ses malheurs, il lui reprocha sa faiblesse. Sa véhémente éloquence fit sentir à ses concitoyens qu'on n'était opprimé que parce qu'on était lâche, que Sparte et la tyrannie ne restaient puissantes que parce qu'on leur obéissait, et que pour qu'un peuple fût libre, il lui suffisait de le vouloir.

Toutes les passions parlaient pour lui; elles n'attendaient qu'une étincelle pour s'enflammer : on courut de toutes parts aux armes; on rétablit la démocratie, on poursuivit les restes de la faction des trente jusqu'à Éleusis, où ils se renfermèrent.

Les archontes, attirés à une conférence, y furent immolés. Leurs crimes, qui méritaient la mort, ne peuvent justifier cette trahison.

Thrasybule, ayant détruit les tyrans, rétabli l'ancien gouvernement, et repoussé les Spartiates, fit encore plus pour sa gloire et pour le bonheur de son pays. Abjurant tout sentiment de haine et de vengeance, il publia une franche amnistie, exigea de tous les citoyens le serment d'oublier le passé, et par ce moyen, le seul que le génie emploie et que la faiblesse ne peut concevoir, il éteignit le flambeau de la discorde et consolida le bonheur de sa patrie.

Peu d'hommes sont assez grands pour supporter dignement les faveurs de la fortune; Lysandre abusait de plus en plus de la sienne. Milet avait résisté à ses ordres; il en fit égorger les principaux habitants. Sa présence était partout accompagnée de pillages et d'excès : loin de respecter le droit des peuples, il cassait dans toutes les villes les élections, et nommait les magistrats qui lui plaisaient.

Le satrape Pharnabaze, recevant de tous côtés des plaintes contre lui, écrivit à Sparte pour l'accuser. Les éphores le rappelèrent : il se défendit sans pouvoir se justifier. Ses victoires passées, le crédit dont il jouissait comme tuteur du jeune roi Léotychide, lui épargnèrent une condamnation qu'il n'avait que trop méritée; mais on lui ôta ses emplois, et il crut convenable de s'exiler lui-même.

Les rois et le sénat de Sparte, accueillant alors les réclamations des villes grecques, y rétablirent la démocratie qu'elles redemandaient, et chassèrent les magistrats placés par leur superbe vainqueur. Mais, peu de temps après, lorsqu'on apprit que la révolution de Thrasybule était consommée, qu'Athènes, délivrée de ses tyrans, secouait le joug des Lacédémoniens et reprenait une attitude menaçante, Lysandre crut les circonstances favorables à son retour; il revint à Lacédémone, y reprit quelque influence, et voulut engager la république à remettre Athènes dans sa dépendance.

Cet avis flattait assez les passions du peuple; mais la sagesse de Pausanias prévalut, et fit avorter ses desseins : il fit sentir au sénat la nécessité de maintenir la paix, et de modérer une ambition qui finirait par réunir contre Sparte toute la Grèce.

Ce fut dans ce temps que le jeune Cyrus exécuta le projet qu'il avait conçu d'attaquer son frère et de lui ravir le trône de Perse.

Cyrus, comme tous les hommes qu'une grande ambition destine à répandre beaucoup d'éclat sur leur vie et beaucoup de malheurs sur la terre, offrait un rare mélange de vices et de vertus. Sa hauteur asiatique était telle qu'il fit périr des princes de sa famille, parce qu'ils avaient paru devant lui sans suivre l'étiquette qui exigeait que leurs mains fussent couvertes par les manches de leur robe.

Son ambition n'avait point de bornes, et pour la satisfaire on le trouvait toujours prêt à violer les sermens les plus saints et à commettre les plus grands crimes. La volonté de son père, les lois de l'empire étaient des liens trop faibles pour l'arrêter, et le poignard avait été le premier moyen dont il avait voulu se servir pour arracher le sceptre à son frère. Mais, d'un autre côté, personne ne réunissait plus de qualités propres à gagner les cœurs qu'il voulait séduire : son esprit était fin, étendu, ses formes attrayantes; il était instruit, éloquent, généreux, habile dans tous les exercices; sa valeur héroïque enflammait le cœur des soldats; ses éloges excitaient l'ardeur des officiers, et personne ne savait mieux que lui pénétrer les desseins des autres et cacher les siens; son adroite politique avait l'art de gagner également les Grecs et les Barbares. L'Ionie espérait lui devoir sa liberté; Sparte comptait sur son appui; Athènes même pensait qu'il lui serait favorable; et les peuples qu'il gouvernait, croyant revoir en lui le grand Cyrus, se flattaient déjà qu'il rendrait à l'empire son antique force et son premier éclat.

Lorsqu'il crut avoir assez grossi son parti pour exécuter avec succès sa vaste entreprise, il réunit les troupes qui lui étaient dévouées, et treize mille Grecs que le Lacédémonien Cléarque avait rassemblés pour lui.

A la tête de ces forces, qui montaient à cent treize mille hommes, et secouru par une flotte que Sparte lui avait prêtée, il s'empara de plusieurs villes du gouvernement de Tissapherne, et écrivit à Suze pour accuser ce satrape de concussion et de rébellion.

Son langage et sa conduite voilaient tellement ses vues, qu'Artaxerce, sans défiance, approuva ses premières opérations, et ne se mit point en garde contre lui.

Cyrus, devenu maître des contrées voisines de

son gouvernement, s'en éloigna et arriva à Tarse après avoir franchi le pas de Cilicie. Jusque-là Cléarque avait été seul dans la confidence de ses desseins secrets; mais il n'était plus possible de déguiser aux troupes le but d'une marche si longue, et qui semblait les diriger au centre de l'Asie. Il déclara donc ouvertement à l'armée qu'il allait combattre Artaxerce. Cette étrange nouvelle troubla tous les esprits : chacun mesurait avec effroi les dangers de l'entreprise, et bientôt des murmures on passa à la révolte ouverte; mais le prince et Cléarque employant tour à tour la prière, la menace et les plus magnifiques promesses, parvinrent à calmer l'émeute. L'ordre se rétablit, et l'on se remit en marche. Cependant Tissapherne était arrivé à Suze : les yeux du roi s'étaient ouverts; il rassembla promptement une armée de douze cent mille hommes. Tissapherne, Gobryas et Arsace la commandaient sous lui; et, à la tête de cette masse redoutable, il s'avança pour combattre son frère.

Les deux armées se rencontrèrent à Cunaxa, dans les plaines de la Babylonie.

Cléarque pria instamment Cyrus de ne point compromettre sa fortune en risquant sa vie dans la mêlée : mais ce jeune prince, qui aurait mérité par sa valeur un meilleur sort si sa cause eût été plus juste, lui répondit : « Comment voulez-vous

» que, par une honteuse timidité, je me montre in-
» digne du trône que je viens ici disputer! »

Le choc fut terrible; mais, malgré la supériorité du nombre, l'infanterie d'Artaxerce, enfoncée par les Grecs, prit la fuite. Cet événement pouvait décider de l'empire; l'ardeur bouillante de Cyrus trompa la fortune qui le favorisait.

Ce prince, impatient et téméraire, poursuivant les fuyards, découvre le roi son frère qui se retirait, entouré des immortels, l'élite des guerriers de la Perse; il fond sur lui avec six cents chevaux, écarte tout ce qui s'oppose à son passage, et tue le cheval du roi. Le monarque se relève, et s'élance sur un autre coursier. Cyrus le blesse encore; mais Artaxerce lui lance son javelot et le renverse. Mérabate alors se précipite sur le prince, et lui tranche la tête. Son armée, consternée, se disperse, et se dérobe par la fuite à la vengeance du vainqueur. Les Grecs seuls restent serrés, résistent intrépidement à toutes les attaques, et se retirent en bon ordre au-delà d'un fleuve.

Artaxerce les atteignit bientôt, les entoura, leur demanda de livrer leurs armes : ils refusèrent, préférant la mort à la honte.

Étonné de cette fierté, Artaxerce se souvint des Thermopyles, où trois cents Grecs avaient fait payer leur trépas par la mort de vingt mille Perses : il résolut de détruire par la ruse ceux qu'avec douze cent mille hommes il n'osait attaquer de vive force ; il négocia avec eux, et promit de les laisser retourner dans leur pays.

Conformément à cette capitulation, il les fit conduire dans des villages où ils trouvèrent des vivres en abondance ; peu de jours après ils se mirent en marche. Tissapherne était chargé ostensiblement de favoriser leur retour, et secrètement de les perdre.

Dès qu'on fut dans les déserts de la Médie, on s'aperçut de sa mauvaise foi : les subsistances manquaient ; les manœuvres des Perses et la hauteur de leur langage annonçaient de sinistres projets : l'inquiétude se répandit dans les troupes. Cléarque s'étant rendu à la tente de Tissapherne avec Ménon, Proxène, Agias, Socrate et tous les principaux officiers de l'armée, le perfide satrape les fit égorger.

L'armée, abattue, sans chefs, isolée, au milieu d'un monde ennemi, à six cents lieues de la Grèce, se livrait au découragement ; chacun, n'écoutant que son désespoir, voulait chercher son salut dans une fuite impossible.

Xénophon servait alors dans ces troupes comme simple volontaire ; rien ne pouvait étonner son intrépide courage. Dans les grandes crises les grands caractères prennent l'autorité : Xénophon rassemble les soldats, réveille leur valeur, ranime leur espoir : dans sa harangue il leur rappelle Marathon, Salamine, Platée; et, par un de ces miracles que produit le génie d'un grand homme, ces fugitifs dispersés, que les Perses allaient égorger comme de vils troupeaux, se transforment tout à coup en héros invincibles, dont la fierté fait trembler leurs ennemis. L'ordre est rétabli; on nomme de nouveaux officiers; on brûle les tentes, les bagages; on se forme en bataillon carré pour faire face partout. Les Grecs poursuivirent alors tranquillement leur retraite. Tissapherne tente en vain quelques attaques; il est repoussé avec perte, et après avoir harcelé quelques jours leur phalange intrépide, les trouvant partout inébranlables, il se décide à les abandonner.

Ces braves guerriers, délivrés de l'armée qui les poursuivait, devaient encore surmonter des obstacles innombrables pour rentrer dans leur patrie.

Le Tigre arrêta d'abord leur marche; ils furent obligés de faire un grand détour, et de traverser pendant cinq jours les défilés des montagnes des Carduques, défendus par une population belliqueuse. Enfin ils passèrent ce fleuve près de sa source, et défirent les troupes d'un satrape qui voulait les surprendre et les détruire après leur avoir offert des vivres pour les tromper.

Ayant traversé l'Euphrate, ils se trouvèrent dans

une contrée couverte de neige; la rigueur du froid leur enleva beaucoup d'hommes. Après avoir pris quelque repos dans des maisons bâties sous terre par des espèces de sauvages plus hospitaliers que les peuples civilisés, ils passèrent le Phase, combattirent les Chalybes, franchirent les montagnes de la Colchide, trouvèrent dans la plaine les vivres et les secours dont ils étaient privés depuis long-temps, découvrirent enfin la mer tant désirée, et arrivèrent à Trébisonde, colonie grecque, où ils retrouvèrent avec transport le langage de leur patrie, le culte de leurs dieux et les soins de l'amitié.

Après avoir exprimé leur reconnaissance par des sacrifices, ils goûtèrent un mois de repos acheté par tant de fatigues et de dangers. On embarqua ensuite les vieillards et les infirmes; le reste continua sa route par terre jusqu'à Cérase, et de là à Cotyore. Arrivés dans cette ville, ils y trouvèrent des vaisseaux qui les conduisirent à Sinope, colonie de Milet, dans la Paphlagonie.

Pendant toute leur marche ils avaient été gouvernés républicainement par un conseil; mais à Sinope ils voulurent nommer un général en chef: tous les suffrages élurent Xénophon. Cet Athénien, aussi modeste que courageux, refusa cet honneur, et fit tomber le choix de l'armée sur Chrysophore de Lacédémone.

Celui-ci maintint dans sa troupe une exacte discipline, et l'empêcha de commettre aucun désordre dans les colonies grecques qui leur donnaient asile.

Quelque temps après ils se divisèrent en trois corps : Lycon et Callimaque commandèrent le premier, Chrysophore le second, Xénophon le troisième ; ils s'embarquèrent sur des vaisseaux d'Héraclée, et arrivèrent à Byzance. La richesse de cette ville tenta leur cupidité et fut l'écueil de leur gloire : ils voulaient la piller ; l'éloquence et la fermeté de Xénophon les préservèrent de cette honte.

Il les conduisit en Thrace, où ils rétablirent sur son trône le prince Ceuthe qui les avait appelés à son secours. Ce prince ingrat leur manqua de foi, et s'exposait à leur vengeance : mais Xénophon, ayant appris que Tissapherne et Pharnabaze voulaient punir les villes d'Ionie qui avaient pris le parti de Cyrus, et que Sparte venait de déclarer la guerre à ces deux satrapes, décida ses infatigables compagnons à rejoindre l'armée lacédémonienne.

Ils se rendirent par Lampsaque à Pergame, et de là à Parthénie, où le général spartiate, Thymbron, les reçut avec l'enthousiasme qu'inspiraient universellement leur constance et leur valeur.

Le sort des combats, les fatigues de la route, la rigueur des éléments avaient moissonné une grande partie de ces dix mille héros; six mille guerriers, échappés à tous ces dangers, purent seuls jouir de la gloire de leurs exploits et de la reconnaissance de leur patrie.

Ainsi finit cette fameuse retraite : elle avait duré dix-neuf mois, pendant lesquels ils avaient fait une marche de six cents lieues.

Dans le temps que ces dix mille héros accroissaient la renommée de la Grèce, Athènes flétrit la sienne par la mort de Socrate.

Cet homme illustre, que l'oracle de Delphes avait déclaré le plus sage des mortels, ne dut point sa célébrité, comme la foule des grands hommes, à des exploits sanglants, à une science vaine, à une éloquence éclatante, au pouvoir d'un rang illustre, aux triomphes d'Olympie, ni aux applaudissements des théâtres; la morale la plus pure fut son seul titre à l'immortalité, et il dut toute sa gloire à sa vertu.

Socrate naquit l'an du monde 3533; il était fils d'un sculpteur. Le philosophe Criton voulut lui enseigner l'astronomie; mais il préféra l'étude du cœur humain à toutes les autres : il apprit et enseigna la morale. Cette science, qui devrait être la première de toutes, parut moins austère quand il la professa : il tempérait la gravité du sujet par l'enjouement de son esprit, et semait de fleurs le chemin de la vertu pour la faire aimer. Loin d'imiter les déclamations, le ton tranchant et l'arrogance des sophistes qu'il tournait en ridicule, ses leçons se passaient en entretiens; s'abaissant modestement au niveau du disciple qu'il éclairait, il avait l'air de s'instruire lui-même en enseignant.

Il interrogeait ses interlocuteurs, les conduisait doucement de question en question à des conclusions absurdes qui leur faisaient sentir la fausseté de leurs principes et la sottise de leurs paradoxes.

Plusieurs sectes de philosophie prirent naissance dans son école : Xénophon, Aristippe et Platon furent ses principaux disciples.

Socrate donna l'exemple de toutes les vertus qu'il enseignait. Intrépide guerrier, il se distingua au combat de Potidée et dans plusieurs autres batailles; citoyen courageux, il défendit les opprimés, et résista ouvertement à la tyrannie; sobre et tempérant, au lieu d'envier la fortune et le luxe d'autrui, il ne sentait que le bonheur de pouvoir s'en passer.

Une médiocre somme d'argent avait été son seul héritage; il la prêta à un ami, et la perdit sans regrets. Archélaüs, roi de Macédoine, voulut le combler de présents; il refusa ses dons, leur préférant l'indépendance. Sa vertu fut d'autant plus admirable qu'elle se montra toujours simple, enjouée, exempte de tout orgueil et de toute affectation. Le but de sa philosophie était de maintenir l'ame dans un calme parfait : il y parvint, et conserva l'égalité de son humeur dans les circonstances les plus critiques.

Souvent le courage, qui résiste avec fierté aux grands malheurs, cède aux contrariétés journalières, et s'aigrit par les chagrins domestiques : Xantippe, femme de Socrate, était capricieuse et violente; elle exerça sa patience sans la lasser.

Il prétendait avoir un esprit familier qui l'avertissait des dangers qu'il pouvait courir, et de ce qu'il devait faire et éviter : ce génie était probablement une conscience droite et un esprit juste.

Quoiqu'il fût disgracié par la nature et extrêmement laid, la beauté de son ame faisait oublier sa figure. La foule, empressée de l'entendre, le suivait partout; et dans les promenades publiques on voyait la plus brillante jeunesse quitter les plaisirs pour écouter ses leçons.

Tant de vertus ne pouvaient échapper à la haine des hommes qui n'en avaient pas : il devint l'objet de la satire des écrivains sans mœurs, et de la persécution des hypocrites sans piété.

Aristophane le traduisit en ridicule sur la scène dans la comédie des *Nuées*, et fit sortir d'une bouche si pure des obscénités et des blasphèmes. Socrate avait une ame trop élevée pour qu'elle ne s'approchât pas de l'Être suprême : il croyait à un Dieu unique, et méprisait les fables des poètes, la superstition des peuples et les divinités de son temps. Nous en trouvons la preuve dans son entretien avec Euthydème sur la Providence, qui nous a été conservé par Xénophon.

Son amour pour la vérité fut regardé par ses ennemis comme un crime. Mélitus l'accusa devant l'aréopage de ne pas croire aux dieux de la Grèce, de vouloir introduire un culte nouveau, et de corrompre l'esprit de la jeunesse.

L'orateur Lysias composa un éloquent discours pour sa défense; mais il refusa cette apologie, disant qu'il ne voulait pas emprunter les secours de l'art pour émouvoir en sa faveur. Sa défense fut simple comme sa vertu, et ses réponses claires comme son innocence.

Il dit qu'on ne pouvait lui reprocher de manquer de respect aux lois religieuses, puisqu'il sacrifiait dans les temples; qu'on ne pouvait lui faire un crime de croire à un esprit familier dans un pays où tous les peuples ajoutaient foi à la divination, aux auspices et aux augures; que, loin de corrompre les mœurs, tout Athènes était témoin que la doctrine qu'il soutenait se réduisait à ces deux principes : « Il faut préférer l'ame au corps, et la » vertu aux richesses. »

« Vous me reprochez, disait-il, de manquer à
» mes devoirs de citoyen, et de ne point opiner
» dans les assemblées du peuple : demandez aux
» guerriers qui combattaient à Potidée, à Amphi-

» polis, à Delium, si j'ai servi ma patrie; interrogez
» les chefs du sénat : ils vous diront si je ne me suis
» pas opposé fermement à la mort des dix capitaines
» vainqueurs aux Arginuses, et victimes de vos in-
» justes rigueurs. Il est vrai que mon esprit familier
» m'a depuis long-temps empêché de me mêler des
» affaires publiques : si je ne lui avais pas obéi, je
» serais mort depuis long-temps; car j'ai trop appris
» qu'un homme seul ne s'oppose pas impunément
» aux injustices d'un peuple entier. On m'accuse
» d'impiété : examinez ma vie, mes actions et mes
» discours, et vous serez convaincus que je crois
» plus à la Divinité que mes accusateurs. On blâ-
» mera peut-être aussi mon orgueil en voyant que
» je ne me conforme pas à l'usage, et que je n'a-
» dresse pas de supplications à mes juges : mais, si
» je m'en abstiens, ce n'est point par fierté, c'est
» par principes : je pense que la justice doit obéir
» non à la prière, mais aux lois.

» D'ailleurs, je ne regarde pas la mort comme
» un mal, et à mon âge je ne veux point, pour
» l'éviter, démentir les leçons que j'ai données pour
» apprendre à la mépriser. »

Cicéron, en admirant ce noble plaidoyer, dit que Socrate se montra au tribunal non comme un accusé mais comme le juge de ses juges.

La haine l'emporta sur la justice; le sage fut condamné : l'arrêt ne statuait pas la peine qu'il devait subir, et, suivant l'usage dans ce cas, l'accusé

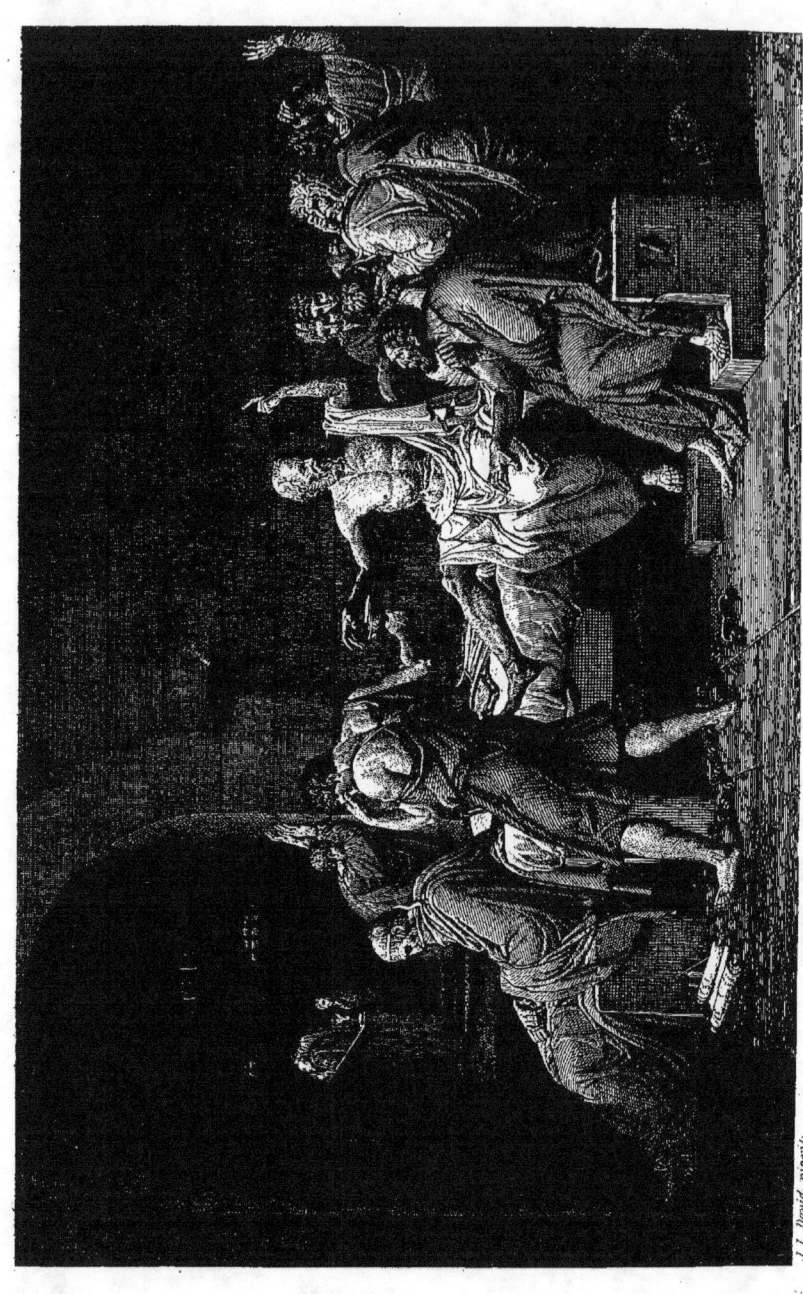

LA MORT DE SOCRATE.

pouvait choisir lui-même, et se condamner à la prison ou à l'amende.

Socrate ne voulut pas obéir à cet arrêt : « Je ne » puis, dit-il, me reconnaître coupable ; et, puis- » qu'on veut que je prononce sur le sort que je » mérite, je déclare qu'ayant consacré ma vie à la » patrie et à la vertu, je me condamne à être nourri » le reste de mes jours aux dépens de la répu- » blique. »

Les juges, irrités de cette fierté, ordonnèrent qu'il boirait la ciguë.

Socrate, après avoir entendu sa sentence, dit aux juges : « La nature, avant vous, m'avait con- » damné à la mort ; mais la vérité condamne vous » et mes accusateurs à des remords éternels. »

Il demeura trente jours en prison avant de subir sa sentence : son courage ne parut pas un instant ébranlé, ni son humeur altérée : ses amis l'entouraient ; il montrait toujours, en causant avec eux, le même enjouement et la même douceur.

Criton, étant parvenu à gagner le geôlier, voulut l'engager à s'échapper de sa prison ; mais Socrate soutint que l'iniquité d'un arrêt n'autorisait pas un citoyen à se dérober aux lois et à la justice de son pays.

Il employa son dernier jour à s'entretenir avec ses amis sur l'immortalité de l'ame. Platon nous a conservé, dans le dialogue qu'on appelle *le Phédon*, les principaux arguments qu'employait Socrate pour prouver que l'ame est immortelle, et pour réfuter les objections des matérialistes.

Lorsque le moment fatal fut arrivé, le courageux philosophe, tenant à sa main la coupe funeste, dit à ses amis : « Je regarde la mort non comme une violence qu'on me fait, mais comme un moyen que me donne la Providence pour monter au ciel : en sortant de la vie on trouve deux chemins, dont l'un conduit la vertu dans le centre du bonheur, et l'autre entraîne le crime dans un lieu de supplices. »

Après avoir dit ces mots, et ordonné, sans doute ironiquement, de sacrifier un coq à Esculape, il embrassa ses enfants, et pria la Divinité de rendre son dernier voyage heureux.

Lorsqu'il sentit l'effet du poison, il se coucha et mourut paisiblement après avoir reproché à ses amis de gémir sur son repos.

L'envie meurt avec les grands hommes qu'elle a poursuivis; mais ils sont toujours vengés d'un peuple ingrat par une reconnaissance tardive.

Les Athéniens passèrent bientôt de la fureur au repentir; ils proclamèrent l'innocence de Socrate, révoquèrent l'arrêt qui l'avait condamné, envoyèrent à la mort Mélitus, et bannirent ses autres accusateurs. Enfin le célèbre Lysippe lui éleva une statue de bronze, moins durable que le souvenir de sa vertu.

FIN DU TOME DEUXIÈME.

TABLE DES MATIÈRES

CONTENUES DANS CE VOLUME.

HISTOIRE ANCIENNE.

TOME DEUXIÈME.

 |Pages.
---|---
Partage de l'empire des Perses entre les successeurs d'Alexandre.. . . . . | 1
Royaume de Syrie. . . . . | 25

L'empire d'Alexandre est définitivement partagé en quatre parties, dont une, sous le nom de royaume de Syrie, et dans laquelle se trouvaient compris les Perses, fut gouvernée par Séleucus Nicator, 26. — Antiochus Soter, 30. — Anthiochus Théos, 33. — Séleucus Callinicus, 36. — Séleucus Céraunus, 39. — Antiochus-le-Grand, 40. — Séleucus Philopator, 51. — Antiochus Épiphane, 52. — Antiochus Eupator, 59. — Démétrius Soter, 61. — Alexandre Bala, 63. — Démétrius Nicator, 64. — Antiochus Sidètes, 68. — Démétrius rétabli, 69. — Zébina, Cléopâtre, Séleucus, 70. — Antiochus Grypus, 71. — Séleucus, 72. — Antiochus, Philippe, Eusèbe, Sélène, Antiochus Denys et Démétrius Euchère, *ibid.* — Tigrane, 74. Antiochus l'Asiatique, 75.

SECOND EMPIRE DES PERSES. . . . . | 76

Artaxare, 77. — Sapor Ier, 78. — Hormisdas Ier, 79. — Varanne Ier, *ibid*. — Varanne II, *ibid*. — Varanne III, *ibid*. — Narsès, 80. — Hormisdas II, *ibid*. — Sapor II, *ibid*. — Sapor III, 81. — Varanne IV, *ibid*. — Isdigertes Ier, *ibid*.

— Varanne V, 82. — Pérose, *ibid.* — Valeus, *ibid.* — Cavade, *ibid.* — Cosroës Ier, 85. — Hormisdas III, 86. — Cosroës II, 88. — Siroès, 92. — Isdigertes II, *ibid.*

Histoire de la Grèce. 94

Premier âge de la Grèce. 105

Sicyone. 108
Crète. . . . . *Ibid.*
Argos. 109
Expédition des Argonautes. 114
Royaume d'Athènes. 117
    Cécrops, *ibid.* — Thésée, 121.
Royaume de Thèbes. 130
Royaume de Corinthe. 134
Royaume de Lacédémone. 137
Histoire et guerre de Troie. 139

Second âge de la Grèce. 150

Législation de Lycurgue. 161
Premières guerres de Sparte. 174
Révolutions d'Athènes. 179
    Dracon, 181. — Solon, 174. — Pisistrate, 192. — Hipparque et Hippias.
Béotie. 206
Arcadie. 208
Élide. 210
Tableau des mœurs, du culte et des lumières de la Grèce. . . 214

Troisième âge de la Grèce. 236

Première guerre contre les Perses. . . . . *Ibid.*
Seconde guerre contre les Perses. 257
Suite de la guerre contre les Perses. 282
Guerre du Péloponèse. 324
Suite de la guerre du Péloponèse. 344
Nouveaux événements dans les républiques d'Athènes et de Sparte. 384

FIN DE LA TABLE DU DEUXIÈME VOLUME.